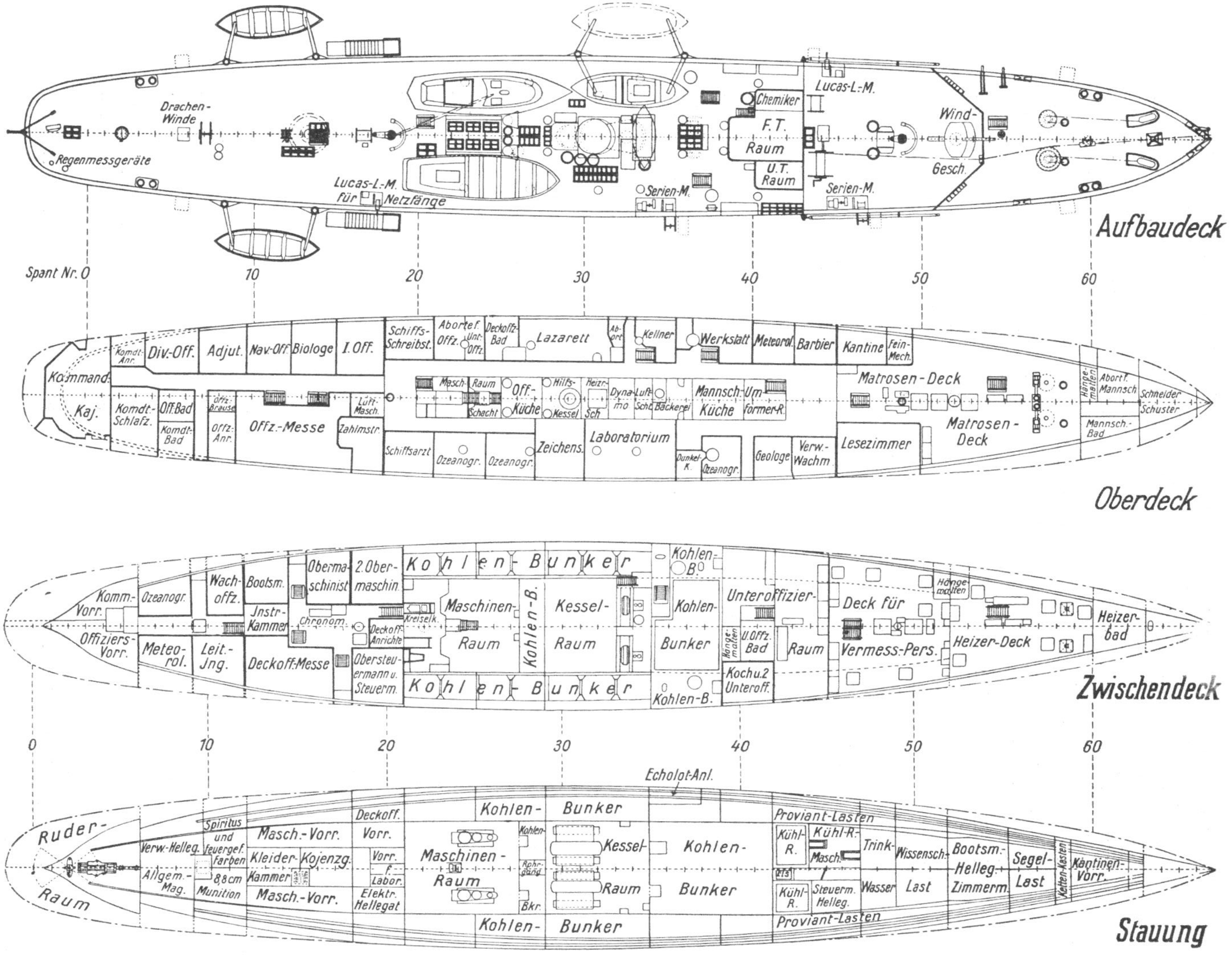
Aufbaudeck
Drachen-Winde
Regenmessgeräte
Lucas-L.-M. für Netzfänge
Chemiker
F.T. Raum
U.T. Raum
Serien-M.
Lucas-L.-M.
Wind-Gesch.
Spant Nr. 0
10
20
30
40
50
60
Oberdeck
Kommand.
Kaj.
Komdt-Anr.
Div.-Off.
Komdt-Schlafz.
Off.Bad
Komdt-Bad
Adjut.
Offz-Brause
Offz-Anr.
Nav.-Off.
Biologe
Offz.-Messe
I. Off.
Lüft-Masch.
Zahlmstr.
Schiffs-Schreibst.
Schiffsarzt
Aborte f. Offz.
Unt-Offz.
Deckoffz-Bad
Masch-Raum
Schacht
Off-Küche
Ozeanogr.
Lazarett
Hilfs-Kessel
Heizr-Sch
Zeichens.
Ab-ort
Dyna-mo
Luft-Sch.
Bäckerei
Laboratorium
Kellner
Werkstatt
Mannsch-Küche
Um-former-R.
Dunkel-K.
Meteorol.
Geologe
Barbier
Verw-Wachm.
Kantine
Fein-Mech.
Lesezimmer
Matrosen-Deck
Hänge-matten
Abort f. Mannsch.
Mannsch-Bad
Schneider
Schuster
Zwischendeck
Komm-Vorr.
Offiziers-Vorr.
Ozeanogr.
Meteo-rol.
Wach-offz.
Leit.-Jng.
Bootsm.
Jnstr-Kammer
Chronom.
Deckoff.-Messe
Oberma-schinist
2. Ober-maschin.
Deckoff. Anrichte
Obersteu-ermann u. Steuerm.
Kreiselk.
Kohlen-Bunker
Maschinen-Raum
Kohlen-B.
Kessel-Raum
Kohlen-B.
Kohlen-Bunker
Unteroffizier-Raum
Hänge-matten
U.Offz. Bad
Koch u. 2 Unteroff.
Deck für Vermess-Pers.
Heizer-Deck
Heizer-bad
Stauung
Ruder-Raum
Verw-Helleg.
Allgem.-Mag.
Spiritus und feuergef. Farben
8,8 cm Munition
Masch.-Vorr.
Kleider-Kammer
Kojenzg.
Deckoff. Vorr.
Vorr. f. Labor.
Elektr. Hellegat
Maschinen-Raum
Kohlen-Bunker
Rohr-gang
Bkr.
Kessel-Raum
Echolot-Anl.
Proviant-Lasten
Kühl-R.
Masch.
Steuerm. Helleg.
Trink-Wasser
Wissensch. Last
Bootsm.-Helleg.
Zimmerm.
Segel-Last
Ketten-Kasten
Kantinen-Vorr.

Reinhard Hoheisel-Huxmann

DIE DEUTSCHE ATLANTISCHE EXPEDITION 1925-1927

Reinhard Hoheisel-Huxmann

DIE DEUTSCHE ATLANTISCHE EXPEDITION 1925-1927

Planung und Verlauf

CONVENT

Für das Deutsche Schiffahrtsmuseum
herausgegeben von Lars. U. Scholl

Deutsches Schiffahrtsarchiv
28 · 2005
– Beiheft –

© 2007, Deutsches Schiffahrtsmuseum, Bremerhaven,
und Convent Verlag GmbH, Hamburg

Redaktion: Erik Hoops, M.A., Judith Kestler

Übersetzung der Summary: Judith Rosenthal, B.A.
Übersetzung des Résumés: Laurence Wuillemin

Satz und Reproduktion: Gerken Concept, Wiefelstede
Druck und Bindung: Druckerei zu Altenburg GmbH, Altenburg

ISBN 978-3-86633-005-4

Inhaltsverzeichnis

Die Vorgeschichte

Vor dem Hintergrund internationaler Geltung: Die Idee einer Pazifik-Expedition	7
Praktische Probleme und die neue Perspektive einer Atlantik-Expedition	14
Vermessungsschiff METEOR: Erprobungen und Expeditionsvorbereitung	20
Die Deutsche Atlantische Expedition: Lohn beharrlicher Hoffnung und Vorarbeit	27

Der Reiseverlauf

Profil I	31
Profil II	36
Profil III	39
Profil IV	41
Profil V	43
Profil VI	72
Profil VII	77
Profil VIII	82
Profil IX	84
Profil X	85
Profil XI	88
Profil XII	90
Profil XIII	93
Profil XIV	96
Rückreise	102
Der Expeditionsverlauf im Zahlenspiegel	97
Transfer der Expeditionsergebnisse	105

Wissenschaftliche Arbeiten während der Expedition

Meteorologische Methoden und Verfahren	54
Echolotungen und Profilschnitte des Meeresbodens	58
Aufgaben und Methoden der Stationsarbeiten	60
Strommessungen bei Tiefsee-Verankerungen	68
Statistik der wissenschaftlichen Arbeiten	71

Einschübe und Daten

Schiffsdaten und besondere Merkmale der METEOR	22
Lebenslaufdaten für Prof. Dr. Alfred Merz	38
Lebenslaufdaten für Freg.Kpt. Fritz Spieß	38
Hafenaufenthalte	80
Leben an Bord	100
Anmerkungen	110
Literatur	119
Archivalien	121
Bibliographie des Expeditionswerks	121
Summary	124
Résumé	124

Abb. 1 Medaille, geprägt 1927 von der Notgemeinschaft der Deutschen Wissenschaft zum Abschluss der Expedition. Zwischen 1965 und 1985 befand sich die Medaille als Traditionsobjekt an Bord der METEOR (II). (DSM: Inv.-Nr. I/3543/85)

▶ REINHARD HOHEISEL-HUXMANN

Die Deutsche Atlantische Expedition 1925-1927

Planung und Verlauf[1]

Vor dem Hintergrund internationaler Geltung: Die Idee einer Pazifik-Expedition

Im Februar 1914 wird bei der Kaiserlichen Werft Danzig der Kiel für ein Auslandskanonenboot gestreckt, das in den Gewässern der Kolonien und auf Auslandsstationen verwendet werden soll. Da in diesen Einsatzgebieten auch Vermessungen und wissenschaftliche Aufgaben zu erledigen sind, wird eine entsprechende Ausrüstung vorgesehen, so Lotmaschinen und eine meteorologische Drachenwinde. Die Fachaufsicht und die Beschaffung übernimmt die Deutsche Seewarte in Hamburg.[2]

Ein halbes Jahr später beginnt der Krieg, und da es nunmehr keine Verwendung mehr für einen solchen Schiffstyp gibt, will man die Helling für kriegswichtigere Bauten freimachen. So lässt man den Neubau am 18. Januar 1915 vorzeitig vom Stapel und tauft ihn auf den Traditionsnamen METEOR; er erinnert an das Kanonenboot, das sich im Deutsch-Französischen Krieg am 9. November 1870 vor Havanna ein Gefecht mit dem französischen Aviso BOUVET lieferte.[3] Danach legt man den Neubau still.

Bereits unmittelbar nach Kriegsende wird Anfang Dezember 1918 daran gedacht, die METEOR als Vermessungsschiff fertigzustellen; die Zeit bis zur Indienststellung taxiert man mit 7-8 Monaten.[4] Da Danzig dann gemäß Versailler Vertrag aus dem Deutschen Reich ausgegliedert wird, verlegt man den Schiffskörper des immer noch dort befindlichen Kanonenbootes im Juli 1919 nach Kiel.

Bei der Weiterverwendung geht es nun um die Frage, ob das Schiff der Kommission für Schiffsausnutzung überstellt werden soll, um es für Handelszwecke umbauen zu lassen, oder ob es der Marine erhalten bleiben soll; der Chef der Admiralität, KAdm. Adolf von Trotha, entscheidet, METEOR für Forschungszwecke in Aussicht zu nehmen und nicht abzugeben.

In einer Sitzung am 26. August ist der Chef der Admiralstabes, Kpt. z.S. Hans Zenker, *mit dem Weiterbau des Schiffes als Forschungsschiff, wodurch seine spätere Verwendung als Kanonenboot nicht aufgehoben wird,* grundsätzlich *einverstanden, wenn sich die Möglichkeit dazu ergibt*. Die Frage sei allerdings noch zurückzustellen, da sie von den Verhandlungen mit der Entente abhängig sei. Eine Rate für den Weiterbau wird daher nicht in den Haushalt eingestellt.[5]

Aus der Nautischen Abteilung der Admiralität kommt flankierend der Vorschlag, das Schiff auf eine größere Auslandsreise mit möglichst vielen Hafenaufenthalten zu schicken, eine Idee, die in der Führung sehr begrüßt wird, denn damit ergäbe sich nach dem Verlust der Kolonien wieder eine *erste Möglichkeit ..., um draußen die Flagge zu zeigen*.[6]

Bei der kleinen Restflotte, die dem Deutschen Reich nach dem Versailler Vertrag noch verblieben ist, taktiert die Admiralität gegenüber der Interalliierten Kontrollkommission mit dem Argument, METEOR sei Ersatz für das überalterte Vermessungsschiff HYÄNE (Stapellauf 1878) und im übrigen schon bei Auftragsvergabe für Vermessungszwecke vorgesehen gewesen – und Schiffe dieser Art seien von den Bestimmungen des Versailler Vertrages nicht erfasst.

Um Grundlagen für das Argument einer wissenschaftlichen Verwendung vorzubereiten, fordert die Admiralität im September 1919 die Deutsche Seewarte auf, auf der Basis eines Fahrbereichs von 3300 Seemeilen einen Expeditionsplan für eine zweijährige Weltreise vorzulegen.

Der wenig später von dort eingereichte Vorschlag ist von Gerhard Schott erarbeitet, der dort als geographischer Ozeanograph tätig ist. Es handelt sich dabei um eine Weltumseglung, die entgegen früheren Erdumrundungen diesmal von Ost nach West angelegt sein soll.

In der Zusammenstellung der auszuführenden ozeanographischen, biologischen und meteorologischen Arbeiten ist *eine bestimmte wissenschaftliche Problemstellung ... aber ... nicht gegeben*, vielmehr ist es ihr Ziel, *in erster Linie die gröbsten geographischen Lücken zu schließen*, die hinsichtlich Bodengestalt und Wasserschichtung bestehen; entsprechend liegt das Schwergewicht im Pazifik-Raum.

Der Charakter der Reise entspricht damit im Kern den Expeditionen der Vorkriegszeit, *welche ähnliche, mehr stichprobenartige Untersuchungen auf einzelnen Schnitten vorgenommen hatten, ohne ein bestimmtes ozeanographisches Problem systematisch zu bearbeiten.*[7]

Den in gewisser Weise also konventionellen Entwurf der Seewarte übersendet die Admiralität Anfang 1920 zur Stellungnahme an Albrecht Penck, den Direktor des Instituts für Meereskunde in Berlin (IfM), verbunden mit der Aufforderung, einen eigenen Vorschlag vorzulegen, der Weg und Aufgaben einer größeren Expedition beschreiben soll.

Weiterhin erhält die Reichswerft in Wilhelmshaven den Auftrag, die Möglichkeiten für einen Dieselantrieb des künftigen Forschungsschiffs zu prüfen, denn der Expeditionsvorschlag Schotts bedeutet große Fahrstrecken. Auf die entsprechenden Anfragen gehen die Angebote der

Abb. 2 Der Schiffskörper des Kanonenbootes METEOR nach dem Stapellauf bei der Kaiserlichen Werft Danzig, 18. Januar 1915. (DAE/I: Taf. 3, Abb. 3)

Werften und Maschinenfabriken um die Jahreswende 1920/21 ein; als Lieferfristen werden elf bis zwölf Monate genannt.

Um die Freigabe des Schiffskörpers der METEOR zu erreichen, verzichtet die Admiralität in den Verhandlungen mit der Marine-Kontrollkommission auf alle kriegsschifftypischen Eigenschaften und argumentiert mit dem Fertigbau als reines Forschungsschiff: keine Bewaffnung[8], Umbau der Geschützdecks zu geschlossenen Wohn- und Arbeitsdecks, Tropeneinrichtung und Aufstellung wissenschaftlicher Geräte und Maschinen.

Im Oktober 1920 schließlich genehmigt die Kommission den Umbau. Da die Kieler Reichswerft zum Arsenal umgewandelt worden ist, überführt man den Schiffskörper nun nach Wilhelmshaven, wo die Reichswerft im November 1920 mit den Umbauarbeiten beginnen kann.

Die Ausarbeitung der Expeditionsdenkschrift am Institut für Meereskunde war Alfred Merz zugefallen, der zu dieser Zeit als Honorarprofessor Abteilungsvorstand der Geographisch-naturwissenschaftlichen Abteilung ist.

Sein Memorandum, im März 1921 vorgelegt, entwirft in visionärer Art ein umfangreiches systematisches Programm.

Statt der eigentlich vorgegebenen zwei Jahre Expeditionszeit geht der Vorschlag großzügig von drei Jahren aus. Ziel soll die Untersuchung des Pazifiks mit einer klar umgrenzten Problemstellung sein: In einem Netz von Beobachtungsstationen sollen in erster Linie der Wärme- und Wasserhaushalt und die Zirkulation untersucht werden sowie flankierend die Gezeitenbewegungen und die geologische Beschaffenheit des Ozeanbeckens; biologische, meteorologische und Gravitationsmessungen sollen das Programm ebenso ergänzen wie meereschemische und wellenphysikalische Untersuchungen.

Neben wissenschaftlichen Fragen haben Merz bei seinem Expeditionsentwurf auch deutsch-patriotische und politische Überlegungen bewegt, wie die Eingabe des IfM an den Reichsminister des Innern zeigt, *den berufenen Vertreter großer Kulturaufgaben des Deutschen Volkes.*[9]

Wenn nicht Wege gefunden werden, die deutschen Geographen und Naturforscher wieder in die Welt hinauszubringen, schreibt Merz in der Einleitung, *dann muß die deutsche geographische Forschung, eingezwängt in die Enge der Heimat, verkümmern ...*

Viele Möglichkeiten seien derzeit versperrt, denn die Weltkriegsgegner ließen deutsche Forschungen nicht zu, während ihre Gelehrten aus dem Vollen schöpften. Man versuche, Deutschland *von der Mitarbeit bei den großen Aufgaben des Kulturfortschrittes auszuschließen*[10] *und wird später unsere erzwungene Sterilität als Beweis unserer abnehmenden Kulturleistung hinstellen und die gesteigerte Weltfremdheit* zum politischen und wirtschaftlichen Schaden Deutschlands ausnutzen – das deutsche Ansehen werde sinken.

Zwar stehe die deutsche geographische und naturwissenschaftliche Forschung derzeit abseits, doch: *Ein Feld der Betätigung steht aber jedenfalls deutschem Forschungsdrange offen, das ist der Ozean,* auf dem auch bisher schon glänzende wissenschaftliche Leistungen vollbracht worden seien; es gelte nun, *durch Anreihung einer neuen Großtat zu zeigen, daß das Deutsche Volk und seine wissenschaftlichen Forscher auch in den Zeiten schwerster Not mit ungebrochenem Mut und beispielloser Opferfreudigkeit dabei beharren, der Welt große Kulturleistungen zu schenken ...* Diese Tradition dürfe gerade jetzt nicht unterbrochen werden, denn es stünden für die hydrographische und meteorologische Forschung große wissenschaftliche Probleme zur Lösung an.

Das Programm einer so gedachten »Deutschen Pazifischen Expedition« gliedert Merz in größere Themenkreise:

So stehe neuerlich[11] das Problem der Entstehung von Ozeanen und Kontinenten im Blickpunkt, eine Fragestellung, die in fächerübergreifender Arbeit geklärt werden könnte. Dabei stellt er bereits Hypothesen zur Sediment- und Schwerestruktur von Tiefseegräben auf und

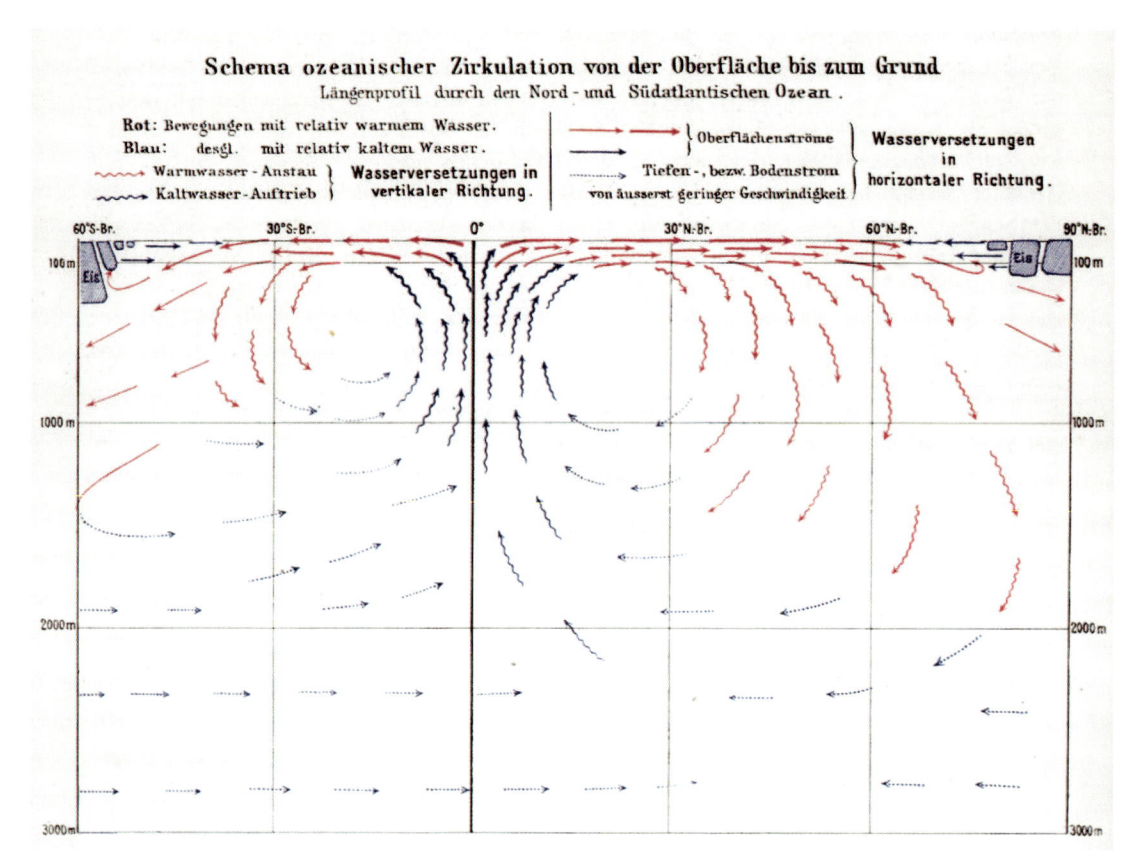

Abb. 3 Hypothetische Vorstellung der Strömungszellen in den Ozeanen, wie sie im 19. Jahrhundert Stand der Erkenntnis war. Doch schon um die Mitte des Jahrhunderts hatte sich eine wissenschaftliche Diskussion um die Antriebsmechanismen entsponnen: Windimpulse von der Wasseroberfläche oder Dichteunterschiede im Wasserkörper. (VALDIVIA-Expeditionswerk, Bd. I, 1902, S. 164)

äußert die zukunftsweisende Wunschvorstellung, in bestimmten Regionen, so an der südamerikanischen Westküste, die geologischen und geophysikalischen Arbeiten auszudehnen, *so daß Querprofile vom Tiefseeboden über Tiefseerinnen, Kontinentalabhang, Schelf und Küstenebene hinweg auf die Gebirgsketten und das Hochland des Innern hinauf Aufschluß gäben über die geologische Geschichte ...*

Als weiteren wichtigen Themenkomplex betrachtet er *die größte Frage der Hydrographie, die Frage nach der allgemeinen Wasserbewegung der Ozeane.* Seit acht Jahrzehnten herrsche bei den Ozeanographen die Vorstellung von einer jeweils in sich geschlossenen nord- und südhemisphärischen Zirkulation der Art, dass äquatornahes, erwärmtes Oberflächenwasser in höhere Breiten abfließe, dort durch Abkühlung absinke und am Boden wieder Richtung Äquator ströme, um dort aufzusteigen und damit den jeweiligen Kreislauf zu schließen. Neuere Untersuchungen[12] allerdings ließen vermuten, dass es vielmehr einen großmaßstäbigen Austausch zwischen den beiden Hemisphären gebe, und es wäre *eine hochbedeutsame Aufgabe meereskundlicher Forschung, nachzuweisen, ob auch für den Pazifischen Ozean diese Auffassung Gültigkeit hat und demgemäß die Vorstellung von der allgemeinen ozeanischen Wasserbewegung ..., einer vollkommenen Erneuerung bedarf.*

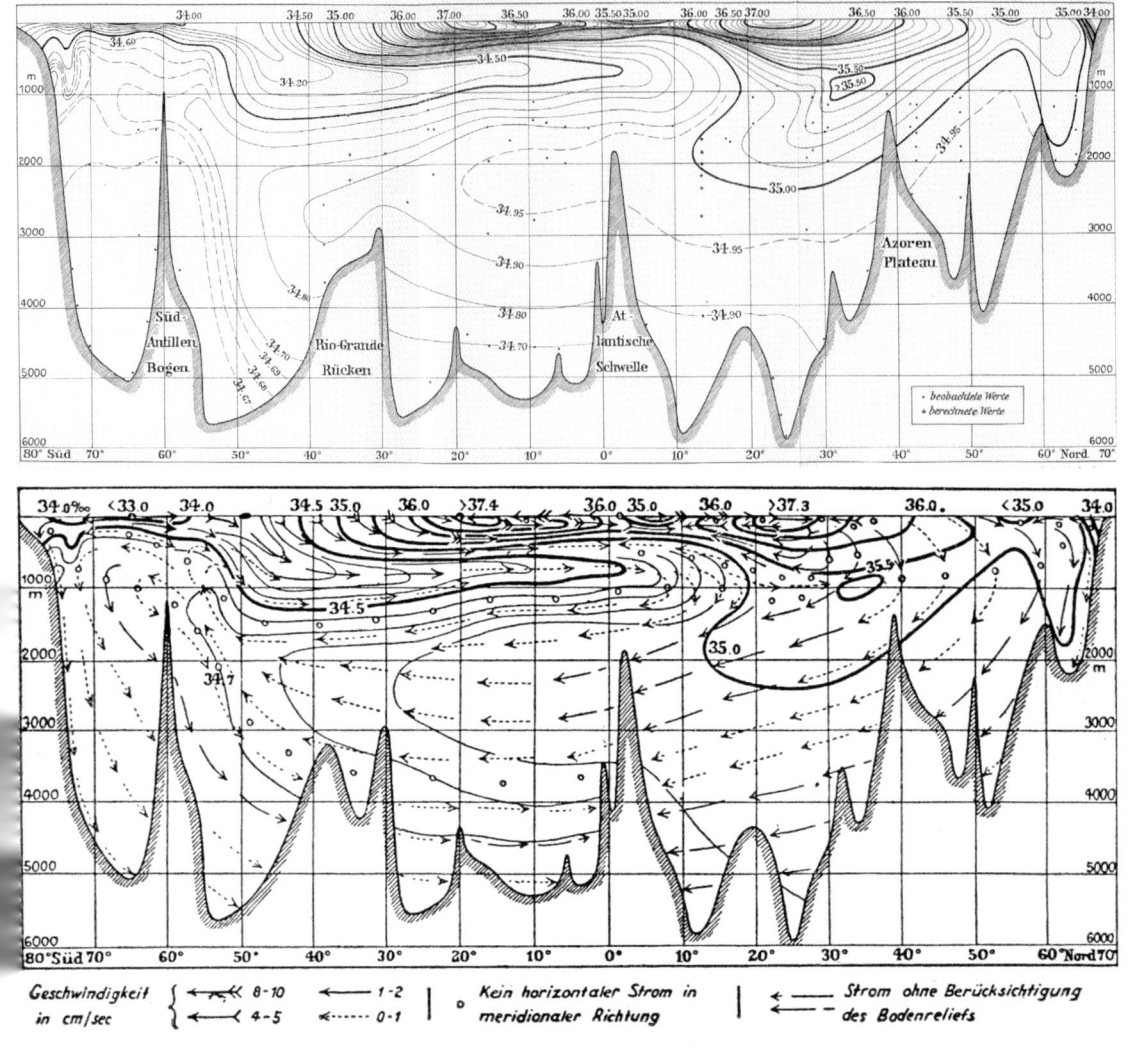

Abb. 4 Aus der Salz- und Temperaturverteilung, verantwortlich für die Dichte des Wassers, leitete Alfred Merz ab, es müsse einen Wasseraustausch zwischen den Hemisphären geben. Was in den 1920er Jahren fehlte, waren ausreichende Messwerte in den Ozeanen, um die Frage der Zirkulation beweiskräftig zu klären. (Merz: Expedition, Taf. III u. Abb. 1)

Auch zum Verständnis der Ozeangezeiten könne die Expedition in den Pazifik wesentlich beitragen. Bisherige Vorstellungen gingen davon aus, dass sich unter dem Einfluss der Gestirne eine Gezeitenwelle im Pazifik bilde, die dann *den Indischen und Atlantischen Ozean durcheilen und bis in unsere heimischen Gewässer gelangen* solle. Theoretische Arbeiten deutscher Forscher hätten jedoch ergeben, dass sich in jedem Ozeanbecken eine stehende Schwingung bilde, die durch Reibung, Erddrehung, Küstenform und Rückkopplung modifiziert werde. Kontrollierende Beobachtungen jedoch fehlten vollkommen, namentlich im Pazifik. Gelänge die Aufklärung dieser Frage, so sei *eines der größten Probleme der Physik der Erde gelöst*.

Auch die Dynamik der Atmosphäre bezieht Merz in sein Konzept ein. Das *anscheinend festgefügte Gebäude der Meteorologie über die allgemeine Zirkulation der Atmosphäre* sei ins Wanken geraten. Über den Kontinenten litten die Messungen jedoch sehr unter starken Störungen, so dass sich über dem Ozean wegen seiner ebenen Oberfläche und gleichförmigeren Wärmeverhältnisse sehr viel einfachere Bedingungen böten; außerdem seien über dem Ozean bisher nur selten Sondierungen höherer Luftschichten vorgenommen worden.

Als weiteres Forschungsproblem nennt er die nur *geringe und rohe Kenntnis* der Bodenformen des Weltmeeres; sie sei bedingt durch die zeitaufwendige Methode der Drahtlotung, die nur einen langsamen Kenntnisfortschritt erlaube. Die *ingeniöse Erfindung des Echolotes* ermögliche nun aber die fortlaufende Registrierung entlang der überfahrenen Strecke, so dass *wichtige, strittige Fragen, wie die nach der Schlichtheit des Meeresbodens und der Häufigkeit unterseeischer Vulkane* nunmehr entschieden werden könnten.

Schließlich stellt Merz noch das nur geringe Wissen zum Stoffhaushalt heraus, namentlich zu den im Wasser gelösten Gasen. Auch die Organismenwelt in den Ozeanen, insbesondere das Plankton, sieht er als wesentliches Forschungsgebiet, bei dem die Beziehungen zu den physikalischen und chemischen Bedingungen des Meereswassers zu untersuchen seien.

Eine großzügige Expedition, so sein Fazit, sei eine dringende Aufgabe der Forschung und verspreche besonders hohen wissenschaftlichen Lohn. Die deutschen Geographen seien *der Überzeugung, daß es in erster Linie dem Deutschen Volke zukommt, diese ruhmvolle Aufgabe zu lösen* und damit eine stolze Tradition fortzusetzen; man zeige damit der Welt, dass der Sinn Deutschlands nach wie vor auf die Erbringung großer Kulturleistungen gerichtet sei.[13]

So kühn und ausgreifend dieser Entwurf auch ist, er wird von der Marineleitung akzeptiert, denn er trifft das allgemeine nationale Selbstgefühl und verspricht auch, den Traumata entgegenzuwirken, die die Marine durch Revolution und Verlust der Flotte infolge Versailler Vertrag erlitten hat. Daneben mag auch eine Rolle gespielt haben, eine Expedition als Sinn gebendes Unternehmen zu nutzen, um die Selbstständigkeit der Marine zu bewahren, denn nach ihrer republikfeindlichen Beteiligung am Kapp-Lüttwitz-Putsch im März 1920 gab es gewichtige Stimmen, sie zu einer »Küstenmarine« abzustufen und dem Heer einzugliedern.[14]

Auch die Deutsche Seewarte unterstützt den Plan gegen denjenigen aus dem eigenen Hause. Am 19. April 1921 entscheidet der Chef der Marineleitung, Admiral Paul Behncke, die METEOR für die Pazifik-Expedition zur Verfügung zu stellen.

Um diese Zeit wird auch KKpt. Fritz Spieß, Referent für Seekarten- und Vermessungswesen in der Nautischen Abteilung der Marineleitung, mit den Ideen und Plänen dieser Expedition bekannt. Nach seinen früheren Kommandos im heimischen und kolonialen Vermessungsdienst erscheint ihm sein neues Aufgabengebiet, *die wissenschaftliche ozeanische Forschung, ... als eines der interessantesten und schönsten im Dienste der Reichsmarine*.[15]

Nachdem METEOR nunmehr für eine Pazifik-Expedition vorgesehen ist, müssen auch die technischen Voraussetzungen geschaffen werden, denn für das Unternehmen ist ein Fahrbereich von 8000 bis 9000 sm notwendig.[16]

Auf der Basis der Industrie-Angebote stellt die Reichswerft Wilhelmshaven eine vergleichende Kostenuntersuchung an, die Kolbenmaschine, Dampfturbine und Dieselmotor gegenüberstellt. Eine Motorenanlage, so das Ergebnis, würde gegenüber einer Kolbenmaschinenanlage rund vierzig Prozent teurer sein (8,5 gegen 6,1 Mio. Mark).[17]

Gleichwohl wird entschieden, statt eines Dampfantriebs eine Dieselmaschine einzubauen, um den erforderlichen großen Fahrbereich für die Pazifik-Querungen zu erreichen; entsprechend müssen die Kohlebunker öldicht gemacht werden, und eine Hilfsbesegelung in Schonertakelung soll die Maschinenleistung unterstützen. Die notwendigen Umbauten bedeuten eine Erhöhung der gesamten Baukosten um über zwanzig Prozent (von 16 auf 19,5 Mio. Mark).

Obwohl die Propaganda für das Unternehmen erfolgreich ist und die in Aussicht genommenen Teilnehmer schon an der wissenschaftlichen Vorbereitung arbeiten, für die zwei Jahre veranschlagt sind, gelingt die Finanzierung nicht.

Der Währungsverfall und die Finanzlage des Reiches führen am 2. November 1921 zur Ablehnung des Reichsfinanzministeriums: So wichtig die Pazifische Expedition für das Ansehen der Nation und für die Wissenschaft auch sein würde, man könne sie *bei der Notlage des Reiches nicht als eine für das Reich lebensnotwendige Aufgabe* ansehen.[18]

Als Ausweg wird versucht, Spendengelder in der Wirtschaft und bei Privatleuten einzuwerben. Besonders Merz – seit November 1921 Direktor des IfM – setzt seine ganze Arbeitskraft ein und verfolgt den Gedanken einer ozeanischen Expedition *mit großer Hartnäckigkeit*.

Obwohl nominell von gutem Erfolg, sind die Bemühungen gegen den sich beschleunigenden Währungsverfall[19] allerdings ohne jede Chance. Einen Versuch, Fördermittel bei der am 30. Oktober 1920 gegründeten Notgemeinschaft der Deutschen Wissenschaft zu beantragen, gab es zu dieser Zeit anscheinend nicht.[20]

Nach einem Dreivierteljahr erweist sich das Scheitern der Mitteleinwerbung, denn am 15. August 1922 stellt ein Schreiben der Marineleitung fest, dass die *privaten Sammlungen keinen nennenswerten Erfolg gehabt* hätten und auch keine Aussicht mehr dafür bestehe.[21] Der Plan einer »Deutschen Pazifischen Expedition« wird damit endgültig zur Arabeske in der Geschichte der deutschen Meeresforschung.

Abb. 5 Der Schiffskörper der METEOR, aufgeslippt auf der Helling I in der Reichswerft in Wilhelmshaven, 27. September 1923. Aufgrund der Inflation gehen die Arbeiten nicht voran; es reicht gerade eben zur Konservierung. (BA/MA: R-04/239)

Praktische Probleme und die neue Perspektive einer Atlantik-Expedition

In dieser Lage steht sogar METEOR selbst zur Disposition. Um sie zu erhalten, wird am 25. September 1922 entschieden, ihren Umbau zum Motorschiff aufzugeben und sie als konventionelles Vermessungsschiff mit Kolbendampfmaschine fertigzustellen, wobei gleichwohl einer möglichen ozeanischen Verwendung als Forschungsschiff Rechnung getragen werden soll. So wird ein Heizraum zu einem Kohlenbunker umgewidmet; bei 9 bis 10 kn Geschwindigkeit hofft man, damit einen Fahrbereich von 5000 bis 6000 sm für eine begrenzte ozeanische Verwendung zu erreichen.

Den Bauauftrag erhält die Reichswerft Wilhelmshaven im Januar 1923.[22]

Die wirtschaftliche Entwicklung im Nachkriegsdeutschland lässt jedoch den Weiterbau immer wieder ins Stocken geraten, und schließlich reichen die Mittel nur noch zur Konservierung aus, während das Schiff aufgeslippt auf einer Helling liegt.

Obwohl zu befürchten ist, dass der Expeditionsplan ganz aufgegeben werden muss, halten die Nautische Abteilung der Marineleitung und das Institut für Meereskunde zäh an der Idee fest und treiben die inhaltlichen Vorbereitungen intern weiter, soweit es sich machen lässt. So etwa werden am IfM die Karteien fortgeführt, in denen die bisher bekannten ozeanographischen Daten systematisch erfasst werden; als grundlegende Bestandsaufnahme sollen sie die Basis für einen künftigen Expeditionsauftrag legen.

Der 15. November 1923 markiert die wirtschaftliche Wende für Deutschland: Nach der Ausgabe der Rentenmark und dem damit verbundenen Ende der Inflation geht nunmehr auch der Umbau der METEOR zügiger voran. Was zu dieser Zeit jedoch fehlt, ist eine über die normale Vermessungstätigkeit hinausgehende Aufgabenstellung für das Schiff.

Den eher zufälligen Anstoß für die weitere Entwicklung gibt am 31. Januar 1924 eine Routinesitzung bei der Notgemeinschaft der Deutschen Wissenschaft.[23] Ihr Präsident, Friedrich Schmidt-Ott, äußert dabei *sein großes Bedauern, daß die deutsche Wissenschaft die frische Tatenlust nicht mehr besitze, die sie früher ausgezeichnet ... habe*. Zwar erhalte er sehr viele Unterstützungsanträge, *aber wirklich Großzügiges wäre nicht darunter*.

Merz erkennt die Bedeutung des Augenblicks sofort.

Rückgreifend auf seine gründlichen Vorstudien und den Leitgedanken der Pazifik-Expedition, entwirft er aus dem Stegreif den Plan einer Atlantik-Expedition, und schon am gleichen Abend wird über die Möglichkeiten gesprochen, Forschungen anderer Wissenschaftler (Alfred Wegener, Fritz Haber) in ein solches Vorhaben einzubinden. Sogar eine Zahl steht bereits im Raum: 100 000 Mark nennt Schmidt-Ott als denkbare Größenordnung für eine Förderung.[24] Am Abend geht man sicherlich in dem Gefühl auseinander, ein großes Projekt aus der Taufe gehoben zu haben: Der Präsident der Notgemeinschaft hat seine Unterstützung zugesagt und Merz aufgefordert, seinen Gedankenwurf zu präzisieren.

Mit einem gewissen Hochgefühl, so darf man vermuten, jedenfalls aber mit vorsichtigem Optimismus geht Merz gleich am nächsten Tag die Aufgabe an und versichert sich zunächst in der Marineleitung vertraulich der grundsätzlichen Unterstützung, sieht aber davon ab, schon an höchster Stelle vorzusprechen.

Vorher will er die Stellungnahme der Notgemeinschaft zu seinem erst noch zu konkretisierenden Plan abwarten und die dortige Finanzierungsbereitschaft absichern, um nicht nach der gescheiterten Pazifik-Expedition durch *ein vielleicht abermaliges Fehlschlagen ... bei Exzellenz Behncke in den Anschein eines leeren Projektemachers* zu kommen.

Mit der *Unterstützung der Marine in Aussicht*, beginnt Merz seine Ausarbeitung, die er nach wenigen Tagen bei der Marineleitung vorlegt, um die Kosten für die eineinhalbjährige Expedition abschätzen zu lassen. Dort ist man bereit, die schiffsbetrieblichen Kosten (Personal, Verpflegung, Verbrauchsstoffe auf der Rechenbasis eines Heimateinsatzes) sowie diejenigen für die

Ausrüstung mit nautischem und hydrographischem Gerät (etwa Funkanlage, Echolot, Lotmaschinen) zu übernehmen.

Nachdem sich die Marineseite nicht nur interessiert gezeigt hat, sondern – wie schon früher im Zusammenhang mit der Pazifik-Expedition signalisiert – auch zu einer beträchtlichen finanziellen Beteiligung bereit ist, kann Merz bereits am 14. Februar 1924, zwei Wochen nach der entscheidenden Sitzung bei der Notgemeinschaft, seine Denkschrift bei Schmidt-Ott einreichen.[25]

Mit einer kurzen absichernden Rückschau stellt er fest[26], dass eine Pazifik-Expedition nicht mehr möglich sei, da ein geeignetes Schiff nicht zur Verfügung stehe und die Kosten von schätzungsweise über zwei Millionen Mark im verarmten Deutschland nicht aufzubringen seien.

Der Indische Ozean als Untersuchungsfeld komme nicht in Betracht, sowohl wegen seiner spezifischen jahreszeitlichen Monsunschwankungen, die einen andersartigen wissenschaftlichen Ansatz erforderten, als auch aus expeditionspraktischen und politischen Gründen.[27]

Während in jenen beiden Ozeanen erst einmal *die Hauptzüge des hydrographischen Bildes* aufgeklärt werden müssten, sei die Situation im Atlantik anders, da hier die Grundzüge bekannt seien: *Grundlegendes kann daher hier nur geleistet werden, wenn an Stelle der bisher vollbrachten extensiven Arbeit die intensive systematische Forschung tritt.*

Dabei ist Merz nach seinen bisherigen Forschungen überzeugt, dass die ozeanische Zirkulation, speziell des Atlantiks, anders als bisher verstanden werden müsse und *daß dieses grundlegende Problem der Meereskunde nur durch eine systematische räumliche Aufnahme der chemisch-physikalischen Verhältnisse des ganzen Ozeans in einem engmaschigen Stationsnetz der Lösung näher gebracht werden könne.*

Gerade in der letzten Zeit seien Messtechnik und Auswertemethodik sehr weiterentwickelt worden. METEOR würde eine solche Aufgabe auch in der jetzt geplanten Bauvariante mit dem geringeren Fahrbereich bewältigen können, und die Dauer einer Expedition mit dieser Zielsetzung würde wohl 1 1/2 Jahre betragen.[28]

In einem Expeditionsgebiet zwischen 20° Nord und der Antarktis solle daher die ozeanische Zirkulation als *das Kernproblem der Ozeanographie* in den Mittelpunkt der Arbeiten gestellt werden. Mit mittlerweile empfindlichen und hochgenauen Beobachtungsmethoden sowie einer weit entwickelten Theorie würden *auch auf rechnerischem Wege aus dem Material weittragende Ergebnisse abgeleitet werden können. Es wäre eine Tat von fundamentaler Bedeutung, wenn für einen Ozean die Zirkulation auf diese Weise erschlossen würde.*

Was dafür notwendig wäre, umreißt Merz in großen Zügen:

14 Profile quer über den Atlantik mit rund 350 Stationen, an denen systematisch Wasserproben zu nehmen seien. Seiner Abschätzung der Gesamtdauer von 1 1/2 Jahren legt er eine Dampfstrecke von 64 000 Seemeilen zugrunde, die rechnerisch 240 Tage erfordern würde; hinzu kämen die Zeiten auf Station, rund 180 Tage, sowie die Hafenaufenthalte, rund 120 Tage.

Um allenthalben zu erwartenden Kürzungen vorzubeugen, fügt er hinzu: *Soll der Erfolg sicher sein, so kann weder in bezug auf die Ausdehnung des Untersuchungsgebietes noch hinsichtlich der Stationszahl eine nennenswerte Kürzung vorgenommen werden, denn bezüglich der Zirkulation stellt das in Aussicht genommene Gebiet eine Einheit dar, und die ungemein wichtige theoretische Verwertbarkeit der Beobachtungen erheischt ein enges Stationsnetz.*

Daneben betont er, dass über die Frage der Zirkulation hinaus, *ohne weiteren Aufwand*, auch eine Klärung des Wärme- und Wasserhaushalts sowie *eine grundlegende Untersuchung über die Chemie des Meeres* erfolgen könnten.

Gerade diese beiden Faktoren, *Zirkulation des Meerwassers als verfrachtende Kraft und die Verteilung der Nährstoffe*, fehlten den Meeresbiologen, um die geographische Verteilung der Lebewesen zu erklären.

Allerdings wehrt Merz vorauseilend etwaige weiter greifende Ambitionen der Biologen sofort ab: Zeit und Kräfte würden von den physikalisch-chemischen Arbeiten so in Anspruch genommen werden, *daß verzichtet werden müßte, daneben noch ausgedehnte biologische Untersuchungen anzustellen.*[29] Aber dennoch würde die Expedition *eine grundlegende Förderung der Biologie bedeuten,* da dann das bisher schon vorliegende Material neu bearbeitet werden könne; sie werde also *auch der biologischen Forschung große neue Impulse geben.*

Günstiger – und als wohl eher zu einer physikalisch orientierten Expedition passend[30] – beurteilt Merz meteorologische Untersuchungen, die *sich dagegen ohne weiteres verbinden* ließen; sie würden sich nicht nur auf die meeresnahen, sondern auch auf die höheren Luftschichten erstrecken können.

Und *selbstverständlich* würde mit jeder Station *eine Lotung und eine Heraufholung von Bodenproben* verknüpft werden. Insgesamt würde man *dadurch ein sehr verfeinertes Bild von dem Relief und von der Bodenbedeckung des Ozeans erhalten.*

Der schriftlichen Darstellung fügt Merz eine Karte bei, die den Expeditionsverlauf skizziert: Grundsätzliche Leitlinie der Routenführung ist dabei, den Weg quer zu den erwarteten Stromrichtungen des Tiefenwassers anzulegen.

Die Kosten des Gesamtplans beziffert Merz auf 815 000 Mark[31], mehr als das Zweieinhalbfache der Deutschen Tiefsee-Expedition der VALDIVIA von 1898/99.

Diese zahlenmäßige Diskrepanz federt Merz sofort ab, indem er zum einen auf die Preissteigerungen seither hinweist, zum anderen auf den unvergleichbar größeren Umfang der ozeanographischen Arbeiten bei der geplanten Expedition, so etwa nun über 7000 Tiefenmessungen gegenüber seinerzeit nicht einmal 500, was einen entsprechend höheren Material- und Personaleinsatz erfordere.

Würdigt man alle diese Umstände, so sein Fazit, *ergibt sich, daß die Ansätze für die Gesamtausgaben im Vergleich zur »VALDIVIA«-Expedition bescheiden angesetzt sind.*

Hinzu komme, dass die Reichsmarine einen Großteil der Summe tragen werde, so dass von der Notgemeinschaft nur 335 000 Mark aufgebracht werden müssten, und auch diese Summe falle erst im Laufe der Zeit an, zunächst für die Vorbereitung, die noch etwa ein Jahr in Anspruch nehmen werde, und erst dann die eigentlichen Expeditionskosten.

Gleichwohl, ihm sei klar, *daß auch dieser Restbetrag heute, absolut betrachtet, eine sehr ansehnliche, schwer beschaffbare Summe darstellt,* aber sie müsse *als klein betrachtet werden im Verhältnis zur Größe und zu den Aufgaben der Expedition.*

Nicht ohne Schmidt-Ott darauf aufmerksam gemacht zu haben, dass *es sehr wünschenswert [wäre], möglichst bald Klarheit über die finanzielle Durchführbarkeit zu erhalten,* schließt ein *verehrungsvoll ergebener* Alfred Merz mit der Hoffnungsformel, er lege *vertrauensvoll ... das Schicksal der Expedition in die Hände Euerer Exzellenz.* Falls sie zustande käme, würde er *mit voller Hingabe dem Werke leben ..., das für mich die sehnlichst erwünschte Krönung meines ganzen wissenschaftlichen Schaffens wäre.*[32]

Die grundsätzliche Idee findet sofort Zustimmung. Bereits am 5. Mai 1924 versammeln sich erstmals die Vertreter der Wissenschaftsdisziplinen, die unmittelbar an der Expedition beteiligt sein sollen. Aus diesem Gremium entwickelt sich im Weiteren die METEOR-Kommission, die die organisatorische Vorbereitung der Expedition übernimmt.

In zahlreichen Sitzungen wird über Aufgabenstellung, Vorbereitung und Durchführung debattiert[33], wobei sich deutlich divergierende Auffassungen und Interessen zeigen. So etwa wird vorgeschlagen, die Reise in zwei Phasen mit einem dazwischen liegenden Heimataufenthalt zu zerlegen, um die Erfahrungen auswerten und für den zweiten Teil nutzbar machen zu können. Ein anderer Vorschlag geht dahin, zwei fachlich getrennte Expeditionen durchzuführen, eine meteorologische unter der Ägide der Deutschen Seewarte und eine ozeanographische unter Leitung des Instituts für Meereskunde.

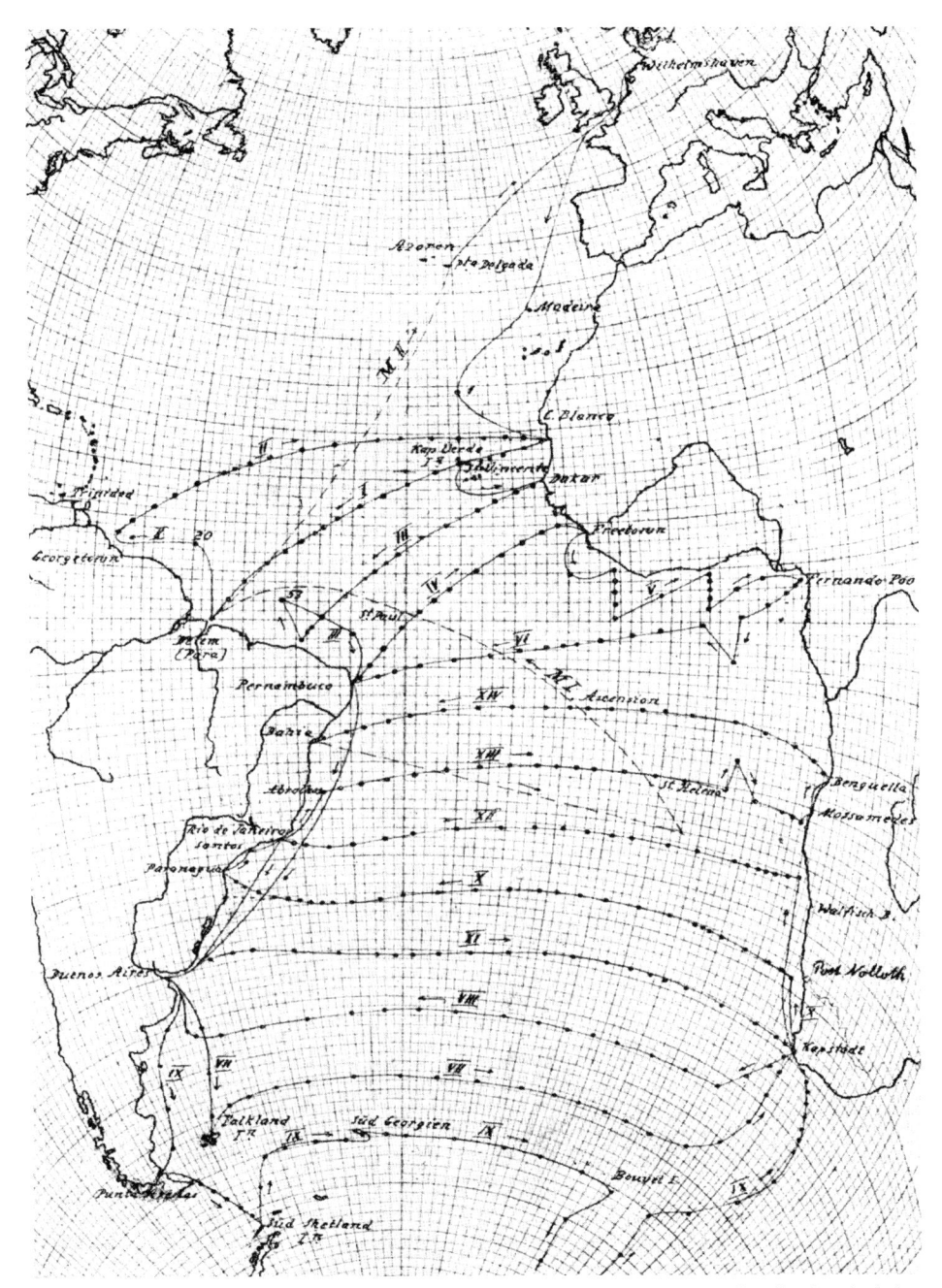

Abb. 6 Der Merzsche Routenentwurf vom Februar 1924. Man beachte die beiden speziellen Streckenabschnitte für das meteorologische Messprogramm (M I und M II) sowie die Abfolge der Profile: Beginn im Norden, Fortsetzung im Süden und letzter Teil im Mittelbereich. (DAE/I, S. 14)

Derartige Ansätze hätten jedoch nicht nur die Auflösung der Merzschen »ganzheitlichen« Idee bedeutet, sondern auch die Kosten beträchtlich erhöht, abgesehen von der Gefahr, nach dem jeweils ersten Teil den zweiten aus irgendwelchen Gründen nicht mehr ausführen zu können.

Der *weisen, ausgleichenden Leitung der Verhandlungen* durch Schmidt-Ott[34] als dem Vorsitzenden der METEOR-Kommission gelingt es jedoch, die Widerstände und Partikularinteressen der Teilnehmer zu neutralisieren und Merz' einheitlichem Untersuchungsansatz zum Durchbruch zu verhelfen.

Ähnliches diplomatisches Geschick muss Schmidt-Ott auch hinsichtlich der Eifersüchteleien und Einzelinteressen der beteiligten Institutionen an den Tag legen, die ihren Einfluß über die personelle Beteiligung geltend machen wollen. Letztendlich einigt man sich auf die Teilnahme von neun Gelehrten: vier Ozeanographen, zwei Meteorologen sowie je einen Biologen, Chemiker und Geologen, die jeweils eine eigene Kammer auf METEOR erhalten sollen und so die Räumlichkeiten voll ausnutzen.

Im September 1924 verdichten sich die Überlegungen zu einem konkreten Reiseplan, der auf der im Februar vorgelegten Routenführung aufsetzt. Als Ausreisedatum geht man vom 15. März 1925 aus.

Indem man die zu erwartenden Klimabedingungen zugrunde legt, sollen zunächst sechs Querprofile von 20° Nord bis zum Äquator absolviert werden. Danach ist geplant, die drei Profile im südlichsten Bereich (40-55° Süd) zu messen, bevor die Lücke von 35° Süd bis zum Äquator mit weiteren fünf Profilen geschlossen werden soll. Als letzte Phase sind zwei rein meteorologische Fahrtabschnitte vorgesehen, die das Schiff von St. Helena über die Amazonasmündung bis zu den Azoren führen soll, bevor es wieder nach Deutschland zurückkehrt.

Die Stützpunkte an den atlantischen Gegenküsten orientieren sich an logistischen Erfordernissen, so etwa an den Möglichkeiten zur Ergänzung von Kohle, Wasser und Proviant sowie daran, ob Nachschub von deutschen Schiffen herangebracht werden kann. Reparatur- bzw. Dokkungsmöglichkeiten werden ebenfalls in die Überlegungen einbezogen; für eine gründliche Überholung etwa zur Halbzeit wird Buenos Aires vorgesehen.

Gegenüber der ursprünglichen Merzschen Einschätzung, die Expedition werde etwa 1½ Jahre dauern, geht man nunmehr von 1¾ Jahren aus; die Hafenzeiten sollen dabei rund ein Fünftel der Gesamtzeit betragen.

Spieß als designierter Kommandant des Forschungsschiffes dringt jedoch darauf, *die größte Selbständigkeit bezüglich der Einhaltung und Abänderung des Reiseplanes* zu behalten, weil wissenschaftliche Anforderungen ebenso wie Witterungseinflüsse neue Lagen schaffen können und ihm die geplanten Hafenaufenthalte als recht kurz erscheinen.[35]

Seit einiger Zeit schon wird – unabhängig von der Fertigstellung der METEOR – bei der Marine Vermessungspersonal ausgebildet, das auf betagten Schiffen (TRITON und PANTHER) ein Betätigungsfeld in der Ost- und Nordsee hat und dort praktische Grundlagen für hydrographische Arbeiten legt.

Im Hinblick auf eine Expeditionsbeteiligung werden nun auch designierten METEOR-Offizieren auf Lehrgängen wissenschaftliche Grundkenntnisse der Ozeanographie vermittelt, ebenso wie sie mit Echoloten und der Technik der Ballon- und Drachenaufstiege vertraut gemacht werden. Ein Marinestabsarzt wird angelernt, die Planktonfänge zu bestimmen.

Auch die Mannschaften des künftigen Forschungsschiffes erhalten Unterweisungen in Kartenzeichnen, Laborarbeit oder Werteberechnung, ebenso zur Bedienung und Wartung des wissenschaftlichen Geräts und der dazugehörigen Maschinen wie Lotanlage oder Winden.[36]

Bereits wenige Jahre nach der Gründung des 1900 entstandenen Instituts für Meereskunde in Berlin[37] hatte der damalige Direktor, Albrecht Penck, seinen Mitarbeiter Max Groll damit beauftragt, ein Kartenwerk der Meere zu entwerfen, in dem die zu dieser Zeit bekannten topographischen Gegebenheiten erfasst werden sollten.[38] Weltweit konnten rund 15 000 Lotungspunkte ermittelt werden, aus deren Interpolation Groll dann eine Tiefenschichten-Darstellung ableitete.

Trotz der zahlreichen Daten war er jedoch ernüchtert: *Es ist geradezu erschreckend, wie wenig wir vom Bodenrelief der Ozeane wissen und auf wie dürftigen Angaben unsere Vorstellungen darüber basieren.* Es gebe noch *viele Hunderte von Gradfeldern, innerhalb deren noch keine einzige Lotung ausgeführt worden* sei. *Es könnte deshalb zuweilen beinahe vermessen erscheinen, auf Grund so weniger Angaben Tiefenlinien zu zeichnen.*

Darüber hinaus seien die Tiefenangaben lediglich Punktmessungen »ohne Umgebung«, anders als an Land, wo man neben den exakten Höhenkoten auch die Landschaftsstruktur kenne. Die Tiefenlinien gäben also oft genug *ganz sicher nicht einmal eine Annäherung an die tatsächlichen Verhältnisse, sondern nur ein Bild, wie man es auf Grund p e r s ö n l i c h e r Eindrücke und Anschauungen entwerfen k a n n*.[39]

Betrachtet man die so für den Atlantischen Ozean erstellte Karte[40], so zeigen die Daten ein deutliches Nord-Süd-Gefälle. Gleichwohl lässt sich als Großstruktur der Mittelatlantische Rücken erkennen, von dem an verschiedenen Stellen mehr oder weniger breite Schwellen abzweigen und so auf beiden Seiten des Ozeans mehrere geschlossene Becken mit großen Tiefen von über 5000 m bilden.

Insgesamt ergibt sich ein Bild des Atlantiks, das gewissermaßen einer weitflächig geschwungenen Hügellandschaft gleicht. Viele der Tiefenschichten sind über Tausende von Kilometern lediglich farblich begrenzt oder durch gerissene Linien markiert, was die Legende als *mangelhaft bekannt* übersetzt. Die kartographische Kenntnis wurde während des Weltkrieges nicht wesentlich erweitert – Grolls Atlantik-Karte von 1911 ist damit die Basis für die geplante Expedition.

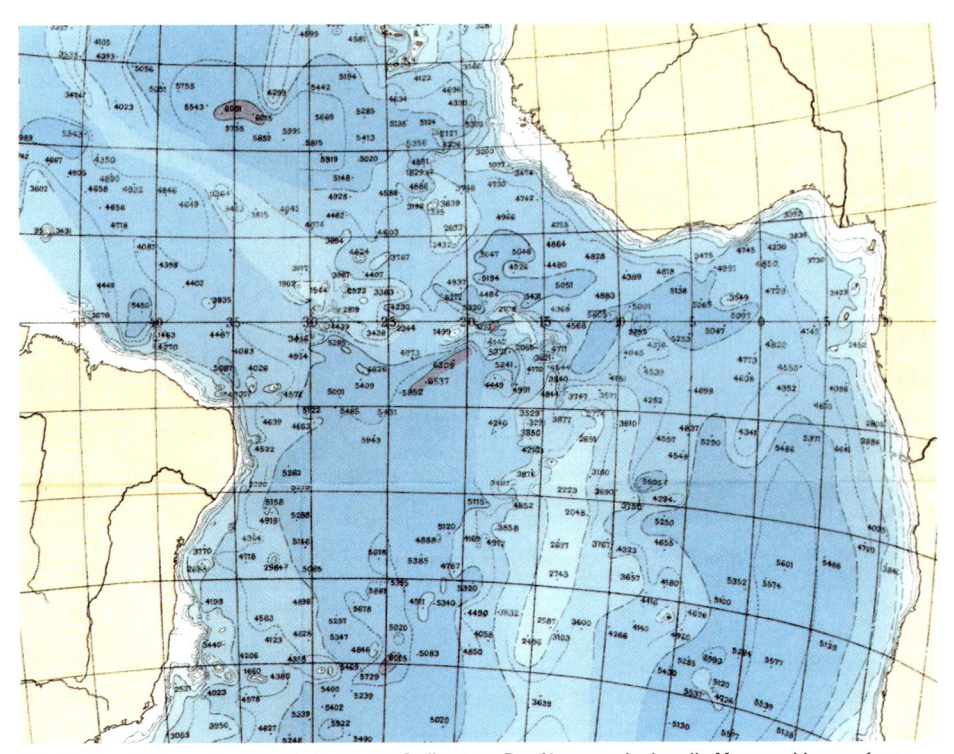

Abb. 7 Ausschnitt aus der Atlantik-Karte von Groll, 1911. Das Kartenwerk, das alle Meeresgebiete umfasste, zeigte im Wesentlichen auch 1925 noch die damaligen Kenntnisse der Meeresbodentopographie. (Groll, Taf. 1)

Abb. 8 METEOR kurz vor ihrem zweiten Stapellauf, Wilhelmshaven, 25. Juni 1924. (BA/MA: R-04/239)

Vermessungsschiff METEOR: Erprobungen und Expeditionsvorbereitung

Am Mittag des 15. November 1924 wird METEOR von ihrem Kommandanten, KKpt. Fritz Spieß, in Wilhelmshaven in Dienst gestellt, $10^{1}/_{2}$ Jahre nach der Kiellegung im Februar 1914 und als erster Neubau der Reichsmarine nach dem Krieg.

Ende November finden Probefahrten statt[41]; nach einem Schraubenwechsel wird zwar eine Höchstgeschwindigkeit von 11,6 kn erzielt, aber es stellt sich heraus, dass der Kohlenverbrauch höher als angenommen ist.[42]

Nachdem in der ersten Dezemberhälfte die wissenschaftlichen Räume eingerichtet sind und auch Echolotanlage und »Windschießgerät« eingebaut sind, findet am 18. Dezember die Seeklarbesichtigung durch den Stationschef der Nordsee statt. Anschließend verlegt METEOR durch den Kaiser-Wilhelm-Kanal in die Ostsee.

Nach Messfahrten in der »Meile« der Eckernförder Bucht liegt das Schiff über Weihnachten und Neujahr in Kiel, bevor es am 4. Januar zu Erprobungen und Eichungen[43] im Skagerrak und in der Nordsee ausläuft.

Abb. 9 KKpt. Spieß kurz vor dem Befehl zum Flaggeheißen zur Indienststellung der METEOR, Wilhelmshaven, 15. November 1924. (DSM: III A 117 GL / 3.16)

Abb. 10 Nach ihrer Fertigstellung verlegte METEOR zu schiffsbetrieblichen und wissenschaftlichen Erprobungen sowie Messfahrten in die Ostsee. Kiel, Dezember 1924. (DSM: III A 117 GL / 4.23 / Foto: W. Schäfer)

Schiffsdaten und besondere Merkmale der METEOR

Länge über Alles	71,15	m (in der CWL: 67,00 m)
Breite, größte	10,90	m (in der CWL: 10,20 m)
Verdrängung	1178,68	t auf CWL
	1691,10	t maximal
Tiefgang auf CWL	3,20/3,20	m vorn / achtern
Tiefgang voll ausgerüstet	4,20/4,30	m vorn / achtern
Raumgehalt	1167,59	BRT (Vermessung 1934)
Masten und Besegelung	vorderer	rahgetakelt mit 226 m² Segelfläche;
	hinterer	gaffelgetakelt mit 237 m² Segelfläche; Ladebaum mit 5 t Tragfähigkeit
Kohlenvorrat	383	t, dazu 50 t Deckslast
Kesselanlage	2 x 113	m² Heizfläche; 2,2 m³ Wasserraum
	750	Wasserrohre ⌀ 36 mm
		Dampfdruck bis 16 kp/cm²
Hauptmaschinen	2 stehende	dreizylindrige Dreifach-Expansionsmaschinen; Leistung zusammen 650 PSi (bei Forcierung bis 900 PSi)
Stromversorgung	4 Dynamos	3 Turbo/1 Diesel: 110 V Gleichstrom; 9 Stromkreise; Hauptverbraucher: Schiffslüfter, Funk-Anlage, Beleuchtung; wiss. Geräte (37%)
2 dreiflügelige Schrauben	2,40	m Durchmesser
Geschwindigkeit	11,6	kn höchste; Fahrtgewinn unter Segel
	bis 1,5 kn	
Fahrbereich bei 440 t Kohle	rund 6000	sm bei 8 kn
Balanceruder	5,8	m² Ruderfläche, größter Winkel 40°

Ausrüstung und Besonderheiten:
- Windschießgerät (d.i. 8,8-cm-Flugabwehrgeschütz) auf der Back
- Tiefseeankereinrichtung vor dem Brückenaufbau
- Zwei Serienmaschinen: Stb.-Achterback und stb. mittschiffs, Lotpodeste
- Zwei Lucas-Lotmaschinen: Bb.-Achterback und Stb.-Schanz, Lotpodeste
- Meteorologische Hütte auf dem Kartenhaus über der Brücke
- Drachenwinde auf der Schanz; 3-m-Basisgerät zur Pilotballonverfolgung
- Regen- und Verdunstungsmessgeräte an der Stb.-Schanzreling
- Thermometer u. Windmesser an Mast und Flaggenstöcken (Fernregistrierung)
- Scheinwerfer an der Vorderseite des Schornsteins
- Echolotanlage; Sender im Bb.-Schlingerkiel, Membranen im Schiffsboden
- Schlingerkiele (Holzwulste abgerundet, um Haken der Lotdrähte zu verhindern)
- Räume für wiss. Arbeiten: Ableseraum, Zeichensaal, Labor, Dunkelkammer
- Lagerräume für wiss. Material, rund 30 m³, dazu Ruderraum und Arrestzelle
- Räume für die lange Reisezeit gestaltet, etwa Holzbeläge anstelle von Blechwänden, besondere Holzmöbel, Kojen als Sofas u. dgl.
- Umfangreiche Bibliotheken für Mannschaft, Offiziere und Wissenschaftler

Zusammengestellt nach DAE/I, S. 41ff., 49ff., 358ff.; mit Zeichnungen und Details; weiterhin Spieß: Einrichtungen.

Bei der Kohlenmessfahrt mit verschiedenen Fahrtstufen ergeben sich 9 kn als wirtschaftlichste Fahrt, entsprechend einem Tagesverbrauch von rund 12 t und einem rechnerischen Fahrbereich von 6250 sm.

Pünktlich zum Stapellauf des Leichten Kreuzers EMDEN ist die METEOR am 7. Januar 1925 wieder in Wilhelmshaven, um für die Vorexpedition auszurüsten.

Neben den schiffsbetrieblichen Gütern (Kohle, Proviant, Verbrauchsmaterial) und Effekten für die Besatzung (darunter Kleidung, Bücher, Instrumente der Bordkapelle nebst Noten, Filmprojektor und *Geduldspiele für Mannschaften*) kommen in dieser Zeit die wissenschaftlichen Geräte an Bord[44], darunter die Lot- und Serienmaschinen, die Tiefankereinrichtung und die Drachenwinde.

Nach zwei Wochen läuft METEOR am 20. Januar in den Atlantik aus, um im Seegebiet zwischen Portugal und den Kanarischen Inseln[45] Gerät und Methoden zu erproben. Die Expeditionsleitung hat Alfred Merz, das Schiff führt KKpt. Fritz Spieß; als Gast ist der schwedische Physiker Vagn Walfried Ekman an Bord, um seinen neuen Repetierstrommesser zu testen.

Der Bordbetrieb wird straff organisiert, so dass *jeder Mann der seemännischen Besatzung, wenn das Schiff auf Station kam, seine bestimmte »Gefechtsstation« einzunehmen hat. Nur mit dieser militärischen Organisation des Beobachtungsdienstes*, so ist Spieß später überzeugt, *war die reibungslose Durchführung der vielen Arbeiten ... möglich*. Die Wissenschaftler werden durch die »Bestimmungen über den Dienst an Bord« *in die ihnen fremde militärische Schiffsetikette eingeführt*. Nach Spieß' späterem Urteil hat *die strenge Durchführung dieser ... Vorschriften ... unbedingt zu dem reibungslosen Verlauf der Expedition beigetragen*.[46]

Am 24. Januar kann man in der Biscaya eine partielle Sonnenfinsternis beobachten; es ist der 45. Geburtstag des Expeditionsleiters, *der den Tag in Gesundheit und froher Zuversicht verlebt*.

In den folgenden Wochen auf See[47] werden die Eichkurven der Echolotungen aufgestellt und das Lotpersonal geschult, die Lot- und Serienmaschinen sowie Strom- und Serienmessungen erprobt, die Tiefseethermometer getestet und die Tiefseeankereinrichtung geprüft. Es wird versucht, nicht nur die Stoßröhren für Sedimentproben selbst, sondern auch ihre Sinkgewichte wieder einzuhieven. Man testet die Methode des »Windschießens« und macht sich auch mit der Handhabung der Drachen vertraut, ebenso mit der Bahnverfolgung bei Aufstiegen von Pilot- und Registrierballons.

Abb. 11 METEOR während der Vorexpedition auf der Reede von Santa Cruz de Tenerife, dessen Siedlungsstruktur noch nicht touristisch überprägt ist, 1.-5.2.1925. (DSM: II A 117 GL / 5.30)

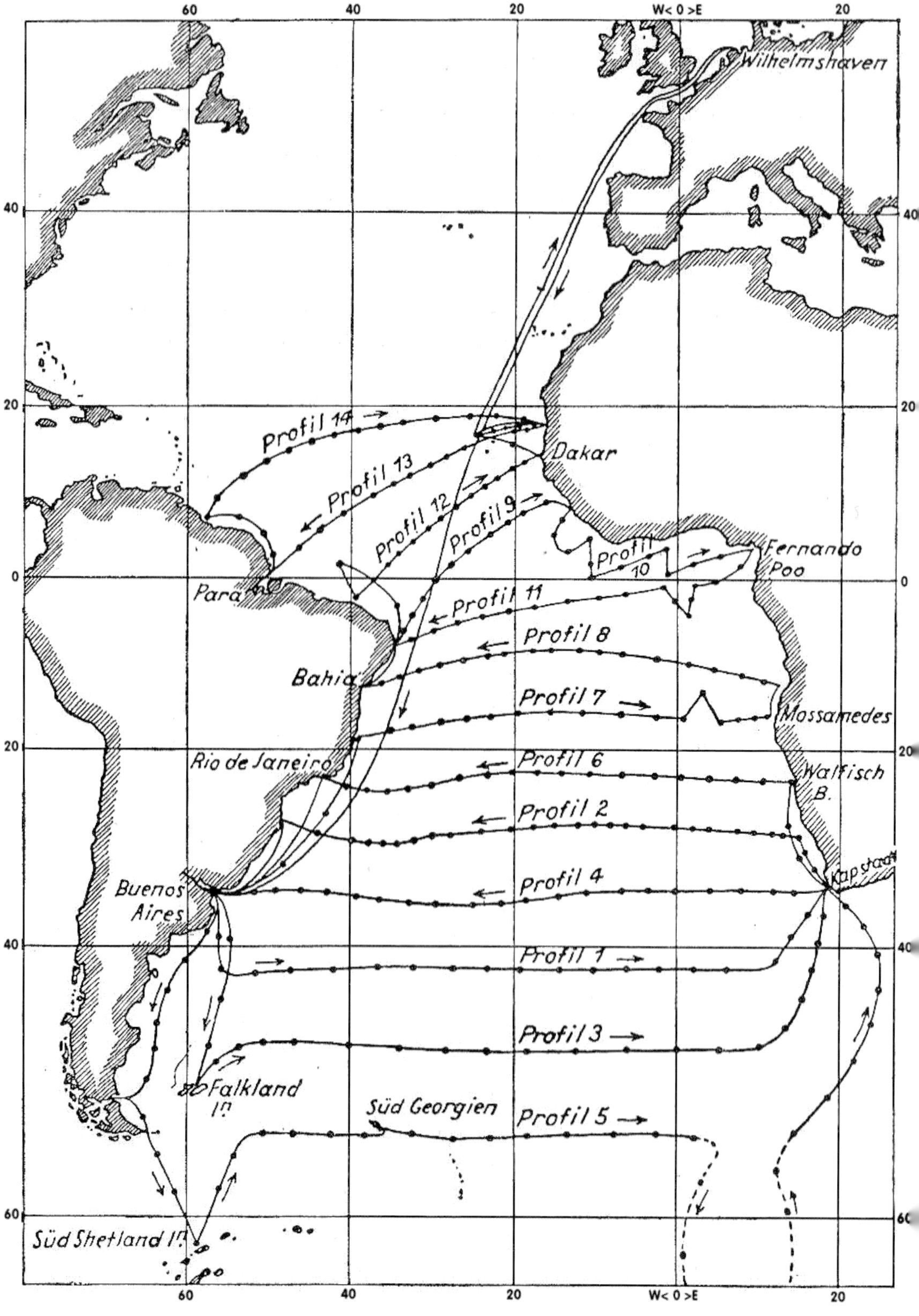
Wilhelmshaven
Profil 14
Profil 13
Profil 12
Profil 9
Profil 10
Profil 11
Profil 8
Profil 7
Profil 6
Profil 2
Profil 4
Profil 1
Profil 3
Profil 5
Dakar
Fernando Poo
Para
Bahia
Mossamedes
Rio de Janeiro
Walfisch B.
Kapstadt
Buenos Aires
Falkland I.
Süd Georgien
Süd Shetland I.
60
40
20
W< 0 >E
20

Die Wachoffiziere, auf Station zuständig für das exakte Position-Halten, sammeln Erfahrungen mit den Manövereigenschaften des Schiffes, und für den wissenschaftlichen Beobachtungsdienst wird der zweckmäßigste Personaleinsatz ermittelt.

Am 26./27. Januar findet nordwestlich von Lissabon die erste Tiefankerung statt; für 4770 m Tiefe werden in $4^{1}/_{2}$ Stunden 5500 m Trosse ausgefiert. Beim Einhieven, das über 5 Stunden erfordert, zeigt sich jedoch eine starke Neigung der Trosse zur Schlingenbildung durch Drall (Kinken). Um die Verdriftung nochmals zu überprüfen, ankert man ein zweites Mal in Sicht des Pico de Teide auf Teneriffa (31.1./1.2.1925).

An den Winden und Maschinen ergeben sich zahlreiche Probleme, meist darauf zurückzuführen, dass die Geräte zu schwach ausgelegt sind; an den Wasserschöpfern sind technische Verbesserungen für das exakte Schließen notwendig, und die Strommesser müssen widerstandsfähiger gemacht werden. Unangenehm ist auch, dass der Kreiselkompass Störungen zeigt.

Die Erfahrungen werden auf dem Funkweg nach Deutschland gemeldet, um den Werkstätten Zeit für die Vorbereitung der Abhilfe zu geben.

Als METEOR am 17. Februar wieder nach Wilhelmshaven zurückkehrt, sind wertvolle Erfahrungen gesammelt worden; das Schiff hat sich als seetüchtig und die Besatzung im Allgemeinen als seefest gezeigt.[48] Rückschauend wird Spieß später feststellen, dass die Erprobungen der Vorexpedition *entscheidend für das Gelingen der Hauptexpedition* waren.[49]

Die wichtigste operationelle Erfahrung ist jedoch, dass der Kohleverbrauch deutlich höher ist als vermutet: Bei 9 kn Marschfahrt hat man pro Tag statt der taxierten rund 12 t nunmehr tatsächlich an die 15 t Kohle verbraucht. Damit ist allenfalls ein Fahrbereich von 5000 sm möglich, also rund 1000 sm weniger als gedacht.

So kommt bei der Werftbesprechung erneut der Gedanke an eine Dieselanlage auf, doch bedeutet dies rund zehn Monate Umbauzeit. Eine weitere Alternative ist der Einbau einer Ölfeuerung, die eine Ölabdichtung der genieteten Bunker erfordert; dies würde vier Monate dauern und dennoch nur einen zehnprozentigen Gewinn an Fahrstrecke ergeben. Beide Optionen sind darüber hinaus finanziell nicht darstellbar. Was bleibt, ist die gründliche Verbesserung der vorhandenen Kessel- und Maschinenanlage.

In den folgenden Wochen wird dazu ein Hilfskessel eingebaut, der die großen Hauptkessel auf Ankerstationen und bei Hafenzeiten ersetzt und damit den Kohleverbrauch senkt; ebenso wird ein zusätzlicher Dieseldynamo den Kohlebedarf mindern. Ein um zwei Meter höherer Schornstein wird den natürlichen Zug der Abgase verstärken und so die Kesselraumlüfter entlasten; durch eine Verminderung der Rauchgase ergibt sich dabei außerdem eine günstigere Situation für die wissenschaftlichen Arbeiten an Oberdeck. Weiterhin sollen größere Schiffsschrauben den Wirkungsgrad verbessern.

Linke Seite Abb. 12 Der geplante Routenverlauf bei der Ausreise der METEOR. Zu beachten ist die abgeänderte Reihenfolge der Profilschnitte, die die Verzögerung des Auslauftermins und die Wetterbedingungen der Südregion in Rechnung stellte. (DAE/I, S. 30, Abb. 2, sowie Spieß: Fahrt, S. 16)

Abb. 13 Zunächst als Motorschiff geplant, musste METEOR schließlich mit einer Hilfsbesegelung auskommen, um die langen Fahrtstrecken bewältigen zu können. (DSM: III A 117 GL / 1.1)

Insgesamt, so ergeben die Rechnungen, lässt sich durch diese Maßnahmen der Tagesverbrauch um etwa eine Tonne senken, also um gut sechs Prozent. Flankierend dazu vergrößert man auch die Transportkapazität: Ein Unteroffizierraum wird zu einem Kohlebunker (60 t) umgebaut und an Oberdeck Lagerraum für weitere 50 t geschaffen; insgesamt verfügt METEOR damit über einen maximalen Kohlevorrat von 440 t.

Gegenüber der vorherigen Situation wird METEOR rechnerisch nunmehr 31 statt 22 Tage auf einem Profil unterwegs sein können und einen theoretischen Fahrbereich von etwa 6800 sm haben.[50] Auch erhält der Fockmast nach den guten Erfahrungen mit der Schratbesegelung am achteren Mast eine Rahtakelung; sie bedeutet einen Fahrtgewinn von bis zu anderthalb Knoten und damit eine Erhöhung des Fahrbereichs.

Neben diesen Arbeiten zum Schiffsantrieb wird weiteres geändert: Statt der Davits am Achterschiff wird am achteren Mast ein Ladebaum für den Bootsbetrieb angebracht; die Serienmaschinen werden verstärkt und die Steuerungsmechaniken der Winden verfeinert; ein mittlerweile beschafftes zweites Tiefseelot wird eingebaut, und die Tiefsee-Ankertross wird durch eine doppelt geschlagene ersetzt, um die lästigen Verkinkungen zu verhindern. Verbesserungen betreffen auch die Raumisolierung und die Arbeitsumgebung der Wissenschaftler (Schreibpulte, Ableseraum u.ä.).[51] Den baulichen Änderungen folgen Ende März erneut schiffsbetriebliche Meilen- und Messfahrten, die eine deutliche Leistungsverbesserung zeigen; die wissenschaftlichen Neueinrichtungen (Atlaslot, Stereoapparat für Wellenmessungen) werden wiederum in der Norwegischen Rinne getestet.[52]

Die ermittelten Kohleverbrauchswerte zeigen, dass eine Einsparung von etwa 1,5 bis 2 t am Tag erreicht worden ist. Der Verbrauch wird optimistisch auf 12,5 bis 13,5 t am Tag taxiert[53]; als wirtschaftlichste Fahrtstufe sieht man nunmehr eine Geschwindigkeit zwischen 7 und 8 kn an.

Diese Ergebnisse und die Erfahrungen der Vorexpedition gehen in die Reiseplanung ein, zumal sich der Ausreisetermin durch die Umbauten um einen Monat verzögert hat. Nunmehr soll das erste Profil nicht nördlich des Äquators liegen, sondern auf 42° Süd; auf diese Weise kann das antarktisnächste Profil weiterhin im südlichen Hochsommer absolviert werden. Außerdem lässt sich damit ein langer meteorologischer Nord-Süd-Schnitt von der Biscaya bis nach Buenos Aires realisieren und erübrigt so die beiden ursprünglich geplanten meteorologischen Profile zum Ende der Expedition.

Die Routenführung nimmt außerdem Rücksicht auf die vorherrschenden Windrichtungen, so dass man die west-ost-gerichteten Profile in die Westwindzone legt, während die gegenläufigen möglichst außerhalb bleiben und auch die Passate entsprechend nutzen sollen.

Insgesamt geht man nun von 22 Monaten Expeditionsdauer aus.

Nachdem METEOR am Abend des 1. April von den Erprobungen wieder nach Wilhelmshaven zurückgekehrt ist, sind die nächsten beiden Wochen ausgefüllt mit der Hektik der Endausrüstung, die vor allem unter dem Aspekt erfolgt, möglichst wenig Devisen im Ausland ausgeben zu müssen. Je nach Verbrauchsgut wird der Bedarf für bis zu zwei Jahre geladen.

Die schiffsbetriebliche Logistik hat die Nautische Abteilung der Marineleitung in der Hand, den wissenschaftlichen Bereich betreut das Institut für Meereskunde. Während Verbrauchsstoffe – Kohle, Wasser, Frischverpflegung – überwiegend in den Auslandshäfen gekauft werden sollen, wird der Nachschub von Maschinenteilen, Inventar und wissenschaftlichem Material, teilweise auch Proviant, über deutsche Reedereien organisiert. Insgesamt werden im Laufe der Expedition 26 Dampfer 239 Tonnen Güter in die einzelnen von METEOR angelaufenen Häfen nachführen. Letztendlich, so resümiert Spieß später rückblickend zu Recht, war *die Organisation des militärischen und wissenschaftlichen Nachschubes ... ausschlaggebend für das Gelingen der Expedition.*[54]

Am Vorabend des Auslaufens wird METEOR als Schiff der Reichsmarine vom Chef der Marineleitung, jetzt Admiral Hans Zenker, und dem Flottenchef, Vizeadmiral Konrad Mommsen, militärisch besichtigt. Dem folgt ein gemeinsames Bankett von Marine und Wissenschaft, an dem auch der Präsident der Notgemeinschaft, Friedrich Schmidt-Ott, teilnimmt. Danach ist das Schiff für die Besichtigung geladener Gäste aus Politik und Wirtschaft, Schifffahrt und Wissenschaft freigegeben.

Die Deutsche Atlantische Expedition: Lohn beharrlicher Hoffnung und Vorarbeit

Am 16. April 1925 wird METEOR von der Marineführung und der wissenschaftlichen Prominenz in der Schleuse von Wilhelmshaven verabschiedet. Trotz regnerisch-kalten Wetters säumen Tausende die Kaimauern, als das Schiff um 10.30 Uhr auf die Jade hinausgleitet.

Nachdem die Magnetkompasse kompensiert und die Funk- und Funkpeilanlage beschickt worden sind, läuft METEOR schließlich in der Dunkelheit gegen 23 Uhr in die Nordsee aus – vor ihr liegen 777 Expeditionstage, davon 508 Tage auf See. In dieser Zeit wird sie 67 535 Seemeilen zurücklegen, entsprechend rund 125 000 Kilometern oder gut dreimal um die Erde.

Die Expeditionsleitung hat Prof. Dr. Alfred Merz, Direktor des Instituts für Meereskunde in Berlin und *spiritus rector* der gesamten Expedition. Kommandant des Schiffes ist Fregattenkapitän Fritz Spieß. Insgesamt befinden sich 133 Mann an Bord: 118 gehören zur militärischen Besatzung, davon 34 zum Maschinenabschnitt, sechs sind Zivilangestellte, und die Wissenschaftler-Gruppe ist neun Mann[55] stark.

Abb. 14 Zeichen für die besondere Bedeutung der Auslandsreise: Verabschiedung der METEOR durch den Chef der Marineleitung, Adm. Hans Zenker (vorn FKpt. Fritz Spieß), Wilhelmshaven, 16.4.1925. (DSM: III A 117 GL / 13.88)

Abb. 15 Gruppenbild ohne Dame: die Wissenschaftler bei der Ausreise zur Deutschen Atlantischen Expedition, 1925; v.l.: Georg Wüst (Ozeanograph), Josef Reger (Meteorologe), Hermann Wattenberg (Chemiker), Alfred Merz (Ozeanograph und Expeditionsleiter), Ernst Hentschel (Biologe), Arnold Schumacher, Günther Böhnecke (Ozeanographen), Otto Pratje (Geologe), Erich Kuhlbrodt (Meteorologe). (DSM: III A 117 GL / 27.200)

Im Mittel ist die Bordgemeinschaft vergleichsweise jung: Die Mannschaften sind bei Reisebeginn gut 23 Jahre alt, die Unteroffiziere rund drei Jahre älter, während Offiziere und Wissenschaftler mit rund 35 Jahren ein etwa gleiches Alter haben.[56] Merz ist mit 45 Jahren knapp zwei Jahre älter als Spieß, und mit vier Jahren »Vorsprung« ist der Biologe Ernst Hentschel der Senior an Bord.

Der Reisebefehl[57] des Chefs der Marineleitung stellt das Schiff in den Dienst der Forschung, wobei ausdrücklich auf die Merzsche Denkschrift Bezug genommen wird. Neben den dort vor allem verfolgten Aufgaben der Grundlagenforschung sind auch angewandte Arbeiten im Interesse der Marine auszuführen, so insbesondere der praktische Vergleich verschiedener Echolotverfahren, Erprobungen zur Funkortung, Aufzeichnung der Schiffsbewegungen mittels Kreiselbeobachtungen, die für die schiffbauliche Verwertung gedacht sind, und schließlich sollen auch Aufgaben für die nautische Verwendung wahrgenommen werden (Kontrolle von Untiefen, Aufnahme von Hafenzufahrten, Feststellung von Missweisungswerten etc.) – ein insgesamt sehr umfangreiches und auch anspruchsvolles Programm.

Basis des *Befehls* ist ausdrücklich der von Merz aufgestellte Routenplan vom Februar 1925, doch lässt Zenker der Schiffsführung Spielraum im Sinne eines *Auftrages*: Im Einvernehmen mit der wissenschaftlichen Leitung dürfen Weg und Zeitplan nach Maßgabe aktueller Erfordernisse angepasst und verändert werden; lediglich unverzügliche Meldung und Einholung der nachträglichen Genehmigung dafür ist befohlen – ein für die damalige Zeit durchaus modernes Führungskonzept.

Befohlen ist auch, *besonderes Gewicht ... auf die Erhaltung der Manneszucht und eines guten Gesundheitszustandes zu legen*. Durch rasche Arbeitsfortschritte etwa erzielte Zeitgewinne sollen *ohne Ausnahme ... den Hafentagen zugunsten der Erholung zugute* kommen. Nach diesem Grundsatz habe der Kommandant *streng zu verfahren*, gegebenenfalls auch zu Lasten der wissenschaftlichen Arbeiten.

Hintergrund für die Betonung dieses Aspekts ist zwar sicherlich auch die Sorge um das Wohlergehen der Besatzung, aber besonders wichtig ist der Marineleitung, dass *eine Schädigung des deutschen Ansehens im Auslande durch undiszipliniertes Verhalten ... unter allen Umständen vermieden werden* muss – und um dies sicherzustellen, habe das Schiffskommando *sorglich darüber zu wachen, daß nicht durch Mangel an Erholung der Nährboden für solche Entgleisungen geschaffen wird*.

Bezeichnend für die Traumatisierung der Nachkriegszeit ist die Vorsorge für einen neuerlichen Kriegsfall: Da METEOR mit ihrer Ausrüstung für eine kriegerische Verwendung nicht in Frage komme, habe das Schiff *im Falle eines Krieges Deutschlands mit den Westmächten* und bei fehlender Aussicht auf Rückkehr einen neutralen Hafen anzulaufen und dort aufzulegen. Die Besatzung solle dann versuchen, auf neutralen Dampfern in die Heimat zu gelangen. *Im Falle eines Krieges mit den Ostmächten* sei hingegen die Rückkehr in die Heimat zu versuchen.[58]

Bevor METEOR den Ärmelkanal passiert, liegt sie erst einmal einen Tag bei Borkum, um die Ausrüstung ungestört seefest zu verstauen und die Besatzung mit dem Segelexerzieren vertraut zu machen. Danach überquert man am 20. April frühmorgens die Linie Dover-Calais, die traditionelle Heimatgrenze für deutsche Marineeinheiten.

Segelversuche zeigen, dass das Schiff bis zu zwei Knoten an Fahrt gewinnt, und dass bei abgestellter Maschine fast 4,5 Knoten erzielt werden können. Als man am folgenden Vormittag bei Ouessant die Biscaya erreicht, beginnen die regelmäßigen meteorologischen Aufzeichnungen des Nord-Süd-Profils bis nach Buenos Aires, sowohl zu festgelegten Terminzeiten an Bord wie auch bei zwischenzeitlichen Ballon- und Drachenaufstiegen. Auch die chemischen und biologischen Untersuchungen nimmt man auf, vorerst allerdings nur an den während der Fahrt gewonnenen Oberflächenwasserproben.

Links Abb. 16 Landung auf den selten angelaufenen St.-Peter- und St.-Paul-Klippen eben nördlich des Äquators, 10. Mai 1925. (DSM: III A 117 GL / 24.170)
Rechts Abb. 17 Meeresgöttlicher Besuch an Bord. Der Hofstaat Neptuns zeigte sich bei den Reinigungszeremonien der Linientaufe etwas rabiat. Null Grad nördlicher und südlicher Breite, 11. Mai 1925. (DSM: III A 117 GL / 25.180)

Unter laufenden Echolotungen zur Übung, bei denen die Lotgasten ausgebildet werden, geht es zügig südwärts. Am 27. April »erschießt« man sich mit dem Windgeschütz fünf Messungen bis in eine Höhe von 7000 m, allerdings mit dem unliebsamen Nebeneffekt starker Erschütterungen, die zu Schäden an den empfindlichen Tiefseethermometern führen – die an sich sehr elegante Methode wird daraufhin nicht mehr angewendet.

Fast am Nördlichen Wendekreis wird am 29./30. April auf 5500 m geankert; die modifizierte Ankereinrichtung und die Messgeräte arbeiten erfolgreich. Die Daten vervollständigen außerdem ein Querprofil, für das bereits vor dem Weltkrieg sowohl das dänische Forschungsschiff DANA als auch die deutschen Vermessungsschiffe PLANET und MÖWE Stationsmessungen gemacht hatten.

Während des langen Seetörns macht die Mannschaft militärischen Ausbildungsdienst und ist mit der Instandhaltung des Schiffes beschäftigt.

Gemeinsame Musik und Männergesang sieht der Kommandant als *wesentliche Faktoren zur Erhaltung der guten Stimmung*. Auch Vorträge wissenschaftlicher Art zu Geographie, Geschichte und Meereskunde tragen zur Motivation bei: *Sie steigerten das Interesse ... und führten in angeregten Diskussionen zu gegenseitigem Gedankenaustausch.*[59]

Nach einem dreitägigen Versorgungsaufenthalt[60] in Porto Grande (São Vicente/Kapverden, 2.-5.5.1925) marschiert METEOR weiter nach Süden, wobei am 7. Mai der erste Aufstieg eines Registrierballons erfolgt. Obwohl durch Undichtigkeit der Ballonhülle nur eine geringe Höhe erreicht wird, muss das Schiff etwa 2½ Stunden *Jagd* machen, bevor der Meteorograph geborgen werden kann.

Drei Tage später ist man bei den St.-Pauls-Klippen, nur 20 m aus dem Wasser ragende und von der Brandung erodierte Spitzen eines aus 4000 m Tiefe aufsteigenden Vulkankegels. Während METEOR den Felssockel auf einem Ringkurs ablotet, überwindet eine Landungsabteilung die Brandungszone und führt magnetische Messungen sowie biologische und geologische Untersuchungen auf den Felsen durch.

Nachdem am 11. Mai die obligatorische Äquatortaufe für die »Schmutzfinken« der Nordhalbkugel absolviert worden ist, erreicht man am folgenden Vormittag die Insel Fernando Noronha, deren westlicher Vulkansockel abgelotet wird. Fotos bilden später die Grundlage für Vertonungen im Segelhandbuch.

Vom Straflager auf der Hauptinsel gewinnt der METEOR-Kommandant den Eindruck, dass man sich in der *einladende[n], liebliche[n] Landschaft, in der die weißen Häuschen der brasilianischen Verbrecherkolonie verträumt und anmutig daliegen, das Leben der Sträflinge in dieser schönen Natur nicht sonderlich hart vorstellen* könne.[61]

Auf dem weiteren Weg südwärts wird das Forschungsschiff in der Morgendunkelheit des 13. Mai vom Hamburg-Süd-Dampfer CAP POLONIO eingeholt, der den Männern auf der vergleichsweise »winzigen« METEOR wie *ein schwimmender, strahlend beleuchteter Palast* erscheint; per Ruderkutter wird nachgesandte Heimatpost von dem Passagierschiff abgeholt.[62]

Auftragsgemäß nutzt man den Kurs entlang der brasilianischen Küste, um unsichere Tiefenangaben zu überprüfen, die großenteils noch aus dem 19. Jahrhundert stammen.[63] Das Passatsystem hat man seit der Tiefankerung als anormal beobachtet: Gegenüber den mittleren zu erwartenden Werten wird der Nordostpassat erst hunderte Kilometer südlicher angetroffen, seine Zone ist schmaler und die Stärke geringer; ähnlich zeigt auch der Südostpassat eine nur schwache und wechselhafte Ausprägung, und ebenfalls nördlicher als erwartet wird er von westlichen Winden abgelöst.

Als etwas abrupt empfindet man auch die Temperaturabnahme um 15 °C, die sich südlich der Breite von Rio einstellt; Merz klagt am 20. Mai zum ersten Mal über bronchitische Beschwerden.

Am 25. Mai läuft METEOR erstmals in Buenos Aires ein, wegen des starken Seitenwindes bei dem hoch aus dem Wasser liegenden leeren Schiff mit erheblicher Krängung von 10°. Nach dem Festmachen flaggt man wie alle anderen anwesenden Schiffe wegen des Unabhängigkeitstages in Argentinien über die Toppen. Wenige Tage später setzt das Forschungsschiff die Kaiserliche Flagge im Vortopp, traditionelles Gedenken an die Skagerrakschlacht 1916.[64]

Abb. 18 Erstes Einlaufen der METEOR in Buenos Aires, das der Hauptstützpunkt für den ersten Reiseabschnitt wurde, 25. Mai 1925. (DSM: III A 117 GL / 33.252)

In einem Aufsatzentwurf beschreibt Spieß den ersten Aufenthalt in Buenos Aires, bei dem er es als *ein besonders günstiges Zusammentreffen* betrachtet, *daß wir unsern höchsten Festtag, den Gedächtnistag der Schlacht am Skagerrak, den 31. Mai, hier in dieser Stadt mit ihrer starken Deutschen Kolonie feiern konnten*, im Kreis der zahlreichen ehemaligen Angehörigen der Kaiserlichen Marine, die *mit mehr oder weniger Glück sich eine neue Existenz geschaffen haben und ... mit ihrem ganzen Herzen am Deutschen Vaterland und ihrer alten, stolzen Waffe hängen*.[65]

Da der Hafen Hauptstützpunkt für den ersten Expeditionsabschnitt sein wird, ist die Aufenthaltszeit ausgefüllt mit zahlreichen offiziellen Besuchen bei Regierung, Marine und wissenschaftlichen Instituten. Die Absprache synoptischer Beobachtungen mit den meteorologischen Observatorien gelingt jedoch nicht.

Der Beginn der eigentlichen Profilarbeiten steht unter einem unglücklichen Stern: Erneut zeigt Expeditionsleiter Merz Krankheitsanzeichen, die mit seinem Lungenleiden zusammenhängen, das ihm schon seit längerem zusetzt.

Bei den beratenden Ärzten, neben dem Schiffsarzt auch zwei Ärzte des deutschen Hospitals, bestehen *Bedenken, ob man ihn auf die Fahrt nach Kapstadt ... mitnehmen könne*. Den Ausschlag gibt aber schließlich Merz' dringender Wunsch, *an der Reise teilzunehmen, da er als wissenschaftlicher Leiter bei den ersten Arbeiten an Bord geradezu unentbehrlich* sei. Die Ärzte stimmen schließlich zu, zumal die klimatischen Bedingungen in Kapstadt für die Behandlung von Lungenerkrankungen günstiger zu sein versprechen.[66]

Profil I

Nach der Übernahme von Kohlen, Proviant und Nachschub, die mit großen Zollschwierigkeiten verbunden war, läuft METEOR am 3. Juni aus. Eine neuerliche Kohlenmessfahrt zeigt, dass 9 kn Marschfahrt zu optimistisch sind; 8 kn sind eher realistisch.

Schon kurz nach dem Auslaufen wird Merz bettlägerig, besteht jedoch auf der Fortsetzung der Reise. Nach 2½ Tagen Anmarsch beginnt man dann auf 41° Südbreite das erste Profil Richtung Afrika. Merz lässt sich in seiner Kammer Bericht erstatten und trifft seine Anordnungen von dort aus.

Nach einer Woche – man ist am frühen Morgen des 9. Juni soeben bei Station 5 angelangt – verschlechtert sich jedoch plötzlich Merz' Gesundheitszustand mit Atemnot, Fieber und stechenden Schmerzen so besorgniserregend, dass der Schiffsarzt dringend zur Umkehr rät.[67]

Die Stationsarbeiten werden nach der zweiten Serie abgebrochen, und METEOR setzt *beschleunigt*[68] Kurs auf Buenos Aires ab. Vier Tage später[69] kommt Merz dort ins Krankenhaus. Damit nicht genug, verliert METEOR durch Unglücksfall auch noch den Obersignalgasten Max Wunsch, der in Buenos Aires beigesetzt wird.

Als das Schiff am 16. Juni 1925 wieder ausläuft, hat sich der Zustand Merz' leicht gebessert, so dass man hofft, ihn nach dem zweiten Profil, wenn METEOR Buenos Aires erneut anläuft, wieder einschiffen zu können; bis dahin übernimmt Spieß die stellvertretende Leitung.[70]

Oben Abb. 19 METEOR beim Aufbruch zu Profil I, Buenos Aires, 3. Juni 1925. Der Tiefgang macht deutlich, dass das Schiff bis an die Grenze der Seefähigkeit beladen ist. (Archiv IfM/Geomar)

Links Abb. 20 Um die langen Profilstrecken bewältigen zu können, nahm METEOR zusätzlich zu den gebunkerten Kohlen noch möglichst viel Sackkohle als Deckslast mit. Die zusätzlichen Tonnen verlängerten die Seeausdauer um rund vier Tage. (Archiv IfM/Geomar)

Kaum aus dem La Plata heraus, hat man mit Sturm und starkem Seegang zu kämpfen – nicht überraschend, denn es ist Hochwinter auf der Südhalbkugel. Das Schiff zeigt sich als sehr luvgierig und ist nur durch starkes Gegenruder (bis zu 15°) auf Kurs zu halten. Die Deckslast von gut 50 t Kohle macht sich selbstständig und muss schleunigst unter Deck gemannt werden. METEOR rollt so stark, dass die in den Davits hängenden Boote von Seewasser bespült werden; das Einschwingen gestaltet sich schwierig und gefährlich.

Nachdem auf der Ausreise Erfahrungen mit der Abtrift des Schiffes mit und ohne Besegelung gesammelt worden waren, beginnt man am 18. Juni mit den systematischen Berechnungen der täglichen Stromversetzungen, um Stärke und Richtung der Oberflächenströmungen zu erfassen.[71]

Für die Navigation gravierend ist die Notwendigkeit, den Kreiselkompass am gleichen Tag abstellen zu müssen, nachdem sich schon seit Wochen fast täglich Ausfälle gezeigt hatten und zuletzt das Kreiselsystem infolge der harten Schiffsbewegungen an das Gehäuse angestoßen war und dauernde Fehlweisungen hervorgerufen hatte; für den »Rest« der Reise bleibt METEOR auf die Magnetkompasse angewiesen.[72]

Als man sich der Position der Station 5 nähert, *herrschte eine ernste, gedrückte Stimmung*, denn die wissenschaftlichen Arbeiten müssen nun ohne den eigentlichen Expeditionsleiter fortgeführt werden; allerdings gibt es auch *ein starkes Vertrauen, daß wir, dank der vorzüglichen und durchdachten Vorbereitung der Expedition, erfolgreich würden weiterarbeiten können.*[73]

Aktuell ist das Wetter jedoch so, dass an ein Weiterarbeiten auf Station 5 nicht zu denken ist, so dass man unmittelbar zur Station 6 läuft. Doch bei Beaufort 8-11 und See 8-9 gibt es Probleme: Das Schiff treibt sehr stark, die Drahtlotung gelingt wegen zu großen Drahtwinkels nicht, und die Serienmessungen müssen bei 1000 m abgebrochen werden. Ähnliches auch bei der nächsten Station (Abbruch bei 700 m Tiefe), und die danach folgende muss bei Windgeschwindigkeiten um 110 Stundenkilometer sogar ganz ausfallen, so dass eine außergewöhnliche Lücke von 445 sm zur nächsten Position entsteht. Sie soll die einzige Station bleiben, die aus Wettergründen ausfallen muss.[74]

Am Tag der südlichen Wintersonnenwende, 21. Juni, geht die Funknachricht ein, dass das *»Befinden Merz dauernd gut«* sei.

Die Marschfahrt steht infolge des Schlechtwetters permanent unter dem Diktat der Kohlenknappheit: Sooft möglich, wird mit Segelunterstützung gelaufen, die Turbodynamos werden abgestellt und stattdessen die Dieseldynamos benutzt, anstelle der Rudermaschine wird mit Handruder gesteuert; Heizung, Ventilation und Licht werden eingeschränkt. Der andauernde Sturm in den Roaring Forties tut ein Übriges, um die Lebensbedingungen an Bord nicht gerade angenehm zu gestalten.

Abb. 21 Auf Profil I hat METEOR mehrfach mit heftigem Sturm zu kämpfen. Dennoch muss während der gesamten Reise nur ein einziges Mal eine Station wegen der Wetterumstände ausfallen. (DSM: III A 117 GL / 52.406)

Die Luft im Schiff ist schlecht, weil nicht gelüftet werden kann und die Lüfterleistung zu gering ist. Strecktaue sind gespannt, die Tische durch Schlingerleisten gesichert, gleichwohl *landete das Essen, namentlich die Suppe, nicht selten im Schoß des Tischnachbarn. Nachts trennte man sich gelegentlich von seiner Koje, wenn das Schiff besonders stark überholte. ... Trotzdem war die Stimmung überall gut, ein gewisser Galgenhumor griff um sich.*[75]

Seemännischer Dienst und wissenschaftliche Arbeit sind in Kälte und Wind zu verrichten; an Deck ist man Tag und Nacht der nasskalten Witterung ausgesetzt und oft durchnässt, während die Maschinenmannschaft unter den ständigen Schlinger- und Stampfbewegungen zu leiden hat. Eine Gewöhnung ist bei den schnell wechselnden Witterungsverhältnissen nicht möglich.[76]

Im Übrigen bleibt METEOR einsam auf weiter Flur, denn man befindet sich weitab von allen Handelsrouten – lediglich Albatrosse, Sturmvögel und Wale begleiten das Schiff.

In der Mitte des Südatlantik, in der Nähe von Gough Island[77], kündigt sich am 30. Juni ein schwerer Sturm an; innerhalb von vier Stunden fällt die Quecksilbersäule um 33 mm. Dennoch wird noch zügig die Station 12 absolviert, und fünf Stunden später befindet sich METEOR beigedreht mitten im Orkan[78] – *Sturmsegel, ... die Panzerblenden an den Seitenfenstern vorgeschraubt, ... Stagen und Wanten stehen zum Brechen gespannt. ... In den stärksten Böen steht das Schiff wie eisern festgehalten und zittert wie von Riesenarmen gepackt und geschüttelt.*

Gleichwohl hat man einen Blick für die Umgebung: *Die wütenden, entfesselten Elemente bieten des Nachts ein schrecklich schönes, grandioses Schauspiel. ... An dem vom Vollmond milchig trüben Himmel jagen phantastische, tiefschwarze Wolkenfetzen vorbei. Der weiße Schaum fegt in leuchtenden Streifen über die See ... Ein zorniger Gesang heult in der Takelage ...*

Windgeschwindigkeiten bis zu 145 Stundenkilometer werden gemessen, die Luft ist mit Gischt gefüllt, haushohe Wellenberge schieben sich über den Ozean. Man denkt zwar an sicher hochinteressante stereographische Wellenaufnahmen, doch kann man das schwere Aufnahmegerät bei den Bewegungen des Schiffes nicht an der Fockrah ausbringen.

Vor Sturmsegeln und mit geringster Maschinenleistung wird das Schiff mit bis zu 20° Krängung und fast zwei Knoten über die See »geschoben«, doch übersteht METEOR das Naturschauspiel fast unbeschadet und erweist sich als *vorzügliches Seeschiff*, das nur gelegentlich einen Brecher, aber keine »grünen Seen« übernimmt – gleichwohl begrüßt man *nach banger Nacht erlöst die Morgendämmerung*.

Befürchtungen sind durchaus gerechtfertigt, denn trotz großer Echotiefen ist die Nähe der Gough-Insel bedrohlich, treibt METEOR doch quasi steuerlos nach Osten. Bei Hellwerden bietet sich dann allerdings *ein unvergeßlich eindrucksvoller Anblick* auf die Insel, die *trotzig wie eine gewaltige Burg aus der sturmgepeitschten See aufragt* – Abstand nur 6½ Meilen. Die geplante Landung zu erdmagnetischen, geologischen und biologischen Untersuchungen muss unter den herrschenden Umständen aufgegeben werden.

Nachdem es während des Sturms in der aufgeladenen Atmosphäre keinen Funkempfang aus der Heimat gegeben hat, erhält man nun wieder die Nachrichten von der Großfunkstelle Nauen bei Berlin.

Auf den Stationen gibt es gelegentlich das eine oder andere Problem: Mal schließt der Greifer nicht, offenbar, weil es keine Grundberührung gab; mal fällt das Auslösegewicht vom Draht; mal klemmt der Draht am Schlingerkiel oder die Wasserschöpfer schließen aufgrund eines zu großen Drahtwinkels schlecht, so dass die chemischen Analysen zweifelhafte Werte erbringen. Auch lässt das stürmische Wetter nicht genügend Gelegenheit, die Messungen an den Wasserproben vollständig auszuführen, so dass sie während des Aufenthalts in Kapstadt nachgeholt werden müssen.

Eine unbekannte untermeerische Höhe 200 sm östlich von Gough Island erhält zunächst den Namen »Orkanhöhe« (Spitze in 1100 m Tiefe), wird jedoch nach der Reise zu Ehren des

Abb. 22 METEOR vor der Kulisse des Tafelberges mit dem »Tischtuch«, Juli 1925. (Archiv IfM/Geomar)

Marinechefs in »Admiral-Zenker-Höhe« umbenannt. Zwei weitere Seeberge, die den umgebenden Meeresboden des Kapbeckens um immerhin 3000 m überragen, bekommen zu Ehren des Förderers der Expedition den Namen »Schmidt-Ott-Höhen«.

Am 12. Juli wird, bereits in Sicht der südafrikanischen Küstenberge (Entfernung 120 km), die letzte Station absolviert. Das schöne Wetter bei Seegang 1 empfindet man als *Wohltat*, nachdem gerade das erste Profil quer über den winterlichen Südatlantik durch das stürmische Wetter *zu dem weitaus schwierigsten und unangenehmsten* der ganzen Reise geworden war, wie es Spieß in der Rückschau sehen wird.[79]

Drei Tage später läuft METEOR in Kapstadt ein, freundlich empfangen nicht nur von der deutschen Bevölkerungsgruppe, sondern auch von den offiziellen Stellen.

Der Aufenthalt in dem britischen Dominion dient durchaus nicht nur der Erholung der Expeditionsteilnehmer, der technischen Überholung des Schiffes und der Neuausrüstung; vielmehr hat METEOR auch eine »außenpolitische« Aufgabe: Nach dem verlorenen Weltkrieg will das Deutsche Reich und in Sonderheit die Reichsmarine hier »Flagge zeigen« und auf der unverfänglichen Ebene friedlicher Forschung deutlich machen: »Wir sind wieder wer«.

Und in der Tat, so empfindet es Spieß als der verantwortliche Funktionsträger, scheint man »eine gute Figur zu machen«: *Die südafrikanischen Behörden und wissenschaftlichen Kreise bereiteten dem Schiff eine bemerkenswert freundliche Aufnahme, die wir in diesem ehemals feindlichen Lande nicht hatten erwarten können und die weit über das Maß internationaler Höflichkeit hinausging.* Die Zeitungen seien *voller Anerkennung, ja Bewunderung für die Bedeutung der wissenschaftlichen Arbeiten unserer Expedition auch für Südafrika.*

Besuche und Gegenbesuche der höchsten Würdenträger – Generalgouverneur, Ministerpräsident, Verkehrsminister, Marine- und Armeebefehlshaber, Oberbürgermeister u.a. – finden statt, ebenso gibt es ausführliche Kontakte zur Universität, der Royal Society und zu wissenschaftlichen Instituten mit Vorträgen.

Letztendlich, so die Einschätzung, hat der Besuch auch *der deutschen Kolonie einen starken Impuls zum Zusammenschluß* gegeben, *das Ansehen des Deutschtums* gestärkt und die Beziehungen Deutschlands zu Südafrika gefestigt.[80]

Damit trägt METEOR dem Anliegen des früheren Chefs der Marineleitung, Behncke, Rechnung, dem bei der Expeditionsvorbereitung die Förderung der deutschen Auslandsbeziehungen besonders am Herzen gelegen hatte.[81]

Profil II

Nach zwei Wochen verlässt METEOR Kapstadt am 27. Juli 1925; als gutes Omen nimmt man eine positive Funknachricht über den Gesundheitszustand des Expeditionsleiters aus Buenos Aires mit.

Nachdem man einige Breitengrade nordwärts marschiert ist, beginnt auf etwa 29° Südbreite das Profil II in Ost-West-Richtung. Am 1. August ist bei günstigen Oberflächenwinden ein Registrierballonaufstieg geplant; durch Pilotballons wird jedoch in der Höhe ein starker Westwind festgestellt. Er hätte METEOR gezwungen, stundenlang zurückzudampfen, um das Gerät wieder zu bergen – man verzichtet daher auf die Messdaten der höheren Luftschichten.

Die Echolotungen zeigen immer wieder Neues: So etwa stellt man fest, dass die afrikanische Schelfzone breiter ist als bis dahin bekannt, und der Anstieg zur Mittelatlantischen Schwelle zeigt sich im Lotungsprofil bereits rund 250 km östlicher, als es die interpolierten Werte der bisherigen Tiefenkarte hatten erwarten lassen.

Station 34 am 10. August 1925 mitten auf dem Atlantischen Rücken ist insofern etwas Besonderes, als sie einer Station entspricht, die die britische CHALLENGER dort fast ein halbes Jahrhundert zuvor, am 18. März 1876, absolviert hatte[82] – Möglichkeit zu einem punktuellen Vergleich der säkularen physikalisch-chemischen Veränderungen des Meerwassers.

Am folgenden Tag gelingen bei bester Witterung zeitdehnende Filmaufnahmen von Flug, Start und Landung der Albatrosse, die später wissenschaftlich analysiert werden sollen.

Die Tiefankerung auf 4450 m gestaltet sich am 13. August zu einem Problem, als beim Ankermanöver die Trosse vom Spill springt und sich unter dem Spillkranz festkeilt; drei Stunden schweißtreibender Arbeit sind nötig, um das Gerät wieder zu klarieren. Die folgenden 43-stündigen Strommessungen bis in 2500 m Tiefe verlaufen dann aber planmäßig.

Am 23. August 1925 verzeichnet das Echogramm innerhalb der Rio-Grande-Schwelle eine schmale Eintiefung von einigen hundert Metern, westlich unmittelbar gefolgt von einem steilen Anstieg um 2000 m und unruhigem Relief. Diese Tiefe deutet man als einen Kanal, der das Brasilianische mit dem Argentinischen Becken verbindet; die Struktur erhält den Namen »Rio-Grande-Rinne«.

Heute unter dem Namen Vema Channel geführt, ist diese »Rinne« im Allgemeinen eine weite Talung, deren engste Stelle in 4000 m Tiefe rund 50 km weit und gut 600 m tief ist, weniger ausgeprägt also als der Oberrheingraben.

In diesem Seegebiet wird Jahrzehnte später, 1991/92 und 1998, eine neue METEOR, die »blaue« und dritte in der Traditionsreihe der deutschen Forschungsschiffe dieses Namens, ebenfalls ozeanographische Forschung betreiben. Durch ihre Messungen wird man feststellen, dass durch diese Engstelle Antarktisches Bodenwasser nordwärts strömt, in einer Größenordnung von 4-6 Sv (Sverdrup), also 4–6 Mio. m³ Wasser je Sekunde.[83]

Als sich das zweite Profil seinem Abschluss nähert, erfährt man am 25. August durch Funktelegramm, dass Alfred Merz, der geistige Vater und Leiter der Expedition, schon am 16. des Monats in Buenos Aires seiner Krankheit erlegen und bereits eingeäschert worden ist. Diese Nachricht trifft die Expedition unerwartet, hatten doch die letzten Mitteilungen positiv gelautet. Zwar trauert man, die Flagge senkt sich halbstocks, aber die Stationsarbeiten gehen im Geiste Merz' weiter.

Am folgenden Tag wird dem METEOR-Kommandanten von den Wissenschaftlern angetragen, neben der nautischen nun auch die wissenschaftliche Leitung der Expedition zu übernehmen. Dieser pragmatischen Regelung stimmen im September sowohl die METEOR-Kommission als auch die Marineleitung zu.

Nach einem Kurzaufenthalt zur Kohlenergänzung[84] in Florianopolis, dem ersten brasilianischen Hafen der Reise (27.8.-1.9.), steuert METEOR entlang der Küste nach Süden und überprüft dabei im Dienste der Schifffahrt wieder unsichere Tiefenangaben im Haupt-Dampferweg. Zeitweise erlaubt jedoch die Wolkendecke kein sicheres astronomisches Besteck, so dass die geloteten Tiefen in ihrer Position weiterhin etwas unsicher bleiben.

Am 8. September macht das Schiff in Buenos Aires fest. Der Aufenthalt dort steht im Zeichen von posthumen Ehrungen für den verstorbenen Expeditionsleiter.[85]

Während beim ersten Aufenthalt in Buenos Aires die organisatorischen und wissenschaftlichen Kontakte im Vordergrund gestanden hatten, werden nunmehr vor allem die militärischen Beziehungen zu Marine und Armee gepflegt.

Den zehntägigen Aufenthalt nutzt man auch, um eine Reihe von kleineren technischen Verbesserungen am Schiff vorzunehmen, so etwa den Einbau eines stärkeren Ladegeschirrs und eines Feuchtigkeitsschutzes für elektrische Aggregate.

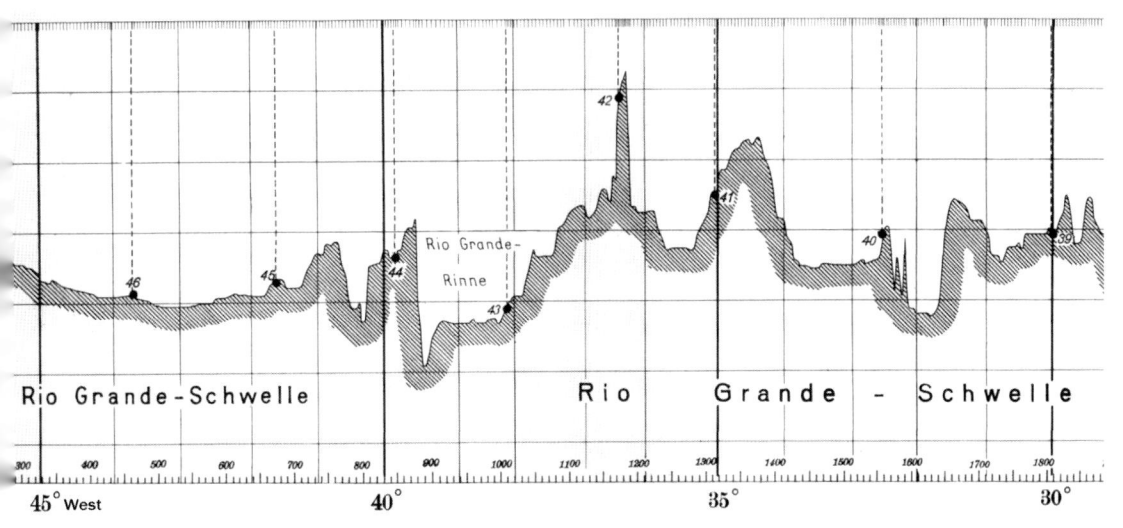

Abb. 23 Unruhiges Bodenrelief bei der Überfahrt der Rio-Grande-Schwelle. Die kurzen Striche an der »Wasseroberfläche« markieren die Lotungen, die Zahlen am unteren Rand geben die Streckenkilometer an. (DAE/II, Beil. XV, Ausschnitt)

Professor Dr. Alfred Merz: Initiator und erster Leiter der Deutschen Atlantischen Expedition

24.1.1880	Geburt in Perchtoldsdorf südlich Wien.
1902	Lt. d.R. beim Landwehrregiment St. Pölten.
1904	Als Student ozeanographische Arbeiten in der Adria.
1905-1907	Assistent am Geographischen Institut der Universität Leipzig.
1906	Promotion mit dem Thema »Beiträge zur Klimatologie und Hydrographie Mittelamerikas«.
1910	Abteilungsvorstand am Institut für Meereskunde, Berlin; Habilitation über »Hydrogeographische Untersuchungen im Golfe von Triest«.
1911	Wissenschaftliche Begleitung der Atlantik-Reise des Kabellegers STEPHAN.
1914	Außerordentlicher Professor an der Friedrich-Wilhelms-Universität Berlin; Forschung und Lehre im ozeanographischen und limnologischen Bereich.
1914-1917	Gezeitenuntersuchungen in der Nordsee für den Minenkrieg.
1918	Hydrographische Untersuchungen in Bosporus und Dardanellen.
1919	Fortsetzung der Gezeitenuntersuchungen in der Nordsee.
1920	Entwurf für eine Deutsche Pazifische Expedition.
1921	Ordentlicher Professor an der Friedrich-Wilhelms-Universität (18.8.); Direktor des Instituts und Museums für Meereskunde als Nachfolger Albrecht Pencks (21.11.).
1924/25	Wissenschaftliche Planung der Deutschen Atlantischen Expedition.
1925	Vorexpedition und Leiter der Hauptexpedition bis 13.6.
16.8.1925	Verstorben in Buenos Aires, dort eingeäschert, Urne mit ANTONIO DELFINO nach Deutschland übergeführt.
5.10.1925	Beigesetzt auf dem Waldfriedhof Stahnsdorf südlich Berlin.
11.6.1964	Urne in seinen Geburtsort Perchtoldsdorf überführt.

Freg.Kpt. Fritz Spieß: Nachfolger Merz' als Expeditionsleiter

28.10.1881	Geburt in Wiesbaden.
1900	Eintritt in die Kaiserliche Marine, Torpedo-Laufbahn.
1903-1905	Wachoffizier auf Torpedobooten.
1906-1908	Vermessungsoffizier auf HYÄNE, MÖWE, PLANET.
1909-1918	Kommandant von Torpedobooten und Verbandschef.
1920-1924	Referent für Seekarten und Vermessungswesen bei der Marineleitung.
1924-1927	Kommandant der METEOR während der Deutschen Atlantischen Expedition.
1.1.1925	Fregattenkapitän.
13.6.1925	Stellvertretender Leiter der Deutschen Atlantischen Expedition.
17.8.1925	Nachfolge Merz' als Expeditionsleiter.
1.4.1927	Kapitän zur See.
11.7.1927	Verleihung der Ehrendoktorwürde der Universität Kiel.

Zu Merz: Personalakte (Archiv Humboldt-Universität, Berlin: UK/M.159) sowie Nachrufe; Auskunft Friedhofsverwaltung Berlin-Wilmersdorf.
Zu Spieß: H.H. Hildebrand/E. Henriot: Deutschlands Admirale 1849-1945, Bd. 3. Osnabrück 1990, S. 353-355 (hier auch Angaben zu seinem weiteren Werdegang).

Profil III

Wohlversorgt mit Kohlen, läuft METEOR am 17. September wieder aus. Da das Profil weiter südlich auf 49° Süd geplant ist, folgt man gewissermaßen dem Sonnenstand, denn für die Südhalbkugel beginnt gerade der Frühling.

Den Verlauf des Profils I quert man an der Position der damaligen Station 3, so dass mit der nun anstehenden Station 50 nach drei Monaten an fast gleicher Stelle hydrographische Vergleichsmessungen gemacht werden können.

Am 22. September erreicht das Schiff 46° Südbreite, die man als nördliche Grenze möglicher Eisberge ansieht. Den ganzen Tag herrscht Nebel durch den kühlen Falklandstrom, so dass besondere Vorsichtsmaßnahmen getroffen werden: laufende Temperaturmessungen von Luft und Wasser, Ausguckposten auf Brücke und Back, nachts Scheinwerferleuchten, Echobeobachtung von Sirenensignalen und Schließen der Schotten. Ein Eisberg lässt sich jedoch nicht blicken.

Bereits auf der Anfahrt zu den Falklandinseln beprobt man zwei Stationen des Profils, um die nach dem Hafenaufenthalt verbleibende Profilstrecke zu reduzieren, denn sie reicht bis an die Grenze des Fahrbereichs.[86]

Als Schiff der Reichsmarine ist METEOR auch in deren Traditionspflege eingebunden: Vor den Falklandinseln wird am 25. September eine Gedächtnisfeier für die Gefallenen der Falklandschlacht abgehalten, bei der überlegene britische Seestreitkräfte im Dezember 1914 vier Schiffe des Ostasiatischen Geschwaders des Grafen Spee sowie ein Trossschiff versenkt hatten.

Abb. 24 Besatzung angetreten zur Gedenkfeier für die unter der kaiserlichen Flagge Gefallenen der Falkland-Schlacht, 25. September 1925. In der Mitte die Drachenwinde, dahinter das Handruder. (Archiv IfM/Geomar)

Als man kurz darauf Port Stanley anläuft (25.-29.9.), um für den bevorstehenden Reiseabschnitt die Vorräte aufzufüllen, wird deutlich, dass sich die Zeiten geändert haben. Das deutsche Forschungsschiff wird durch den britischen Gouverneur sehr freundlich und entgegenkommend aufgenommen, und für die geplanten wissenschaftlichen Arbeiten auf den randantarktischen Inseln sagen die Briten der Expedition ihre volle Unterstützung zu und stellen Karten sowie einen Verkehrsdampfer zur Verfügung.

Spät nachts am 30. September werden die Stationsarbeiten auf Profil III fortgesetzt. Das Wetter ist im Weiteren wie im Frühjahr üblich: mal so, mal so, gelegentlich gibt es Sturm, die Temperatur bewegt sich um vier Grad. Am 4. Oktober zwingt ein Orkan aus Nordwest mit Windstärken um 10 das Schiff zum Beidrehen. Bei kaum mehr als 1,5 kn Fahrt über Grund misst man Krängungswinkel bis zu 30°.

Während man sich im Südatlantik mit den Naturgewalten auseinandersetzen muss, wird in der Heimat am 5. Oktober die Urne mit den sterblichen Überresten Alfred Merz' auf dem Waldfriedhof Stahnsdorf südlich von Berlin beigesetzt.

Zwar zeigt sich METEOR erneut als gutes Seeschiff, doch bringt der Sturm die Planungen aus dem Lot. Wie erwähnt, war auf Profil I durch widriges Wetter eine größere räumliche und datenmäßige Lücke zwischen den Stationen 5 und 8 entstanden. Mit rund 445 sm war der Abstand mehr als doppelt so groß wie sonst, und außerdem waren nur geringe Tiefen beprobt worden. Aus diesem Grunde hatte man vor, die Breite des Profils III nach Norden zu verlassen und eine Zwischenstation einzuschalten.

Der Zeitverlust von etwa zehn Stunden macht diesen Plan jedoch zunichte – METEOR bleibt auf der Linie des Profils. Wieder werden Sparmaßnahmen zur Verringerung des Kohlenverbrauchs notwendig. Ein weiterer Orkan am 13. zwingt erneut zum Beidrehen, so dass der Fahrbereich weiter eingeengt wird.

Die Echolotungen ergeben ein stark von den Karten abweichendes Tiefenbild; eine aus der Segelschiffszeit kolportierte Dinklage-Untiefe, die angeblich auf weniger als 100 m aufsteigen soll, kann bei Echolottiefen um 5000 m nicht festgestellt werden. Ebenso erweist sich die Mittelatlantische Schwelle wieder als erheblich breiter und differenzierter, als bis dahin vermutet.

In einem Gebiet, für das die Karten mehr als 4000 Meter Wassertiefe angeben, »stößt« man unvermittelt auf eine Höhe vulkanischen Ursprungs, wie die Grundprobe ergibt. Tags darauf, am 18. Oktober, eine weitere Überraschung: Das Echolot zeigt eine plötzliche Tiefenabnahme, und systematische Zickzack-Lotungen lassen einen bis auf 560 m steil aufsteigenden untermeerischen Höhenzug erkennen – er erhält den Namen »Meteorbank«. Da man an Bord geneigt ist, diese Höhe im Zusammenhang mit der 360 sm südlicher gelegenen Bouvet-Insel zu sehen, nennt man den dazwischen liegenden hypothetischen Höhenzug entsprechend »Bouvet-Schwelle«.

Diese Verbindung existiert in dieser einfachen Form allerdings nicht, wie man später

Abb. 25 METEOR einlaufend in Kapstadt. Gut erkennbar die Heckzier, die an das Gefecht des Namensvorgängers mit einem französischen Gegner 1870 vor Kuba erinnerte. (BSH/Archiv DSM)

erkennt (siehe Profil V). Dagegen besteht ein Zusammenhang zu der am Vortag festgestellten Höhe, denn die seinerzeit entdeckte Bank bei 48° S/8,5° E ist nur der östlichste Teil eines rund 320 km lang gestreckten, schmalen und leicht geschwungenen Höhenzuges, dessen Westende der Merz Seamount ist. METEOR nahm damals ihren Kurs auf der Innenseite des Bogens, so dass der Zusammenhang nicht erkannt werden konnte. Der gegenüber seiner Umgebung rund 3500 m hohe »Gebirgszug« gehört zu einem größeren System, das heute als »Meteor Rise« bezeichnet wird; die Wassertiefen zwischen den Seamounts betragen um und über 4000 m.[87]

Nach der Station 66 verlässt man die bisherige Profilbreite und setzt bei gutem Wetter Kurs auf Kapstadt ab. Erneut zeigt der Meeresboden unbekanntes Relief, und südlich des Kap Agulhas stellt man deutlich unterschiedliche Stromrichtungen und Stromstärken fest, ein Konvergenz- und Wirbelbild, das Merz bereits anhand der bis dahin vorliegenden Strombeobachtungen diagnostiziert hatte.[88]

Als man sich am 27. Oktober Kapstadt nähert, ist der Hafen durch einen Streik überfüllt, doch durch das Entgegenkommen des Hafenkapitäns kann METEOR am Liegeplatz der Kabeldampfer festmachen.

Bei der Maschinenüberholung und Kesselreinigung zeigt sich die Werft besonders leistungsfähig. Neben Zeit- und Kostenerwägungen wird diese Erfahrung ein wesentlicher Gesichtspunkt, die eigentlich erst zwischen den Profilen VI und VII in Buenos Aires geplante Werftüberholung schon für die nächste Hafenzeit in Kapstadt, nach Profil V, vorzusehen. Auf den letzten Aufenthalt in Buenos Aires kann so verzichtet werden.

Profil IV

Der 11. November ist Abschiedstag von Kapstadt – das nächste Profil steht an, das auf direktem Westkurs nach Buenos Aires führen soll.

METEOR wird sofort von Sturm empfangen, der das Schiff zunächst für mehrere Stunden zum Beidrehen zwingt. Die erste Station, die nur rund 50 sm vor der Küste am Kontinentalabhang liegt, muss bei Windstärke 8-9 und See 5-6 absolviert werden. Da die Kohlendecksladung über Stag zu gehen droht, muss sie schnellstens in die Bunker getrimmt werden.

Nach dem Abflauen kommt der Wind beständig aus westlichen Richtungen, so dass der Kohleverbrauch steigt, aber Segelunterstützung nicht möglich ist. Verschärft wird die Situation dadurch, dass sich der Heizwert der südafrikanischen Kohle als wider Erwarten schlecht herausstellt.

Neben der schiffsbetrieblichen Unbill leidet auch die Wissenschaft, denn unter dem Winddruck gehen bei den Drachenaufstiegen mehrfach Messinstrumente verloren, weil die Drähte der Beanspruchung nicht gewachsen sind.

Hinweis: Eine Schemadarstellung der Profilmessungen auf Profil IV befindet sich auf dem hinteren Vorsatz.

Da bei der Routenplanung nach den vorliegenden klimatischen Unterlagen mit weit günstigeren Windverhältnissen gerechnet worden war, überlegt man nun, das auf etwa 35° Südbreite liegende Profil IV abzubrechen und nach einer Zwischenbunkerung in Kapstadt zunächst das auf 15° Südbreite vorgesehene Profil VI ost-west zu absolvieren, und später im Südsommer das Profil IV west-ost zu vervollständigen.

Da dies jedoch den gesamten Reiseplan »ins Rutschen« bringen würde, entschließt man sich zu anderweitigen Einsparungen: Die Marschgeschwindigkeit wird gedrosselt, das Ruder wird von Hand bedient und der Generator nur noch in größeren Zeitintervallen betrieben, so dass das Echolotprofil weitmaschiger wird.[89] Des Weiteren vergrößert man den Stationsabstand[90], und die übliche Gliederung in drei Serien wird auf zwei reduziert, indem man bis zu vier Messungen der Standardabfolge auslässt und die Drahtlitze je Serie mit einem Schöpfer mehr belastet.[91] Auch die Drahtlotungen und biologischen Netzfänge werden vermindert.

Um ansonsten den Winterstürmen der Südhalbkugel etwas auszuweichen, verzichtet man außerdem darauf, die einsame Insel Tristan da Cunha anzulaufen[92], und verlegt die Profillinie von Station zu Station weiter nach Norden, insgesamt etwa 250 Kilometer.[93]

Auf dem Weg vom Kap-Becken westnordwestwärts überquert man den Walfischrücken und lotet dabei eine steil ansteigende Höhe, die die Tiefseeumgebung von –4000 m um gut 2500 m überragt. Später wird die Kuppe nach dem Expeditionsozeanographen (und späteren Direktor des Kieler Instituts für Meereskunde) den Namen »Wüst Seamount«[94] erhalten.

Mit der Nordverlegung des Profils IV hat man sich dem nördlicheren Profil II angenähert und entsprechend den Abstand zum südlicheren Profil I vergrößert. Dies erscheint Spieß allerdings als tragbar, denn Merz hatte ein Zwischenprofil auf der Basis älterer Daten, so etwa von CHALLENGER und GAZELLE, konstruiert.[95] Er bedauert jedoch, dass damit die Möglichkeit entfällt, die Existenz einer Verbindung zwischen dem Mittelatlantischen und Rio-Grande-Rücken zu klären, die man auf etwa 35° Südbreite vermutet.[96]

Das vierte Profil endet nach 27 Tagen mit dem Einlaufen in Rio Grande do Sul am 8. Dezember. Trotz aller Beschwernisse durch die Kohlenknappheit kann Spieß das Resümee ziehen, man habe das Profil mit immerhin 19 Stationen in wissenschaftlich befriedigender Weise und mit beträchtlichem Beobachtungsmaterial absolviert (vgl. auch die Schemadarstellung der Serienmessungen auf dem hinteren Vorsatz).

Nach sehr gastlicher Aufnahme und Ergänzung des Kohlenvorrats läuft METEOR vier Tage später an der Küste weiter nach Süden. Wie bereits üblich, werden wieder einige unsichere Tiefen im Dampferweg überprüft, und am 14. Dezember macht das Schiff in Buenos Aires fest, empfangen vom Naturschauspiel eines schweren Pampa-Gewitters mit wolkenbruchartigen Regenfällen.

In tropischer Hitze und bei einer kaum erträglichen Fliegenplage verlebt man die Vorweihnachtszeit mit zahlreichen offiziellen Kontakten zu argentinischen Stellen, vor allem aber zu den dort lebenden Deutschen.

Nach der ersten Auslandsweihnacht, die trotz der ungewohnten Sommersituation mit heimatlich-traditionellen Christbäumen und Bescherung gefeiert wird, rüstet man das Schiff für die nächste Überquerung des Südatlantiks aus. Unter anderem erhält auch die Kreiselkompassanlage eine neue Kühlung.

Profil V

Am 28. Dezember verlässt METEOR zum letzten Mal die argentinische Hauptstadt, um das südlichste und längste Profil aufzunehmen. Zunächst bleibt man allerdings noch drei Tage zu Messungen im Mündungstrichter des Rio de la Plata. Die Nähe zum Land ist unübersehbar, steht doch die Rauchsäule eines Öltank-Brandes drohend am Himmel. Außerdem werden zahlreiche Spinnen mit ihrem Gespinst herangeweht, so dass die Takelage mit weißen Schleiern überzogen wird.

Mit insgesamt acht Stationen, die einen Schnitt vom Hafen bis in die Tiefsee legen, will man den bereits an der Oberfläche beobachteten Mischungsprozessen von Brasilstrom, Falklandstrom und La-Plata-Wasser zumindest ansatzweise auf die Spur kommen, auch wenn klar ist, dass *in dieser von den Gezeitenströmungen beherrschten Flachsee die mittleren Verhältnisse nicht erfaßt werden* können. Neben dieser sinnfälligen ozeanographischen Ausweitung des Expeditionsplans[97] soll auf Befehl der Marineleitung das Netz der echolotgestützten Tiefenangaben für die Ansteuerung des La Plata erweitert werden.[98]

Mit der Tiefseestation auf gut 4000 m Tiefe wird auch das Datenmaterial für ein Längsprofil entlang des Kontinentalabhangs ergänzt und der Anschluss an zwei »in der Nähe« gelegene seinerzeitige Stationen der CHALLENGER hergestellt.[99]

Zu Silvester 1925 wendet sich METEOR nach Süden; der Kurs führt über das Schelfplateau entlang der Küste. Am 4. Januar trifft das Forschungsschiff im argentinischen Puerto Madryn[100] mit dem Schulkreuzer BERLIN zusammen[101], eine Begegnung fern der Heimat, die für das Selbstwertgefühl der Reichsmarine von besonderer Bedeutung ist.

Abb. 26 Treffen der METEOR mit dem Kleinen Kreuzer BERLIN vor Puerto Madryn/Argentinien, 5. Januar 1926. (Archiv IfM/Geomar)

Den Hafenaufenthalt nutzt man zum einen für eine hydrologische Spezialuntersuchung der Hafenbucht, wobei sich wider Erwarten zeigt, dass es sich nicht um ein abgeschlossenes Becken mit einem »eigenen« Wasserkörper handelt, sondern dass sie über eine bis dahin unbekannte tiefe Rinne mit dem Ozean in Verbindung steht.

Zum anderen werden in Zusammenarbeit mit der BERLIN umfangreiche Funkpeilmessungen vorgenommen, deren Ergebnisse sowohl Grundlagencharakter haben als auch eine militärische Anwendung versprechen. Beim weiteren Marsch südwärts stellt man auch Reichweitenmessungen an; sie ergeben eine Entfernung von rund 250 sm als Empfangsgrenze für die Signale.

Die Einfahrt in die Magellanstraße, die man am 11. Januar erreicht, *enttäuschte landschaftlich durch die Einförmigkeit der flachen, vegetationslosen Küste* – offenbar verband man mit dem Namen auch eine grandiose Szenerie. Durch Flutstrom und Wind getrieben, durchsteuert METEOR die ersten beiden Engen mit mehr als 12 kn über Grund. Fast erleichtert vermerkt Spieß, das Landschaftsbild werde nun *großartiger und schöner.*[102]

Am Mittag des 12. Januar ankert das Schiff auf der Reede des chilenischen Punta Arenas, das mit damals 20 000 Einwohnern die südlichste größere Stadt ist. Abgesehen von Repräsentationsaufgaben und der Kontaktpflege zu den Auslandsdeutschen, werden vor allem Kohle und Wasser voll aufgefüllt. Der Aufenthalt von sechs Tagen dient außerdem dazu, den von Merz entwickelten selbstregistrierenden Hochseepegel zu testen, der jedoch keine brauchbare Aufzeichnung liefert.

Abweichend vom ursprünglichen Plan, »außen herum« zu fahren, wählt Spieß den Weg durch sonst wenig befahrene Kanäle des Feuerland-Archipels, begleitet vom chilenischen Vermessungsschiff PORVENIR, dessen Kommandant als Lotse auf METEOR mitfährt. Wesentlichen Ein-

Abb. 27 METEOR vor der Kulisse des Romanche-Gletschers, aufgenommen von Bord des chilenischen Vermessungsschiffes PORVENIR, Beagle-Kanal, 19. Januar 1926. Die Aufnahme fand später vielfache Verwendung in den Expeditionsbeschreibungen. (DSM: III A 117 GL / 70.565)

fluss für die Entscheidung dürfte sicher der Reiz einer Fahrt durch »Neuland« gehabt haben; die Aufzeichnungen zeigen deutlich, dass die dreitägige, 515 sm lange Passage den Expeditionsteilnehmern großen Eindruck gemacht hat, zumal *außergewöhnlich günstiges Wetter* herrschte. So etwa entlockt der Romanche-Gletscher am Nordufer des Beagle-Kanals Spieß eine Beschreibung, die jenseits aller wissenschaftlichen Sachlichkeit seine Begeisterung erkennen lässt.[103]

Die Fahrt durch den Kanal ist jedoch nicht nur »Sightseeing«: Oberflächenplankton wird untersucht, gelegentlich werden Grundproben genommen, und laufend wird gelotet.[104] Als wesentlichen Vorteil sieht Spieß denn auch, dass die nautischen Daten für dieses Gebiet ergänzt werden können.[105] Bevor es in antarktische Gewässer geht, ankert man für eine Nacht noch auf der Reede von Ushuaia, tausend Einwohner zählend und als *argentinische Verbrecherkolonie* nur von Polizisten, Kaufleuten und Sträflingen bewohnt; gleichwohl hat es auch dorthin einen deutschen Bauingenieur verschlagen.

Bei ungewöhnlich gutem Wetter – es ist südlicher Hochsommer – umrundet METEOR am Abend des 21. Januar 1926 das berüchtigte Kap Hoorn, *dessen steiler, klotziger und von der Brandung zerklüfteter Felsen im roten Licht der untergehenden Sonne leuchtete und einen unvergeßlich großartigen Anblick bot.*[106]

Die Witterung bleibt in der Drake-Straße meist »zivil«, doch richtet man wieder einen verschärften Wachdienst ein, um einer Eisbergkollision vorzubeugen. Am 24. Januar kann die Besatzung *dann den ersten großen, in der Morgendämmerung leuchtenden Eisberg* bestaunen – auf etwa 60° Süd, entsprechend der Nordbreite Oslos und des Südkaps von Grönland.

Die Höhen der nunmehr häufiger angetroffenen Eistafeln schwanken zwischen 50 und fast 100 Metern und die Längenausdehnung erreicht mitunter einen Kilometer[107] – METEORs Länge beträgt dagegen 71 Meter, ihre Mastspitze erreicht 33 Meter über dem Wasser, und ihr Tiefgang liegt bei knapp vier Metern, während es eine Eistafel ohne weiteres auf dreihundert Meter »Tiefgang« bringen kann.

Bei der Querung der Drake-Passage bis zu den Inselausläufern des Antarktischen Kontinents werden sechs Stationen gemacht (Abstand nur rund 80 sm). Die Werte zeigen eine ausgeprägte Schichtung des Wasserkörpers, je nach Herkunft aus dem Pazifik, dem Atlantik oder dem Südpolarmeer und geben Aufschluss über den Wasseraustausch zwischen Atlantik und Pazifik.

Abb. 28 Eisberg mit Brandungshöhlen, im Hintergrund die Südshetland-Inseln, Januar 1926. Gegenüber den schwimmenden Giganten nahm sich METEOR klein und zerbrechlich aus. (DSM: III A 117 GL / 74.607)

Bei Annäherung an die Inselkette der Südshetlands zeigen die Echolotungen eine unbekannte und unerwartete Rinne von eben über 5000 m Tiefe; bis dahin glaubte man nach den spärlichen Daten von einem kontinuierlich ansteigenden Kontinentalabhang ausgehen zu dürfen.[108]

Die Bodenproben lassen Geschiebeschutt erkennen, den Eisberge dorthin verfrachtet hatten, und die biologischen Untersuchungen ergeben eine große Biomasse an Kleinstlebewesen, was das gehäufte Auftreten von *Walfischen* erklärt, die das Schiff nun laufend begleiten.

Wenige Meilen vor den Südshetland-Inseln, vulkanischen Ausläufern der Antarktischen Halbinsel, wird METEOR von einem norwegischen Walfänger vor einer gefährlichen Durchfahrt gewarnt. Sie folgt daher dem Norweger, der einen Wal zur Verarbeitung schleppt, durch eine andere Passage und entgeht so möglicherweise einer verhängnisvollen Begegnung mit einem der nicht kartierten Unterwasserfelsen.

Die Inselkette erweist sich als Wetterscheide – das vorher gute Wetter mit klarer Sicht und Windstille wird nun von Nebel und Schneetreiben abgelöst. Entsprechend schwierig gestaltet sich in der Nachbarschaft von Eisbergen die Ansteuerung des geplanten Ankerplatzes. Das Echo der Dampfsirene von den Eisbergflanken ist nicht ausreichend, und auch Experimente mit dem Echolot zeitigen kein befriedigendes Ergebnis. Als erfolgreichste Methode erweist sich die Überwachung der Wassertemperatur im Zulauf zum Kondensator, denn die Eisberge kündigen sich zuverlässig und rechtzeitig mit einer Temperaturabnahme von etwa einem Grad an.

Auf 63° Süd – auf der Nordhalbkugel entspricht dies etwa der Breite von Trondheim und Süd-Island – geht METEOR am 25. Januar in der Kraterbucht von Deception Island zu Anker, heute eine beliebte Station des Antarktis-Tourismus.

Abb. 29 »Saisonstadt« in der Kraterbucht von Deception Island, 26. Januar 1926. Beim Besuch der METEOR lagen fünf Walkochereien mit rund 1500 Mann Besatzung in dem geschützten Naturhafen. Fangboote bejagten die Walbestände in den krillreichen Gewässern der Südshetlands. (DSM: III A 117 GL / 75.619)

Obwohl gewissermaßen am »Ende der Welt«, befindet sich das deutsche Forschungsschiff in internationaler Gesellschaft: Fünf norwegische und britische Walkochereien liegen für die Fangsaison 1925/26 in dem Naturhafen. Am Ufer wird eine weitere große Kocherei betrieben, deren Energiebedarf von den Schiffsgeneratoren gedeckt wird. Ein betäubender Trangestank liegt über der Bucht.

Der Aufenthalt dort dient in erster Linie vulkangeologischen und biologischen Untersuchungen, und bevor METEOR Deception nach dreißig Stunden wieder verlässt, absolviert sie an der tiefsten Stelle auf 160 m auch eine ozeanographische Station.[109] Den Walfängern dankt man für ihre freundliche Aufnahme und ihre Informationen, indem man ihre Post mit nach Kapstadt nimmt – trotz der sechs Wochen Reisezeit bis dorthin die »schnellste« Postverbindung nach Europa.

Nach diesem »Abstecher« marschiert das Forschungsschiff wieder in nördlichere Breiten, begleitet von Eisbergen. Vermutlich ist man enttäuscht darüber, dass sich wegen der Unsichtigkeit wiederum kein Blick auf Grahamland, die nördlichste Spitze des »eigentlichen« antarktischen Kontinents, ergibt.

Eine gewisse Entschädigung bietet im wissenschaftlich-nautischen Sektor die Beobachtung einer ausgeprägten Inversionsschichtung der Atmosphäre sowie die Korrektur zahlreicher falscher Orts- und Höhenangaben der randantarktischen Kleininseln. Dabei passiert man am 28. Januar auf rund 30 sm Entfernung auch Elephant Island, auf dem die Mannschaft Ernest Shackletons nach dem Untergang ihres Schiffes Mitte April 1916 landete und ausharrte, bis ihr Leiter sie Ende August rettete. Danach befindet sich METEOR wieder in offener See in der Westwindzone; der Himmel ist bedeckt, die Sicht bei trübem Wetter schlecht. Allerdings werden die Eisberge seltener, den vorerst letzten sichtet man am 30. Januar.

Am gleichen Abend – man hat wieder die Breite Kap Hoorns erreicht – wird eine Stelle überprüft, an der 1873 eine Tiefe von 200 m gelotet worden sein soll. Die Echosignale zeigen jedoch Tiefen über 3600 m an, so dass die Positionsbestimmung der Lotung seinerzeit um Größenordnungen falsch gewesen sein muss, denn die nächstgelegene Untiefe dieser Art ist erst rund 120 sm nordwestlich anzutreffen.

Kurz nach Mitternacht am 31. Januar ist der Anfangspunkt des eigentlichen Querprofils erreicht: Station 116 auf 4000 m. Danach wird der Profilweg noch ein wenig nach Norden gezogen, um nach einer Verbindungsschwelle zu suchen, die sich von den Falklandinseln ostwärts nach Südgeorgien ziehen müsste – die Grollsche Tiefenkarte verzeichnet hier große Tiefen mit einem aufgesetzten Bergzug Südgeorgiens.

Die Echolotungen der METEOR pendeln jedoch um die 4000-m-Marke, eine Schwelle lässt sich im Bodenprofil nicht erkennen. Gleichwohl schließt man aus den hydrographischen Daten auf die Existenz eines solchen Rückens in etwa 53° Süd.[110]

Im Becken der heute so genannten Scotia Sea zeigt das Echolot *viele neue Einzelheiten der Konfiguration des Meeresbodens*; die Tiefenwerte schwanken zwischen 3000 und 4500 m. Als größte, damals noch unbekannte Tiefe werden etwas über 5000 m gelotet.[111]

Während der Fahrtabschnitte nach Deception Island und zurück nach Norden zur Profilbreite erkennen die Ozeanographen an Bord der METEOR an der physikalischen Signatur des Wasserkörpers ein zum Pazifik hin offenes Becken, in dem *das »Südantillen-Meer« nach Westen mit dem Stillen Ozean bis in die großen Tiefen in Verbindung steht, während der »Südantillen-Bogen« es im Norden und Osten gegen den Atlantischen Ozean in den großen Tiefen abschließt.*[112]

Achtzig Jahre später weiß man nun, dass das Tiefenwasser anderen Ursprungs ist: Ein erheblicher Teil des in der Weddell-See gebildeten Bodenwassers strömt von Süden her in das Scotia-Becken ein, fließt im Uhrzeigersinn zu dessen Nordseite und verlässt es dort durch zwei Passagen beiderseits von Südgeorgien nach Norden hin zum Argentinischen Becken.[113]

Ein weiterer Blick in die damalige Zukunft hätte für 1981 eine neue, die »weiße« METEOR in diesem Seegebiet gezeigt; sie wird 55 Jahre später Forschung mit einer vorrangig biologisch-ökologischen Zielsetzung betreiben, als deutschen Beitrag zu FIBEX, dem First International BIOMASS Experiment (Biological Investigations of Marine Antarctic Systems and Stocks), an dem insgesamt 34 Schiffe aus 13 Staaten beteiligt sein werden. Eine derartige internationale Großkampagne der Meeresforschung wäre der Handvoll einsamer deutscher Forscher an Bord der »grauen« METEOR sicherlich als Science Fiction erschienen.

Am 4. Februar ankert METEOR in der Hafenbucht vor der Walfangsiedlung Grytviken. Der einwöchige Aufenthalt in Südgeorgien steht im Zeichen von Naturbeobachtungen (Seeelefanten, Pinguine, Gletscher etc.), aber auch erdmagnetische[114], morphologische und biologische Untersuchungen gehören zum Programm an Land. Beim Besuch der ehemaligen deutschen Station des Internationalen Polarjahres 1882/83 in der Royal Bay südöstlich von Grytviken stellt man noch zahlreiche Reste fest, allerdings zum großen Teil zerstört.

Abb. 30 Der Drygalskifjord an der Südostspitze Südgeorgiens, benannt nach dem Leiter der Ersten Deutschen Südpolar-Expedition 1901-1903. In der näheren Umgebung erinnern weitere Landschaftsnamen an frühere deutsche Erkundungen, so die Filchner Rocks nach dem Leiter der Deutschen Antarktischen Expedition 1911/12, Cape Vahsel nach dem Kapitän der DEUTSCHLAND, Cape Charlotte und Moltke Harbour nach den Schiffen beim Internationalen Polarjahr 1882/83. (Archiv IfM/Geomar)

Nach der Besichtigung der *Walfaktorei* und der Ergänzung von Wasser und Kohle, die ein Segler von Buenos Aires aus nachgeschoben hatte, verlässt man Südgeorgien am 10. Februar wieder, um das Profil V fortzusetzen. Bei Erreichen der freien See sind bald auch wieder zahlreiche und bisweilen bizarr geformte Eisberge in Sicht, zeitweise bis zu fünfzig, die *herdenweise* auftreten. Von einem der Riesen werden stereographische Fotos gemacht, um die Formen genauer analysieren zu können, und von einer kleineren Scholle sammelt man mit dem Boot Staub und Moränenschutt für geologische Untersuchungen ab.

Nachdem der mit gut 40 sm unerwartet breite und flache Sockel der Insel verlassen ist, lässt Spieß einen größeren Bogen südwärts legen, um abzuklären, ob es zwischen Südgeorgien und der Südsandwich-Kette eine untermeerische Rückenverbindung gebe.

In der Tat zeigen die Lotungen nach Tiefen von 3500 m eine Abnahme bis auf 2400 m, bevor es steil »abwärts« in den Südsandwich-Graben geht, und auch in den Temperatursignaturen des Bodenwassers finden die Ozeanographen die Existenz des Rückens bestätigt.

Als die Echotiefe etwa 6100 m beträgt, wird zu einer Station (Nr. 122) gestoppt, doch noch während der Arbeiten vertreibt das Schiff, so dass das Echolot bald über 6800 m misst. Bei der bis dahin tiefsten Serie tritt ein bedauerlicher wissenschaftlicher Verlust ein, als beim Aufholen zum ersten Mal die Aluminiumbronzelitze wegen Überlastung bricht und mit den 8 Wasserschöpfern und 16 Thermometern auch die Daten verloren gehen. Trotz guter äußerer Bedingun-

Abb. 31 Walfangstation Grytviken, Südgeorgien, 5. Februar 1926. (DSM: III A 117 GL / 78.641)

gen bleibt so die Wassersäule nur bis zu 1880 m Tiefe beprobt. Um ähnlichem Unglück künftig vorzubeugen, werden die Lotmaschinen daraufhin mit Stahldraht doppelter Bruchfestigkeit bewickelt.

Beim Weitermarsch nach Osten werden wenig später sogar 8264 m ermittelt – die bis dahin größte im gesamten Südatlantik festgestellte Senke, die ehrenhalber den Namen »METEOR-Tiefe« erhält; das Schiff hat damit zufällig eine der tiefsten Stellen des Grabens überfahren.

Besonderes wissenschaftliches Gewicht erhält die Entdeckung dadurch, dass ein solcher Graben vor dem Inselbogen in Analogie zu den karibischen Verhältnissen bereits von dem österreichischen Geologen Eduard Suess theoretisch vermutet worden war, während die Grollsche Grundlagenkarte eine solche Struktur nicht einmal andeutet.

Heute weiß man, dass sie als Tiefseegraben zu einer Subduktionszone in einer etwas komplizierten Umgebung gehört: Westlich der South Sandwich Islands existiert eine Spreizungszone, an der laufend neue Ozeankruste gebildet wird. Im Norden und Süden von Transformstörungen – gewissermaßen »Gleitkanten« – begrenzt, schiebt sich dieser junge Meeresboden (um 8 Mio. Jahre alt) als ozeanische Kleinstplatte mit einer Geschwindigkeit von rund 7 cm/Jahr ostwärts, eine mittlere Geschwindigkeit bei plattentektonischen Prozessen. Rund 500 km weiter östlich trifft sie dann auf atlantischen Ozeanboden, der hier den südöstlichsten Ausläufer der Südamerikanischen Platte bildet. Diese Kollision führt zur Subduktion, zum »Abtauchen« der Atlantikkruste unter die South-Sandwich-Platte mit der Folge, dass sich die vulkanische Südsandwich-Inselkette bildet, die aus etwa 3000 m Tiefe aufragt und über Wasser noch Höhen bis zu 1100 m erreicht.[115]

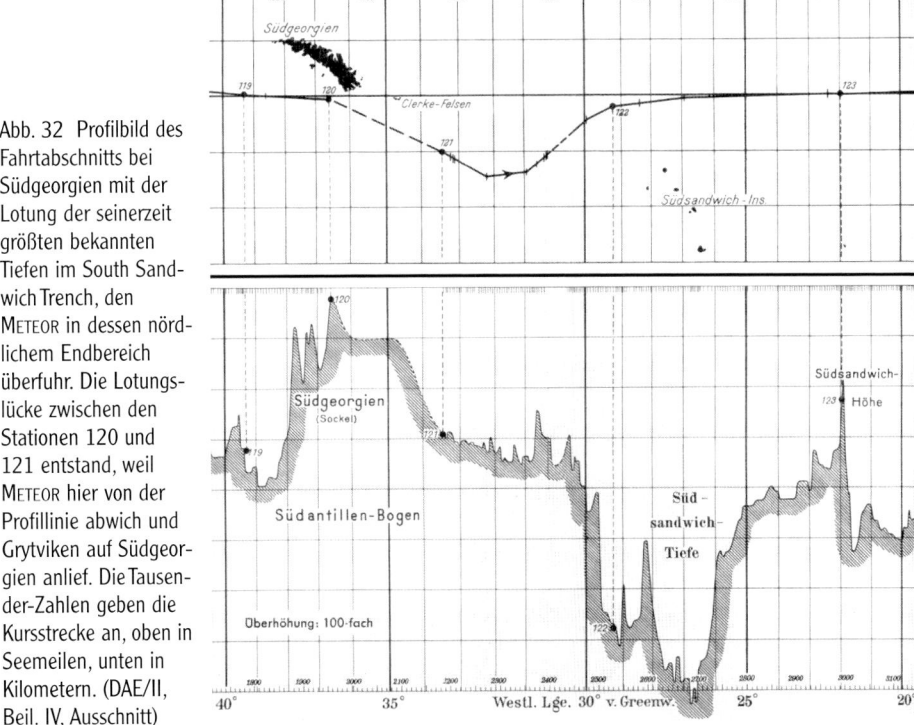

Abb. 32 Profilbild des Fahrtabschnitts bei Südgeorgien mit der Lotung der seinerzeit größten bekannten Tiefen im South Sandwich Trench, den METEOR in dessen nördlichem Endbereich überfuhr. Die Lotungslücke zwischen den Stationen 120 und 121 entstand, weil METEOR hier von der Profillinie abwich und Grytviken auf Südgeorgien anlief. Die Tausender-Zahlen geben die Kursstrecke an, oben in Seemeilen, unten in Kilometern. (DAE/II, Beil. IV, Ausschnitt)

Profil V geht bei günstigem Wetter planmäßig vonstatten, obwohl zur Kohlenersparnis wieder die bereits bekannten Einschränkungen eingeführt werden müssen: Abschalten der Rudermaschine, Drosselung von Heizung, Lüftung und Beleuchtung, Vergrößerung der Lotabstände.

Als man sich der Bouvet-Insel nähert, zeigt das Echolotprofil ein unruhiges Relief; rund 120 sm vor der Insel steigt der Meeresboden bis auf eine Tiefe von weniger als 600 m auf; zunächst erhält die Erhebung den Namen »Südhöhe«, da man annimmt, sie sei *die wohl südlichste und höchste, dem System des Südatlantischen Rückens zugehörige Erhebung* – nicht ganz zu recht, wie man heute weiß.[116] Später wird die METEOR-Kommission ihr den Namen »Kapitän-Spiess-Höhe« zuweisen, und auf aktuellen ozeanographischen Karten findet sich die Struktur unter dem Namen »Spiess Seamount« oder, etwas weiter gefasst, als »Spiess Ridge«.

Am 20. Februar erreicht METEOR die Bouvet-Insel, die trotz Abklärung ihrer Lage durch die VALDIVIA während der Deutschen Tiefsee-Expedition am 25. November 1898 geheimnisvoll geblieben ist, zeigen doch die britischen Admiralitätskarten weiterhin einen Archipel mit verschiedenen Namen.

Bouvet wird als 60 km² große vulkanische Einzelinsel nahezu in der 1898 ermittelten Position bestätigt gefunden. Auf vergleichbarer Breite wie etwa Rügen oder Helgoland gelegen, ist sie jedoch ein sturmumtoster und vergletscherter einsamer Vorposten der Antarktis.

Als Fazit aus den METEOR-Kursen und Echolotungen um die Insel zieht Spieß den Schluss: Anzunehmen sei, *daß die Vielheit der angeblich ... entdeckten und ... verschieden benannten Inseln darauf beruht, daß die in früheren Zeiten mit ungenauen Methoden und Instrumenten vorgenommenen Bestimmungen, namentlich der geographischen Längen, für ein und dieselbe Insel ... verschiedene Positionen ergaben*. Auch sei möglich, dass schuttbeladene Eisberge für Inseln und Klippen gehalten worden seien.[117]

Den Beobachtern auf METEOR erscheint die Vereisung der Insel als nicht so ausgedehnt wie in den bisherigen Berichten, und im Fernglas glaubt man auch einen grünen Schimmer von Flech-

Abb. 33 Kap Valdivia, die Nordspitze der Bouvet-Insel. Der Name erinnert an das Schiff der Deutschen Tiefsee-Expedition 1898/99. METEOR passierte die Insel in respektvollen vier Seemeilen Abstand am 20. Februar 1926. (DSM: III A 117 GL / 82.683)

ten und Moosen zu erkennen, doch findet diese Beobachtung im Dezember 1927, als die Norweger auf Bouvet landen und die Insel in Besitz nehmen[118], keine Bestätigung.

Den Deutschen hingegen ist eine Landung auf Bouvet nicht möglich, da die See in Stärke 6 gegen die Südwestküste brandet, wo die einzige Landungsmöglichkeit gewesen wäre. Beim Passieren der Nordseite will man daher in Lee einen Landgang versuchen, doch hohe Brandung und steile Felsufer verhindern dieses Unternehmen. Bedauernd notiert Spieß, dass damit eine genaue astronomische Ortsbestimmung, erdmagnetische Messungen sowie geologische und biologische Untersuchungen unmöglich geworden seien, wobei er unterschwellig sicher auch den entgangenen Prestigegewinn empfand.

Von der Insel aus lotet METEOR gut 20 sm nach Norden, und bei zunehmender Tiefe stellt man fest, dass die »Bouvet-Schwelle«, die man während des Profils III als Verbindung zur etwa 400 sm weiter nördlich gelegenen Meteorbank vermutet hatte, so nicht existiert. Tatsächlich gibt es etwas weiter nördlich eine Kette von Seamounts, die einen Zusammenhang zwischen dem Mittelatlantik-Rücken und der Meteorbank herstellen.

Neuere Forschungen in der Region zeigen, dass die geologischen Verhältnisse dieser Region, in der drei Mittelozeanische Rücken zusammentreffen, recht kompliziert sind. Die Bouvet-Insel selbst ist das Ergebnis verstärkt aufsteigender Magmen im Erdmantel (Hot-Spot-Vulkanismus); von ihrer etwa zugspitzhohen Größe sind jedoch nur 780 m über Wasser sichtbar.

Am äußersten Plattenrand der Antarktischen Platte gelegen, ist Bouvet auch im geologischen Sinne eine randantarktische Insel und dazu ein Landmark für komplexe geologische Prozesse, die sich seit den letzten 25 Millionen Jahren in ihrer näheren und weiteren Nachbarschaft abspielen.[119]

Hochsommerlich begünstigt, wendet sich METEOR nun mit Segelunterstützung Richtung Antarktis; nur gelegentlich begegnet man vereinzelten Tafeleisbergen. Die guten Witterungsbedingungen lassen sogar den Gedanken aufkommen, die knappen Kohlen nicht auf die noch geplanten 15 Stationen zu verwenden, sondern stattdessen bis zur Packeisgrenze vorzustoßen.

Letztendlich siegt jedoch nüchterne wissenschaftliche Erwägung im Angedenken an den »Vater« der Expedition, denn Merz hatte den »Abstecher« nach Süden nur deshalb vorgesehen, um dort Daten zum Wasseraustausch zwischen Atlantischem und Indischem Ozean zu gewinnen.

Der Vorstoß gerät zum laufend aktualisierten Rechenexempel: Wie weit kann METEOR noch nach Süden dampfen, wenn auf dem Weg nordwärts noch ozeanographische Arbeiten erledigt werden sollen? *Es waren von der Schiffsleitung schwerwiegende Entscheidungen zu treffen*, notiert Spieß. *Einerseits waren die wissenschaftlichen Forderungen möglichst weitgehend zu erfüllen, andererseits stand bei Kohlenmangel in dem zu passierenden Gebiet der Weststürme die Sicherheit des Schiffes auf dem Spiele.*[120]

Bei den Verbrauchsberechnungen findet man zum Beispiel, dass man bei einem Vorstoß bis auf 65° Süd und einer ruhigen Fahrt von 7 Knoten bei Ankunft in Kapstadt noch eine Kohlenreserve von vier Tonnen haben würde – bei einem mittleren Tagesverbrauch von 15 Tonnen.

Beim Marsch südwärts zeigt das Echolot rasch zunehmende Tiefen bis auf Werte um 5500 m, doch als sich METEOR vier Tage später ihrem brennstoffbedingten Umkehrpunkt nähert, beginnt der Meeresboden wieder anzusteigen.

Mit der Station 130 kann man so immerhin *noch die hydrographischen Verhältnisse am Anstieg zum Kontinentalsockel untersuchen*, wie Spieß befriedigt vermerkt.[121] Heutige Karten zeigen allerdings, dass sich METEOR erst am Hang der weit vorgelagerten Maud Rise befunden hat; der eigentliche Anstieg zum Antarktischen Kontinent wäre erst 300 sm weiter südlich erreicht worden.[122]

Auf 63°51' Süd und 5°16' Ost ist dann am 25. Februar 1926 frühmorgens die südlichste Position der gesamten Expedition erreicht, während Merz gehofft hatte, noch um einen Breitengrad

Abb. 34 Dockstandzeit der METEOR in Kapstadt, März 1926. Ursprünglich war Buenos Aires für die Halbzeit-Überholung vorgesehen, doch hatte die Ausführung technischer Arbeiten bei den früheren Kapstadt-Aufenthalten die Schiffsführung überzeugt, die Werftliegezeit hier vorzunehmen. (DSM: III A 117 GL / 43.334)

südlicher vordringen zu können. Auf die Nordhalbkugel »gespiegelt«, entspricht der Wendepunkt einer Position vor Norwegen auf der Höhe von Trondheim.

Zurzeit ist man jedoch 13 000 km von der Heimat entfernt. Gleichwohl empfängt man die für eine exakte Positionsbestimmung wichtigen täglichen Zeitsignale der Funkstelle Nauen bei Berlin einwandfrei. Auch der in Morsecode gesendete Zeitungsdienst kommt durch und ermöglicht es der Besatzung, das Weltgeschehen in Grenzen mitzuverfolgen.

Die noch unbekannte antarktische Küste[123] befindet sich weitere sechs Breitengrade südlicher, rund 360 sm oder 50 Stunden Reisezeit; dennoch muss der Wunsch unerfüllt bleiben, den Sechsten Kontinent zu sichten. *Schweren Herzens* entschließt sich Spieß zur Umkehr – bei der günstigen Witterung *hätten wir mit einem um 50 t höheren Kohlenbestand ... vorstoßen können, um dort ... vielleicht Festlandeis zu sichten.*[124] Gleichwohl lässt man es sich nicht nehmen, die Kehrtwende mit einem Festessen und bei Musik der Bordkapelle zu feiern.

Auf dem Marsch nordwärts durch das Südpolarbecken nehmen allerdings Wind und See zu; der Kohlenverbrauch steigt. Auch muss zu den Echolotungen alle vierzig Minuten auf langsame Fahrt gegangen werden, um die Echosignale nicht im Seegangsrauschen untergehen zu lassen. So kann die nächste Station erst wieder nach einer ungewöhnlich großen Lücke von 580 sm etwa auf der Breite der Bouvet-Insel stattfinden (55° Süd).

Danach ergibt das Echolotprofil ein zerrissenes Ansteigen des Meeresbodens von Tiefen jenseits 5000 m bis auf etwa 3000 m bei 52° Süd, bevor es im Agulhas-Becken wieder 5000-m-Werte zeigt. Dies deutet man als Fortsetzung des Südatlantischen Rückens in östliche Richtung und nennt diese neu entdeckte Struktur »Atlantisch-Indischer Querrücken«.

Die hydrologischen Messwerte beiderseits des ozeanischen Höhenzuges legen die Vermutung nahe, dass er ein Ausströmen des kalten Antarktischen Bodenwassers nach Norden weitgehend verhindert, also mehr oder weniger durchlaufend sein muss.

Das Kohlenproblem bleibt weiterhin fahrtbestimmend, so dass der geplante Profilbogen in den Indischen Ozean hinein gestreckt werden muss und drei der eigentlich geplanten elf Stationen ausfallen müssen.

Abb. 35 Neben der maschinellen Überholung diente die Werftzeit in Kapstadt besonders auch der Reinigung des Schiffsbodens. Die Bewachsung entwickelte sich gegen Ende der Reise zu einem kohlezehrenden Problem. (DSM: III A 117 GL / 44.337)

Als METEOR am 6. März in das Gebiet des mächtigen und (bis 5 kn) schnellen Agulhas-Stroms südlich des Kaps der Guten Hoffnung eintritt, steigt die Wassertemperatur in weniger als einer Stunde von gut 13 °C auf über 22 °C, und von Bord lassen sich die Grenzen der Wasserkörper als »Stromscheiden« erkennen. Die Strömungen sind so stark, dass sie das Schiff auf einer Station sogar mit 3,4 kn gegen den Wind versetzen.

Nach diesen neuen Erfahrungen läuft METEOR am 10. März in Kapstadt ein – mit einem Kohlenbestand von 15 Tonnen, gerade ausreichend für einen einzigen Reisetag ohne besondere Anforderungen.

Der dritte Aufenthalt in Kapstadt steht im Zeichen einer Überholung des Schiffes (Dockzeit vom 16.-24.3.); sowohl Unterwasserschiff als auch Kessel und Maschinen bedürfen der gründlichen Wartung. Daneben werden kleinere Umbauten nach den bisherigen Erfahrungen vorgenommen[125], so etwa eine Verlegung des Signallots in den Schiffsboden, wodurch Raum für zusätzliche fünf Tonnen Kohle gewonnen wird. Drei Wochen sind veranschlagt, doch benötigt man letztlich vier.

Der Aufenthalt verlängert sich jedoch vor allem infolge einer Blinddarmoperation[126] des Kommandanten und Expeditionsleiters. So erhält die Besatzung ausgiebig Urlaub, und durch die deutsche Bevölkerungsgruppe ergeben sich viele Gelegenheiten, die Kapprovinz kennen zu lernen. Darüber hinaus werden die Expeditionsberichte gründlich ausgearbeitet, und durch Vorträge und Schiffsführungen lassen sich die wissenschaftlichen Kontakte pflegen.

Wissenschaftliche Arbeiten während der Expedition

Meteorologische Methoden und Verfahren

Die meteorologischen und aerologischen Beobachtungen sollten Grundlagendaten zur weitgehend unbekannten ozeanischen Luftzirkulation liefern, also Temperatur, Feuchtigkeit, Luftdruck, Windstärke und Windrichtung. Ferner sollten Bewölkung, Niederschlag und Verdunstung, Strahlung, Sicht, Oberflächentemperatur des Wassers und Seegang aufgezeichnet werden.

Neben den ohnehin routinemäßig stündlich im Schiffsjournal niedergelegten Messungen meteorologischer Parameter wie Temperatur, Luftdruck, Bewölkung, Sichtweite, Seegang wurden an Bord der METEOR im Sinne einer meteorologischen Station erster Ordnung noch spezielle Beobachtungen angestellt.

Zu drei Terminzeiten – 7, 14, 21 Uhr – wurden die Werte für Luftdruck, Lufttemperatur, Oberflächen-Wassertemperatur, Feuchtigkeit, Windrichtung, Windstärke, Wolkenform und Bedeckungsgrad sowie Seegang und Sicht aufgezeichnet und die Daten täglich nach Deutschland gefunkt.

Die Thermometer wurden möglichst frei an Mast und Flaggenstock angebracht, um die Wärmeeinflüsse des Schiffes auszuschalten.

Auf dem Achterschiff war ein Messschreiber für die Gesamtstrahlung aufgestellt. Spezielle Strahlungsmessungen der Sonne konnten allerdings nur selten vorgenommen werden, weil die Schiffsbewegungen die Nachführung der Messsonde praktisch ausschlossen.

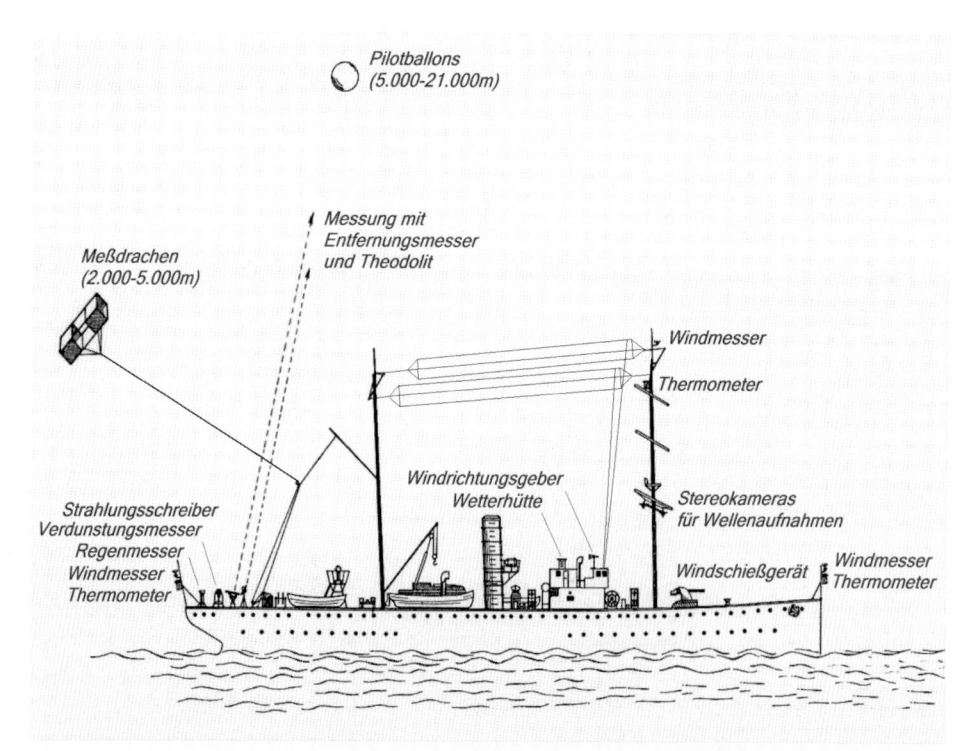

Abb. 36 Schemazeichnung der auf METEOR eingesetzten meteorologischen Geräte. (Nach der Grafik in DAE/IV.1, Taf. 1 / Entwurf: G. Wüst)

Links Abb. 37 Pilotballons wurden fast täglich aufgelassen, um den atmosphärischen Strömungen bis in große Höhe auf die Spur zu kommen. (DSM: III A 117 GL / 59.466) – *Oben* Abb. 38 Mit Entfernungsmessern der Artillerie und speziellen Theodoliten wurden die Pilotballons verfolgt. Aus den im Minutentakt aufgezeichneten Peilwerten konnten später die Strömungen in den oberen Luftschichten abgeleitet werden. (DSM: III A 117 GL / 59.467) –

Bahnverfolgung von Pilotballons

Um Windstärke und Windrichtung in der Höhe zu erfassen, ließ man etwa zweimal täglich dunkel gefärbte Ballons aufsteigen. Ihr Weg im Raum wurde mit einem speziellen Spiegel-Theodoliten und Entfernungsmessern im Minutentakt eingemessen. Um den Kompasskurs des Schiffes richtungskorrigiert, konnten aus den Peilvektoren die Strömungen in den verschiedenen Ebenen errechnet werden.

Bei Steiggeschwindigkeiten von 400 m/min waren eingespielte Peil- und Notierteams notwendig. Da man die Ballons oft nicht bis zu ihrem Platzen, sondern nur bis zum Verschwinden in den Wolken verfolgen konnte, erhielt man nebenbei auch Messungen der Wolkenuntergrenze.

Die mittlere Beobachtungshöhe schwankte zwischen 3000 m in den südlichen Regionen und 10 000 m in Äquatornähe; maximal wurden 21 000 m gemessen.

Windschießen

Zur Messung der höheren Luftströmungen wurden auch scharf umrissene Wolken mit Theodolit und Entfernungsmesser verfolgt. Dieses Prinzip wandte man ebenso beim sog. »Windschießen« an, für das man ein 8,8-cm-Geschütz auf der Back benutzte, um künstliche Wolken zu erzeugen.

Die Granaten mit Rauchentwickler wurden durch Zeitzünder in gewünschter Höhe (bis zu 7500 m) zerlegt, so dass die Rauchwolke in einer vorgewählten Farbe etwa zehn Minuten lang einzumessen war. Der Vorrat betrug 200 Sprenggranaten, die in einer speziellen Munitionskammer im Achterschiff untergebracht waren.

Abb. 39 Windgeschütz auf dem Vorschiff der METEOR. Die Marine-Kontrollkommission erhob keine Einwände gegen diese »Forschungswaffe«. (DSM: III A 117 GL / 58.460)

Registrierballonaufstiege

Registrierballonaufstiege brachten mit einem Ballon-Tandem einen Meteorographen in größere Höhen, mit dem Temperatur, Druck und Feuchtigkeit auf einer berußten Trommel aufgezeichnet wurden. Beim Aufstieg diente ein Ballon dem Auftrieb, während der zweite nach dessen Platzen den freien Fall der Sonde bremste. Er markierte außerdem den Niedergangsort auf See, denn da die Daten noch nicht wie wenige Jahre später gefunkt wurden, mussten die in einem Korkkasten befindlichen Messgeräte geborgen werden.[127] Dies erforderte je nach den Höhenströmungen gelegentlich stundenlange »Jagden« der METEOR, die vom geplanten Kurs weit ab führten und einen hohen Kohleverbrauch mit sich brachten; sie wurden daher nur wenige Male ausgeführt.

Abb. 40 Füllung eines Ballontandems für einen Registrier-Aufstieg. Der Hauptballon diente dem Auftrieb bis zur Prallhöhe, in der der Ballon platzte. Erreicht wurden bis zu 21 000 m. Der Hilfsballon diente als »Bremse« beim freien Fall des Registriergeräts und markierte die Auftreffstelle auf See. (DSM: III A 117 GL / 59.464)

Drachenaufstiege

Zur Messung der meteorologischen Parameter in den unteren Kilometern der Atmosphäre wurden die Meteorographen durch Drachen in die Höhe gebracht, die das Schiff hinter sich her schleppte. Neben Temperatur, Feuchte und Druck wurde auch die Windgeschwindigkeit auf berußten Trommeln aufgezeichnet.

Die Handhabung auf der beengten Schanz war schwierig, zumal die Wirbelschleppe hinter den Aufbauten zu eigenwilligen Bewegungen der Drachen führte (und nicht selten auch Bruch verursachte). Das Gewicht des bis zu zehn Kilometer langen Drahts erforderte bei jedem Aufstieg die Anbringung von fünf bis sechs Hilfsdrachen, um eine möglichst große Höhe des Messdrachens zu erreichen. Meist wurden zwischen 2000 und

Abb. 41 Die Montage der Drachenketten war eine Daueraufgabe an Bord der METEOR. Insgesamt wurden während der Reise 225 Drachenaufstiege durchgeführt, um Messwerte in den unteren Kilometern der Atmosphäre zu gewinnen. (DSM: III A 117 GL / 59.461)

3000 m erreicht, maximal auch 4500 m. Begleitend wurden laufend Rahmendaten zur Beschickung der Messdaten notiert, etwa Windengeschwindigkeit, Höhenwinkel des Hauptdrachens, Schiffskurs, Windrichtung an der Oberfläche, u.ä. Da die Windrichtung häufig Abweichungen vom eigentlichen Profilkurs erfordert hätte, wurden Drachenaufstiege vor allem bei kursgünstigen Windrichtungen ausgeführt.

Verdunstungsmessungen
Mit den Messungen, die für die Meeresgebiete seinerzeit nur sporadisch vorlagen, sollte der Austausch an der Grenze Ozean/Atmosphäre als wesentliches Element der Kreislaufprozesse fassbar gemacht werden. Außerdem sollten sie die Definition von Klimazonen vervollständigen.

Auf der Schanz wurde ein gegen Spritzwasser und Niederschlag geschützter Zylinder kardanisch aufgehängt, der 2500 cm³ Seewasser fasste. Die Verdunstungsrate bestimmte man täglich ein- bis zweimal über die Aufkonzentrierung des Salzgehalts. Begleitend wurden laufend Temperatur und Feuchtigkeit der Luft sowie Windgeschwindigkeit und Niederschlag als Verdunstungsparameter gemessen. Da die Messanordnung auf Relinghöhe der METEOR positioniert war, wurden von Zeit zu Zeit vom Boot aus vergleichende Messungen unmittelbar an der Meeresoberfläche vorgenommen, um die Borddaten entsprechend auf die Grenzfläche Ozean/Atmosphäre reduzieren zu können. Ein immer wieder auftretendes Problem war, dass sich Flugasche aus dem Schornstein auf der Verdunstungsoberfläche absetzte und die Messung wertlos machte.

Abb. 42/43 Die Handhabung der fragilen Drachengestelle in der Enge und in den Luftwirbeln über dem Achterschiff war schwierig, so dass es entsprechend oft Bruch gab. Oben erkennbar der Meteorograph in seiner Aufhängung im Hauptdrachen. (Spieß: Fahrt, Taf. 27, Abb. 67, sowie DSM: III A 117 GL / 59.463)

Echolotungen und Profilschnitte des Meeresbodens

Das Prinzip der Echolotung besteht darin, die Zeit zu messen, die ein Schallimpuls von der Wasseroberfläche zum Meeresboden und zurück benötigt. In Beziehung gesetzt zur Schallgeschwindigkeit im Wasser, lässt sich daraus die Tiefe errechnen.

Dieses Verfahren war 1912 von Alexander Behm zum Patent angemeldet worden. Sein Ziel war in erster Linie, der Schifffahrt ein praktisches Hilfsmittel für die Navigation im Flachwasser bereitzustellen, weniger die Entwicklung eines Geräts für Forschungszwecke in tiefen Gewässern.

Eine breitere praktische Anwendung im Zivilbereich hatte zunächst der Weltkrieg verhindert, doch danach hatten amerikanische Schiffe im Atlantik wie auch an der pazifischen Ostküste die Brauchbarkeit dieser Methode nachgewiesen.

Behmlot

Das Behmlot für Tiefen bis maximal 750 m arbeitete mit einer Knallpatrone, die an der Wasseroberfläche einen Schallimpuls erzeugte. Dieser setzte über einen Empfänger im Schiffsboden einen Kurzzeitmesser in Gang, der durch das rückkehrende Echo wieder gestoppt wurde. Die vergangene Zeit wurde durch einen rotierenden Zeiger erfasst, dessen Endwinkel die Wassertiefe darstellte. Die Genauigkeit der Lotungen war allerdings unbefriedigend.

Freilot

Das Freilot der Signalgesellschaft in Kiel, ebenfalls für den Einsatz im Flachwasser bis etwa 200 m, war hingegen kein Echolot: Ein Explosivkörper, der wegen seiner speziellen Form mit konstanter Fallgeschwindigkeit in die Tiefe sank, detonierte bei Bodenkontakt und schickte ein Schallsignal an die Oberfläche. Da bei der geringen Einsatztiefe die Laufzeit des Schalls zu vernachlässigen war, lieferte hier die Fallzeit des Körpers vom Wurf bis zum Eintreffen des Schallimpulses am Schiff den Basiswert für die Berechnung der Wassertiefe.

Signallot und Atlaslot

Auf Betreiben der Marineleitung hatte die Signalgesellschaft 1924 ein Echolot für große Tiefen entwickelt, das innerhalb eines Jahres funktionsfähig war und bereits bei der Vorexpedition erfolgreich getestet werden konnte. Nach vergeblichen Versuchen, ein amerikanisches Lotgerät bei der Submarine Signal Corporation in Boston zu erwerben, lieferte die Bremer Firma Atlas ein weiteres Tiefseelot, das allerdings so spät fertig wurde, dass es unerprobt zum Einsatz ging; gleichwohl arbeitete es ohne Probleme.

Sowohl Signallot als auch Atlaslot arbeiteten nach dem Echoprinzip. Elektromagnete erzeugten einen Schallimpuls von 1050 Hz, wobei Membransender und -empfänger im Schiffsboden untergebracht waren. Der Ton musste kurz sein, um bei geringen Tiefen nicht das Echo zu übertönen, andererseits markant und kräftig, um bei großen Tiefen noch ein aufnehmbares Echo zu erzeugen und sich von den Nebengeräuschen der Schiffsschrauben und des Seegangs abzuheben.

Das Eintreffen des Echos wurde für Tiefen ab 200 m akustisch erfasst, wobei zeitgleich die Tiefe auf einer Skala abgelesen wurde, die »das Gerät« intern errechnete. In erster Näherung wurden dabei konstante Schallgeschwindigkeiten von 1470 (Signallot) bzw. 1490 m/sec (Atlaslot) zugrunde gelegt. Die Lotgasten hatten damit nur die Tiefendaten auf Millimeterpapier festzuhalten; Umrechnungsfehler durch Einzelbearbeitung waren so ausgeschlossen. Die Messgenauigkeit lag wegen der Kombination Hören/Ablesen bei etwa zehn Metern. Beide Lotversionen wurden abwechselnd eingesetzt, so dass sich die Messungen gegenseitig kontrollierten; die Übereinstimmung erwies sich als gut. Auf Station wurden die Echotiefen außerdem durch Drahtlotungen wie auch die thermometrische Tiefenmessung überprüft.

Die Geräte waren während der Expedition fast ununterbrochen im Einsatz und arbeiteten ohne wesentliche Störungen.

Üblicherweise wurde unterwegs dreimal pro Stunde gemessen, so dass der Abstand der Einzellotungen zwischen zwei und drei Seemeilen betrug. In Regionen, in denen sich ein bewegtes Bodenrelief abzeichnete (dies ließ sich mit einiger Erfahrung aus dem Muster der Mehrfachechos ableiten), wurde häufiger und damit enger gemessen. Andererseits zwang Energieknappheit gelegentlich dazu, die Lotungen seltener auszuführen. Trotz der generellen und speziellen Lückenhaftigkeit der Messungen entwickelte sich ein bis dahin unbekanntes detailliertes Bild des Meeresbodens.

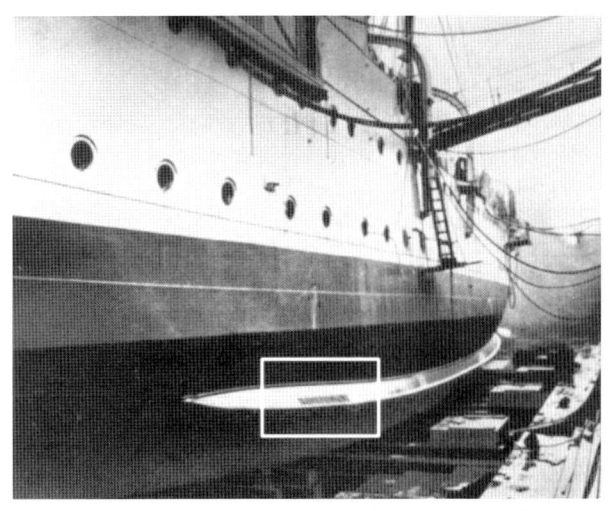

Abb. 44 Der Schallsender des Atlaslots im Schlingerkiel der METEOR. (DAE II: Taf. 1, Abb. 3)

Die Lotungen lieferten nicht nur neue topographische Erkenntnisse »an sich«, sondern dienten auch der Anpassung der ozeanographischen Arbeiten; abweichend vom Routenplan wurde entsprechend der Bodenstruktur Station an solchen Positionen gemacht, die für die Frage der Zirkulation von Bedeutung zu sein versprachen.

Abb. 45 Lotgasten bei der Aufschreibung im Lotjournal. (DSM: III A 117 GL / 60.474)

Aufgaben und Methoden der Stationsarbeiten

Die »Stationen« auf den Querprofilen über den Südatlantik dienten dazu, den Zustand des Wasserkörpers dreidimensional zu erfassen. Gemäß Planung sollten sie in regelmäßigen Abständen von rund 200 sm absolviert werden, doch ergaben sich in der Praxis zahlreiche witterungsbedingte und operationelle Abweichungen nach oben und unten. Daneben wurden spezielle Untersuchungsreihen durchgeführt, etwa in der La-Plata-Mündung und im Golf von Guinea.

Hauptaufgabe waren die ozeanographischen Serienmessungen. Sie sollten, von Station zu Station korrespondierend, die Basis liefern für die Ableitung der ozeanischen Dynamik:
- von der *Verteilung von Salz und Temperatur in der Wassersäule*,
- über die daraus zu berechnende *Dichteverteilung im Wasserkörper*,
- zur ebenfalls rechnerischen Ableitung des *Zirkulationsmusters im Ozean*.

Bei größeren Tiefen mussten die Messserien aufgeteilt werden, um den Draht nicht durch zu viele Geräte zu überlasten. Je nach Wassertiefe waren bis zu vier Abschnitte vorgesehen:
- bis 300 m Tiefe in 50-m-Schritten,
- bis 1000 m in 100-m-Schritten,
- bis 2500 m in 250-m-Schritten und
- darunter in Abständen von 500 m.

In tropischen Regionen wurde zusätzlich eine Flachserie bis 200 m Tiefe eingeschoben, bei der im 25-m-Abstand die Schichtung der oberflächennahen Zone beprobt wurde, in der man eine kleinräumigere Dynamik festgestellt hatte.

Der typische Arbeitsablauf auf einer Station hatte mehrere Abschnitte, bei denen unterschiedliche Messungen und Probenahmen teilweise parallel absolviert wurden:
- Drahtlotung mit geologischer Probennahme,
- 1. ozeanographische Serie flach,
- Biologischer Schließnetzfang tief,
- 2. ozeanographische Serie mitteltief,
- Biologischer Netzfang flach,
- 3. ozeanographische Serie tief.
- Pilotballonaufstieg,
- Drachenaufstieg (bei günstigem Wind),

Die Serienwinde von 10,5 PS Leistung fierte mit rund 2 m/sec und hievte mit etwa 1,4 m/sec. Der insgesamt 8000 m lange Draht von 4 mm Durchmesser bestand aus Aluminiumbronze, die keinen Konservierungsaufwand erforderte; die Bruchlast lag bei 830 kp.

Der Vorrat an Wasserschöpfern betrug 70 Geräte unterschiedlicher Bauart (einige mit 4-Liter-Volumen); sie mussten gelegentlich ergänzt werden, nachdem mehrfach Drahtbrüche vorgekommen und Schöpfer verloren gegangen waren.

Für eine typische Station mit drei Serien, einer Bodenprobe und Netzfängen benötigte man 6-9 Stunden; tiefe Stationen erforderten 10-12 Stunden. In dieser Zeit musste das Schiff immer »auf den Draht manövriert« werden, um einen möglichst vertikalen Verlauf des Drahts zu gewährleisten. Anderenfalls hatten die Fallgewichte nicht genügend Aufschlagkraft für die Auslösung, und möglicherweise schlossen auch die Schöpfer nicht ganz, so dass sie beim Einhieven von Fremdwasser durchströmt und die Proben verfälscht und wertlos wurden.

Außerdem bedeutete ein großer Drahtwinkel beachtliche Abweichungen von der Solltiefe: Bei 15° gegen die Senkrechte, die sich bei Wind sehr schnell ergeben kann, erreichte man mit 3000 m Litze lediglich noch 2900 m Tiefe (abgesehen vom ohnehin nicht geradlinigen, sondern etwas »bauchigen« Drahtverlauf). Die laufend notwendigen Korrekturmanöver führten im Übrigen zu hohem Kohlenverbrauch (Hilfsmittel wie etwa Querstrahlruder waren seinerzeit noch Zukunftsmusik).

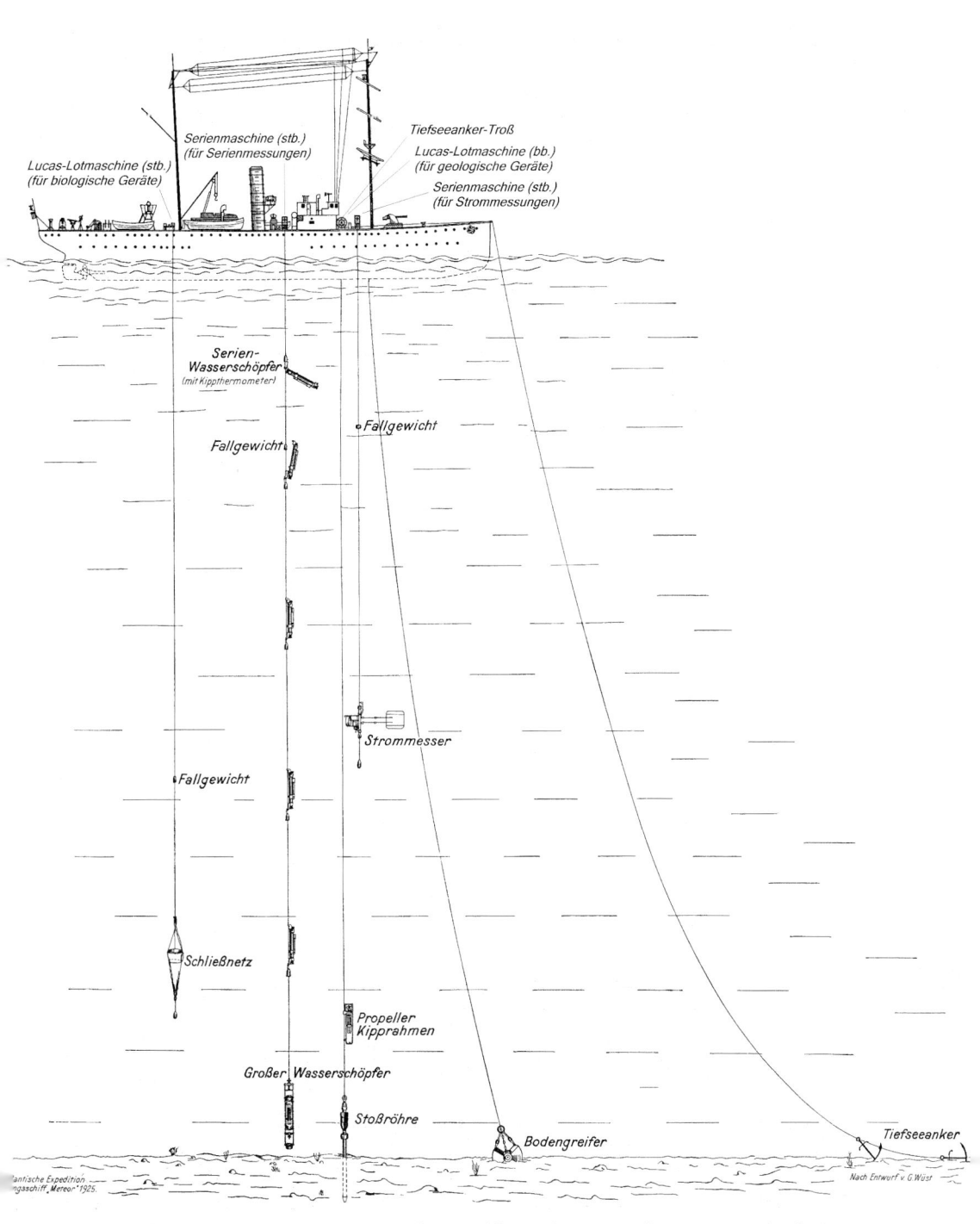

Abb. 46 Schema der von METEOR eingesetzten Geräte auf Station. Insgesamt gab es 300 »normale« Stationen mit Serienmessungen, geologischen und biologischen Probenahmen. Tiefsee-Stationen mit Ankerung fanden nur zehnmal statt, um ortsfeste Strommessungen durchzuführen. (Nach der Grafik in DAE/IV.1, Taf. 1 / Entwurf: G. Wüst)

Ozeanographische Probenahme

Der operationelle Ablauf der Serienmessungen gestaltete sich nach folgendem Schema:

Am Seriendraht wurde zunächst das Endgerät befestigt, meist ein besonderer Schöpfer mit großem Volumen. Kontrolliert über das Meterrad, wurde der Draht dann mit der Serienmaschine gefiert, wobei der Lotgast, bei der DAE meist ein Matrose, die Wasserschöpfer in den jeweils gewünschten Abständen anbrachte.

Die Standardgeräte der Expedition waren Kippwasserschöpfer in der von Fridtjof Nansen entwickelten Form. Jeder Schöpfer wurde an seinem unteren Ende rutschsicher am Draht festgeklemmt, während er oben nur durch einen Fanghaken an der Litze festgehalten wurde. Am unteren Befestigungspunkt hängte man außerdem ein Fallgewicht ein.

Waren alle Schöpfer der Serie befestigt, fierte man sie bis in die gewünschten Messebenen. Danach folgte eine Anpassungszeit, in der die Messkette die Umgebungstemperatur annehmen konnte. Schließlich klippte man ein Fallgewicht von etwa 600 g an den Draht und ließ es in die Tiefe gleiten, wobei es eine Fallgeschwindigkeit zwischen 300 und 400 m/min entwickelte.

Beim Aufschlag auf den Auslösehebel des ersten Wasserschöpfers wurde die obere Knagge geöffnet, so dass er um die untere Drahtklemme zu kippen begann.

Das Fallgewicht rutschte inzwischen weiter bis zu dieser Klemme und setzte das dort angehängte nächste Fallgewicht frei, so dass auch die weiteren Wasserschöpfer in der Art einer »Stafette« ausgelöst wurden.

Die wesentliche operationelle Funktion war der Kippvorgang. Durch ihn drehte sich der Wasserschöpfer um seinen unteren Klemmpunkt, wobei sich zwei miteinander verbundene Drehhähne schlossen und 1250 cm³ Wasser in dem Hohlzylinder einschlossen. Beim Durchpendeln des Schöpfers rastete dann ein Sperrkonus hinter einer Blattfeder ein und verhinderte so die Rückdrehung und ein nochmaliges Öffnen beim Aufhieven.

Oben Abb. 47 Schema der Serienaufteilung auf Station. Je nach Tiefe und Anzahl der Serien benötigte man sechs bis zwölf Stunden, um alle wissenschaftlichen Arbeiten zu erledigen. (DAE/IV.1, Abb. 8)

Links Abb. 48 Vorbereitung auf eine Serie. Rechts die Serienmaschine auf dem Steuerbord-Mitteldeck, links Rahmen mit den für die nächste Serie vorgesehenen Wasserschöpfern unterschiedlicher Bauart, im Durchgang die Flaschen für die Abfüllung der Institutsproben. Als interessierter Beobachter links das Bordmaskottchen. (Archiv DSM)

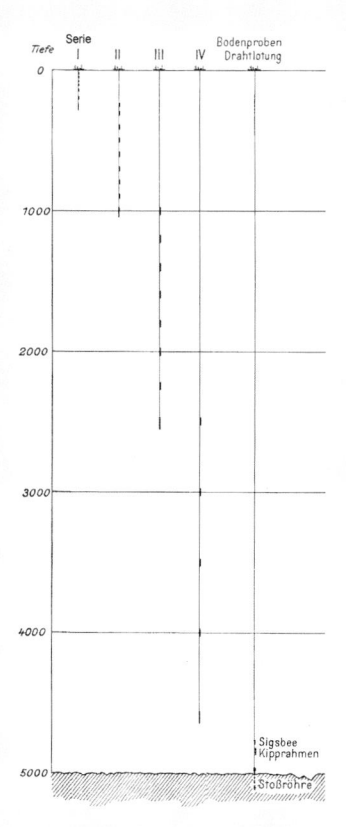

Abb. 49 Typische Stationssituation bei gutem Wetter. Der Wasserschöpfer ist gerade vom Lotgasten angeklemmt und freigegeben worden, so dass in wenigen Sekunden gefiert werden wird. (DSM: III A 117 GL / 58.452)

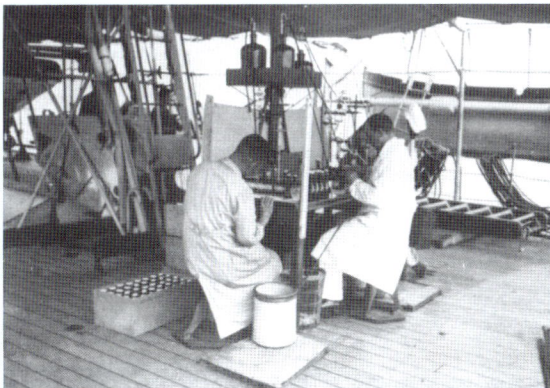

Abb. 50/51 An die Probenahme schlossen sich die chemischen Analysearbeiten an. Meist im Laborraum durchgeführt, wurden sie in den wärmeren Regionen auch an Oberdeck verlagert. Die Routinearbeiten übernahmen zum großen Teil Marinedienstgrade, die vor der Reise in diesen Aufgaben unterwiesen worden waren. (DAE/IV.1, Taf. 2, Abb. 3, und Taf. 3, Abb. 5)

Zur Bestimmung des Salzgehalts wurden die Wasserproben von zwei Personen titriert; der Verbrauch der Reagenzlösung bis zum Farbumschlag stellte dabei das Maß für den Chlorgehalt dar, aus dem sich der Salzgehalt ableiten lässt. Von den Wasserproben aus über 2000 m Tiefe wurden zwei Flaschen abgefüllt, um Kontroll-Titrierungen im Berliner Institut vorzunehmen. Größere Wassermengen mit dem 4-Liter-Schöpfer dienten darüber hinaus auch biologischen Untersuchungen und meereschemischen Messungen, insbesondere auch der Feststellung des Goldgehalts.

Kleine Bodenwasserproben erhielt man zunächst zusammen mit dem Sedimentkern, indem das über der Sedimentprobe stehende Wasser für die Analyse verwendet wurde. Da es jedoch des Öfteren zu Verfälschungen kam, schickte man mit der Lotröhre oder dem Greifer einen speziellen Wasserschöpfer bis in Bodennähe. Dieser wurde nicht per Fallgewicht ausgelöst, sondern beim Anhieven durch einen Propeller zum Kippen gebracht, so dass sich die Drehventile schlossen.

Ermittlung der Wassertemperaturen

Das grundsätzliche Problem der Temperaturmessung in der Wassersäule besteht darin, dass der in einer bestimmten Tiefe gemessene Wert keinesfalls verfälscht werden darf, denn es geht nur um äußerst geringe Differenzen. Es muss daher sichergestellt werden, dass die einmal gemessene Temperatur beim Weg des Thermometers durch die Wassersäule nicht wieder verändert wird. Dieser Forderung dienten die Wasserschöpfer gewissermaßen als Kombigeräte, denn an ihrer Außenseite waren zwei Hülsen angebracht.

In der einen Hülse steckte ein Thermometerkörper, der ein hochpräzise arbeitendes sogenanntes Haupt- und ein Nebenthermometer enthielt, beide gegen Wasserdruck geschützt. In der anderen Hülse steckte im Kern das gleiche, doch diesmal nicht druckgeschützt.

Die Kapillare des Hauptthermometers war so gestaltet, dass der Quecksilberfaden beim Umkippen des Wasserschöpfers an einer speziell dafür geformten Stelle abriss. Damit sicherte man ein definiertes Quecksilberquantum, das der zum Abreißzeitpunkt herrschenden Temperatur entsprach; später einwirkende Temperaturen konnten diese Menge nicht mehr verändern.

Um die gewissermaßen »mengenchiffriert« vorliegende »Rohtemperatur« in Celsius-Grade zu überführen, wurden später an Bord zeitgleich die Skalen von Haupt- und Nebenthermometer abgelesen, nachdem man die Thermometer in einem Wasserbad auf gleiche Körpertemperatur gebracht hatte.

Beide Ablesewerte gingen dann in eine Formel ein, die die Beziehung zwischen der aktuellen Temperatur zum Ablesezeitpunkt (Nebenthermometer) und demjenigen Skalenwert herstellte, der sich im Hauptthermometer durch die Hg-Menge ergeben hatte.[128]

Die am Messort in der Tiefe gleichzeitig »konservierten« Quecksilbermengen im geschützten und ungeschützten Thermometer waren notwendigerweise systematisch unterschiedlich, da der Wasserdruck die Kapil-

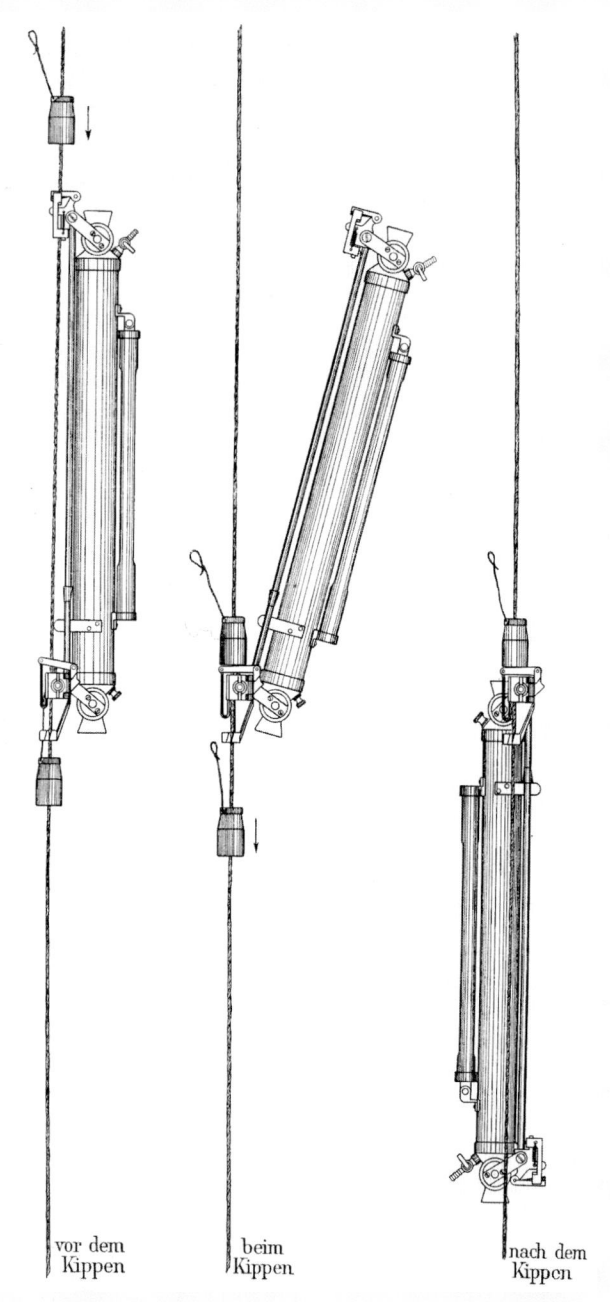

Abb. 52 Der »Star« der Expedition: der Wasserschöpfer nach dem Entwurf Fridtjof Nansens. Das wesentliche Funktionsprinzip war der Kippvorgang, bei dem sich zwei Drehventile schlossen und damit eine Wasserprobe sicherten. (DAE/IV.1, Abb. 5)

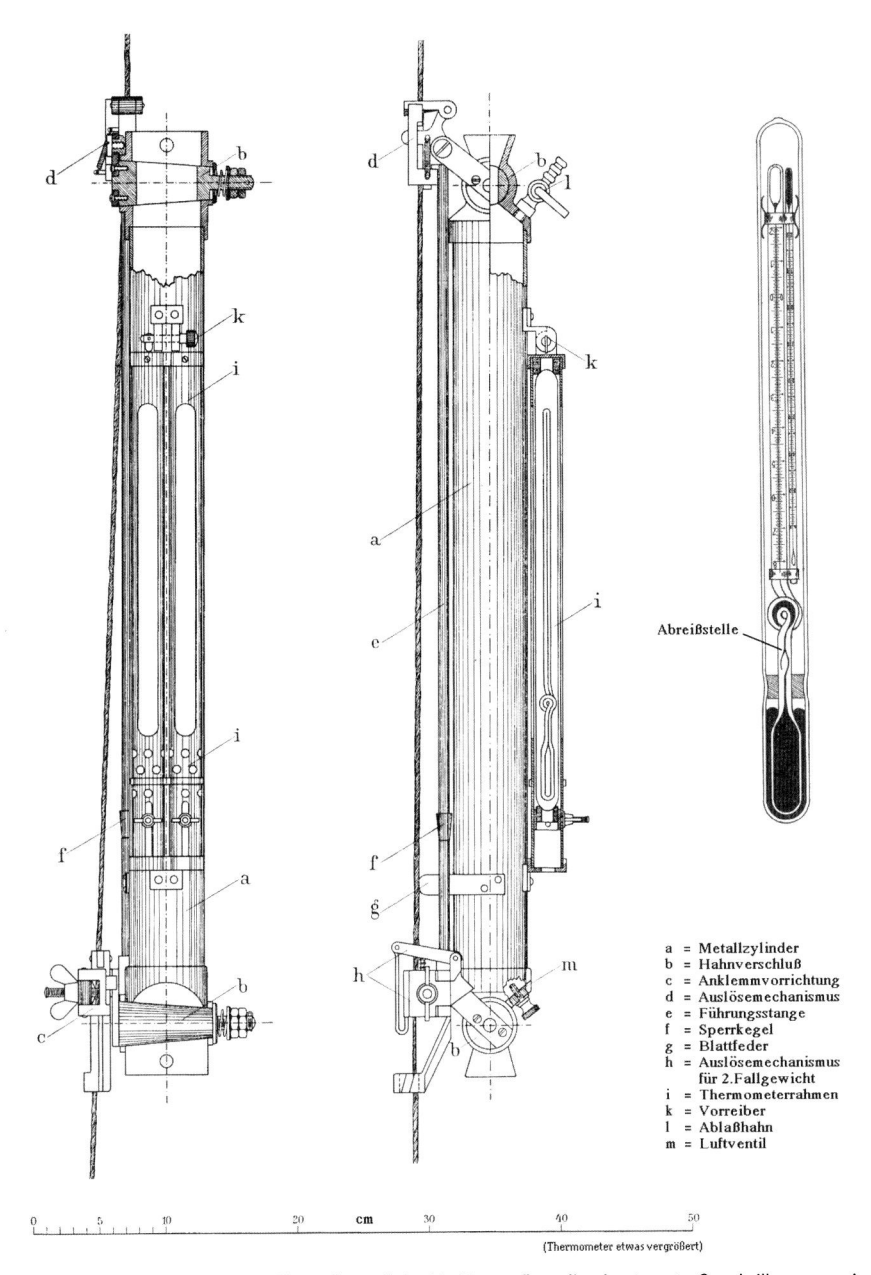

a = Metallzylinder
b = Hahnverschluß
c = Anklemmvorrichtung
d = Auslösemechanismus
e = Führungsstange
f = Sperrkegel
g = Blattfeder
h = Auslösemechanismus für 2.Fallgewicht
i = Thermometerrahmen
k = Vorreiber
l = Ablaßhahn
m = Luftventil

Abb. 53 Tiefsee-Thermometer in Fierstellung. Beim Umkippen floss die abgetrennte Quecksilbermenge in die jetzt oben befindliche Kaveole und sicherte für die spätere Ablesung ein nicht verfälschbares Maß für die Temperatur vor Ort. (Nach DAE/IV.1, Abb. 35)

lare des ungeschützten Thermometers komprimiert hatte. Die Differenz zu dem nicht druckbeeinflussten Thermometer nutzte man dazu, die tatsächliche Messtiefe zu bestimmen.

Anders als die Drahtlänge, die die tatsächliche Tiefe nur mit einer gewissen Unschärfe wiedergeben kann, ist die thermometrische Tiefenbestimmung sehr genau.

Geologische Proben

Geologische Proben wurden in der Art herkömmlicher Drahtlotungen genommen. Im sandigen Sediment verwendete man Greifer, während man bei tonigem sog. Schlammröhren benutzte. Sie ließ man »drahtgeführt« frei fallen, bis Sinkgewichte am Röhrenkopf (30 kg Blei) sie in den Boden trieben. Dort stanzten die 1,50 m langen Hohlzylinder eine Probe heraus, die in ein Futterrohr aus Glas gedrückt wurden.

Die ausgelaufene Drahtlänge ließ die Meerestiefe ablesen und kontrollierte damit in gewissen Grenzen die Echolotwerte. Bei 4000 m Wassertiefe betrug die Fallzeit zwischen 30 und 40 Minuten. Beim Herausziehen der Röhre aus dem Sediment glitten zwei Verschlussklappen nach unten und schnappten über der unteren Öffnung zu; gleichzeitig schloss sich oben ein Ventil, so dass ein Ausspülen der Probe verhindert wurde. Mit dieser Konstruktion wurden in aller Regel Kerne von etwa 50 cm Länge gewonnen, unter günstigen Umständen gelegentlich auch mehr.

Während der DAE holte man die Stoßröhren mitsamt Sinkgewichten wieder an Bord; damit sparte man immerhin 12 Tonnen sonst verlorener Gewichte ein, die der Kohlenzuladung zugute kamen.

An Bord wurden die zylindrischen Sedimentkerne aus den Glasröhren hinausgedrückt und der Länge nach geteilt. Eine Hälfte goss man in Paraffin ein, um sie nach der Rückkehr als frisches Material weiter analysieren zu können. Die andere Hälfte wurde sofort an Bord untersucht: nach Farbe und Schichtung, mikroskopisch auf die Sedimentstruktur und die Korngröße als Anhalt für die Sedimentationsprozesse, chemisch auf organische Substanz, auf Kalk und Phosphor.

Auch während der Hafenzeiten führte man sedimentgeologische Untersuchungen durch, um Vergleiche zwischen Tiefseesedimenten und Verwitterungsprodukten an der Küste anstellen zu können.

Abb. 54 Geologisches Probenahme-Gerät: rechts ein Backengreifer, links eine Stoßröhre und daneben der Thermometerrahmen für die Messung der Bodentemperatur. – Abb. 55 Die Geräte wurden mit der großen Lucas-Lotmaschine ausgebracht. (DSM: III A 117 GL / 58.459 + Archiv IfM/Geomar)

Biologische Untersuchungen

Der Grundgedanke der biologischen Untersuchungen war, in enger Anlehnung an die ozeanographische Beprobung das Plankton zu beschreiben und quantitativ zu erfassen, um so letztendlich eine Bestandsaufnahme der Primärproduktion zu erreichen. Insofern war die METEOR-Expedition eine Fortführung der Plankton-Expedition Victor Hensens, der 1889 mit der NATIONAL den Schwebelebewesen im Nordatlantik auf der Spur war.

Neben dem Großplankton stand vor allem das damals kleinste bekannte »Zwergplankton« im Nano-Bereich mit 10^{-5} bis 10^{-6} m im Zentrum des Interesses. Großplankton wurde mit unterschiedlich feinmaschigen Gaze-Netzen gewonnen; oberflächennah bediente man sich auch der Waschwasserpumpe. Zwergplankton war dagegen nur durch das Zentrifugieren von Wasserproben zu erhalten, deren Sediment man dann unter dem Mikroskop nach Arten bestimmen und auszählen konnte.

Begleitend wurde auch die optische Eigenschaft des Wassers anhand von »Sichttiefe« und »Farbe« bestimmt, da diese Parameter wesentlich von der Schwebfracht an Plankton abhängig sind. Die Durchsichtigkeit des Wassers ermittelte man anhand einer

Abb. 56 Ausbringen des Schließnetzes für biologische Fänge. Das Hauptaugenmerk der Untersuchungen lag auf den planktonischen Kleinstlebewesen. (DSM: III A 117 GL / 60.477)

weißen Scheibe, die an einer markierten Lotleine abgesenkt wurde, bis sie sich der Beobachtung entzog. Dabei wurden Tiefen bis zu 50 m gemessen. Die Oberflächenfarbe des Wassers glich man auf der Schattenseite des Schiffes gegen eine Staffel von Farblösungen ab, so dass sich eine Zehnerstufung ergab.

Gegenüber der Aufmerksamkeit, die man dem Plankton widmete, wurde die Makrolebewelt nur beiläufig beachtet, indem man sich auf eine statistische Erfassung von Vögeln, Quallen oder Tangen zu bestimmten Terminzeiten beschränkte.

Chemische Untersuchungen

Die chemischen Analysen wurden in engem Zusammenwirken mit den Arbeiten der anderen Disziplinen durchgeführt. Hierbei ging es etwa um die Bestimmung der Phosphor- und Stickstoffkonzentrationen sowie um den CO_2-Gehalt, jeweils Größen, die im Zusammenhang der biologischen Arbeiten grundlegende Bedeutung haben.

Die Kohlendioxid-Konzentration war im Übrigen auch für die sedimentologischen Arbeiten von Bedeutung, da das Lösungspotential die Ablagerung kalkhaltiger Organismenreste beeinflusst. Sauerstoff-Messungen lieferten Grundlagendaten für die biologischen Auswertungen wie auch indirekte Hinweise auf die Bewegung des Wasserkörpers.

Operationell diente die unmittelbare Bestimmung des pH-Wertes der Kontrolle, ob die Schöpfer in den richtigen Tiefen geschlossen hatten, da die Konzentration der Wasserstoff-Ionen sich systematisch mit dem Druck ändert. Gleichzeitig lieferten die Messungen Rahmendaten für die Plankton-Untersuchungen.

Ein spezielles Projekt war die Bestimmung des Gehalts an Edelmetallen, hegte man doch die Hoffnung, durch die Gewinnung von Gold aus dem Meerwasser die Reparationsleistungen des Reiches aufzubringen.[129]

Strommessungen bei Tiefsee-Verankerungen

Die aus der Dichteverteilung im Wasserkörper rechnerisch ermittelten Strömungen sollten mit Hilfe direkter Strommessungen kontrolliert und ergänzt werden.

Da die Stromgeschwindigkeiten in der Wassersäule meist nur Größenordnungen von Zentimetern pro Sekunde erreichen, musste man sicherstellen, dass der Strommesser in der jeweiligen Tiefen »ortsfest« blieb, um Geschwindigkeitsfehler durch Eigenbewegungen des Messgeräts auszuschließen.

Diesem Ziel dienten die Ankerungen auf großen Meerestiefen, bei denen man das Schiff in Wind und Oberflächenstrom so lange eintörnen ließ, bis es eine »stabile« Lage eingenommen hatte. Entsprechend waren Tiefankerstationen nur bei geringem Wind möglich, da sonst die Eigenbewegungen des Schiffes zu große Messfehler verursacht hätten.

Um Verdriftungen erkennen und als Korrekturwert berücksichtigen zu können, wurden jeweils aufwendige Besteckrechnungen angestellt. Ebenso wurden laufend Oberflächenstrom, vertikaler und azimutaler Winkel der Ankertrosse sowie der Trossenzug registriert. Die Exaktheit der Positionsrechnungen bewegte sich bei allen Stationen innerhalb der Genauigkeitsgrenze astronomischer Besteckrechnungen, die bei etwa einer Seemeile lag.[130]

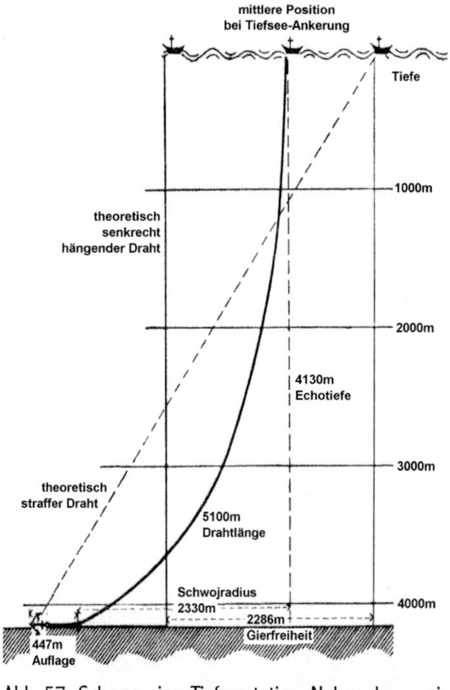

Die Trossentrommel befand sich vor dem Brückenaufbau; die drallfreie Tross bestand aus einer Hanfseele mit 7 Drahtlitzen aus je 24 Drähten verzinkten Guss-Stahldrahts.

Bei konischem Verlauf (3,6 cm Umfang am unteren, 5 cm am oberen Ende) hatte die Trosse eine Länge von 7500 m und ein Gesamtgewicht von 5,7 t; Bruchlast 19,3 t.

Oberflächenstrom

Der Oberflächenstrom wurde vom Schiff aus beobachtet; die Richtung ergab sich durch die Kurslage, und die Stärke wurde schlicht mit Hilfe eines Holzscheits ermittelt, dessen Driftzeit zwischen zwei Marken gestoppt wurde.

Tiefenströmungen

Die Tiefenströmungen wurden bei Einzelmessungen mit dem *Merz-Ekman-Strommesser* erfasst. Das Gerät war zu Beginn des 20. Jahrhunderts von dem schwedischen Ozeanographen entwickelt und von Alfred Merz modifiziert worden. Es gab ihn in Varianten für schwache und starke Strömungen, d.h. für die Messbereiche 2-75 cm/sec und darüber bis 300 cm/sec. Für Mehrfachmessungen benutzte man den *Ekmanschen Repetierstrommesser*.

Nach dem Fieren des Geräts auf die gewünschte Tiefe wurde der bis dahin arretierte Propeller durch ein Fallgewicht gelöst. Ein Zählwerk gab dann je hundert Umdrehungen

Abb. 57 Schema einer Tiefseestation. Neben den zwei Ankern von jeweils etwa 100 kg Gewicht legte vor allem die Trosse das Schiff fest, da sie mit mehreren hundert Metern auf dem Meeresboden auflag. Die Gierfreiheit des Schiffes auf Station lag theoretisch zwischen dem senkrechten und straff gespannten Trossenverlauf. Diese Bewegung wurde außerdem überlagert vom Schwojen um den Auflagepunkt der Trosse am Boden und dem Schwingen des Schiffes durch Einflüsse an der Oberfläche. (nach DAE/VII.1, Abb. 89)

Abb. 58 Die Trommel für die Tiefsee-Ankertrosse vor dem Brückenaufbau, Fahrstand rechts. (DSM: III A 117 GL / 60.472)

Abb. 59 Skizze der METEOR-Back mit der Anordnung und Führung der Ankertrosse bei einer Tiefsee-Ankerung. Beim Ankern wurde die Trosse zunächst durch den Wellenbrecher und dann in mehreren Törns um das Steuerbord-Spill geführt. An der Klemmbackenbremse befand sich der Umdrehungszähler; ein Dynamometer ermöglichte die laufende Messung der Zugbeanspruchung, bevor die Trosse über die Stevenrolle in das Wasser führte.

Abb. 60 Eindruck von der Arbeitssituation auf dem Vorschiff. (DAE/I, Abb. 15, sowie DSM: III A 117 GL / 2.11)

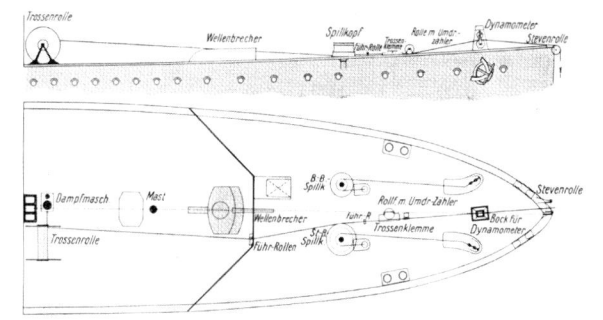

sechs kleine Bleikugeln frei, die durch ein Röhrchen in das Kompassgehäuse auf die Kompassnadel fielen. Diese war als Rinne geformt, so dass die Kugeln je nach aktueller Ausrichtung in eine von 32 Kammern der Kompassrose rollten. Nach der Messzeit, die bis zu sechs Stunden betrug, blockierte man den Propeller durch ein zweites Fallgewicht wieder.

Aus der Zahl der Kügelchen ließ sich die mittlere Strömungsgeschwindigkeit ableiten, und aus der Häufigkeitsverteilung in den Kammern ergaben sich die Stromrichtungen.

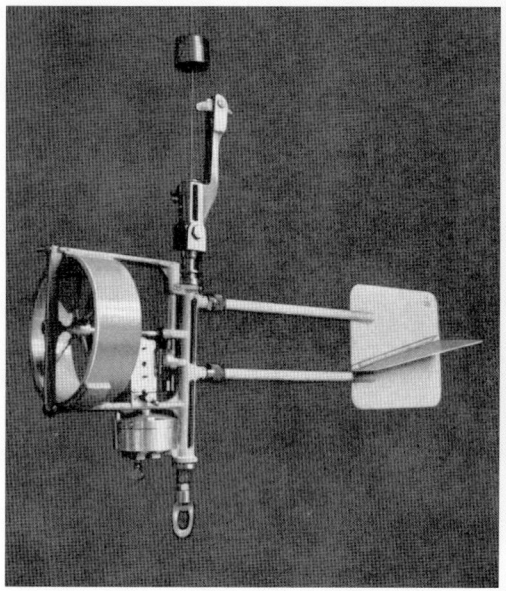

Abb. 61/62 Der Ekman-Merz-Strommesser wurde für eine einzelne Messzeit verwendet, rechts beim Einsetzen vom Lotpodest. Ein Anschlagen der Stromfahne bei bewegtem Schiff musste unbedingt vermieden werden, da sonst die Messungen wertlos geworden wären. (DAE/IV.1, Taf. 9, Abb. 16, sowie Spieß: Fahrt, Taf. 103, Abb. 334)

Das Repetiergerät arbeitete nach dem gleichen Prinzip, doch konnte der Propeller mehrfach ausgelöst und festgestellt werden, so dass gestaffelte Messungen in verschiedenen Tiefen möglich waren, ohne das Instrument jeweils neu einsetzen zu müssen.

Die Messungen in der Wassersäule wurden in 30 und 500 m sowie in 2500 bis 3000 m Tiefe vorgenommen. Da die Funktionsfähigkeit sehr von den Fallgewichten abhing, ergaben sich speziell bei letzterem Gerät immer wieder Komplikationen durch Feuerwalzen und Quallen, die sich an der Drahtlitze festgesetzt hatten.

Insgesamt führte METEOR zehn Tiefsee-Ankerungen auf bis zu 5600 Metern Tiefe durch; die Stationszeit betrug bis zu zwei Tage. Das Anker- bzw. Ankerlichtmanöver dauerte mit zunehmender Erfahrung meist rund zwei Stunden.

Abb. 63 Der Repetier-Strommesser ließ sich durch Fallgewichte mehrfach an- und abstellen, so dass in einer Periode mehrere Zeitabschnitte gemessen werden konnten. Das Funktionsprinzip der in eine Kompassdose fallenden Kügelchen war bei beiden Geräten gleich. (DAE/IV.1, Taf. 9, Abb. 17)

Statistik der wissenschaftlichen Arbeiten

Profil Nr.	I	II	III	IV	V	VI	VII	VIII	IX	X	XI	XII	XIII	XIV	ges.[a]
Strecken															
Hafen zu Hafen [sm]	5365	4615	5020	4060	8210	5940	4670	3480	2180	2350	3170	2865	3365	2580	67535
Echolotungen[b]															
Messungen (2 Meth.)	4297	4545	4731	3429	7546	6319	4365	4958	2983	3106	3742	3331	4055	2874	63213
Tiefenwerte vorher	336	357	266	149	662	768	273	577	562	361	223	406	478	123	5884
Stationen															
nach Plan Merz	20	28	23	22	37	21	22	20	12	15	18	15	19	17	293
ausgeführt	20	29	22	19	49	24	21	22	13	17	16	16	21	19	310
Ozeographische Messungen															
Serien	56	70	55	41	94	87	65	149	74	91	110	88	123	87	1193
Salz/Temperatur	420	630	540	420	770	693	564	1041	559	673	768	660	950	675	9388
Strommessungen [h]	0	42	0	0	0	48	26	50	42	28	64	42	38	0	393
Wellenaufnahmen	2	0	20	15	50	0	35	0	0	0	0	0	27	15	165
Geologie															
Bodenproben	17	30	24	16	64	45	30	27	12	18	20	18	23	23	368
Chemische Bestimmungen															
pH-Wert	360	600	517	403	768	611	585	616	364	427	463	433	646	358	7151
Sauerstoff	340	507	374	362	600	528	465	916	343	414	466	408	832	445	7000
Phosphor	110	286	289	248	222	323	446	348	258	289	286	290	428	279	4102
Alkaliwerte	0	40	0	75	44	60	10	0	42	60	56	42	35	40	504
Edelmetallanalysen	0	0	0	146	378	162	273	216	0	0	0	102	0	150	1427
Biologische Arbeiten															
Pumpenfänge	20	30	26	14	33	16	18	25	13	17	16	15	24	15	282
Planktonnetzfänge	26	50	43	29	60	32	30	40	25	25	25	30	43	22	480
Zentrifugenproben	65	88	95	88	175	103	82	100	56	59	73	66	98	57	1205
Sedimentierung	0	0	0	0	53	35	30	31	18	19	22	200	41	27	476
Meteorologische Arbeiten															
Pilotballons	58	69	41	46	78	60	51	58	29	50	57	44	73	39	815
Registrierballons[c]	0	0	0	0	0	2	0	0	(1)	(1)	0	(1)	0	(1)	3
Drachen	7	7	9	10	25	18	23	13	13	10	11	21	25	20	225
Strahlungsserien	0	20	4	3	3	6	0	0	0	0	2	0	0	0	38
Verdunstungsmessungen	7	30	28	22	43	39	31	32	12	8	0	0	26	0	289

a Die Gesamtsumme enthält auch die Messungen, die während der An- und Rückreise und bei den Küstenreisen zu oder von den Profil-Endpunkten stattfanden.
b Die Tiefen wurden mit zwei verschiedenen Echolotmethoden ermittelt, die sich gegenseitig kontrollierten.
c Die geklammerten Zahlen bezeichnen die misslungenen Versuche (nicht in der Summe enthalten).

Quelle: Spieß: Reise, passim; teilweise ergänzt aus den Bänden des Expeditionswerks.

Profil VI

Als METEOR Kapstadt nach *einem besonders angenehmen und erinnerungsreichen* sechswöchigen Aufenthalt am 21. April 1926 verlässt, hat sich auch die Zusammensetzung der Besatzung verändert: Durch Umkommandierungen ist der Schiffsstab anders besetzt, sechs Ersatzleute aus Deutschland sind eingestiegen und daneben hat man neun Schwarze als Heizer und Wäscher angeheuert.

Diese zusätzlichen Arbeitskräfte müssen behelfsmäßig untergebracht werden: In den Tropen schlafen sie in der Ruderbarkasse, auch im Ballonfüllzelt, später bei kühleren Nächten im Mannschaftswaschraum, während sich die Mannschaft in dieser Zeit an Deck wäscht.[131] Neben dem Borddackel ist als weiteres Maskottchen nun auch ein Affe an Bord.

Nach den praktischen Erfahrungen mit Gegenwind auf Profil IV ändert Spieß mit Genehmigung der Marineleitung die Reihenfolge der nächsten beiden Atlantik-Querungen: Eigentlich fortschreitend von Süd nach Nord geplant, soll nun zunächst das nördlichere Profil auf etwa 15° Süd absolviert werden, um den Südost-Passat als Rückenwind auszunutzen. Auf dem späteren West-Ost-Weg des südlicheren Profils auf etwa 22° Süd hofft man dann entsprechend dem im Jahresgang fortschreitenden Sonnenstand die Passatzone bereits nördlich der eigenen Route zu haben und so von übermäßigen Gegenwinden verschont zu bleiben – Routenplanung nach Maßgabe der klimatologischen Erkenntnisse also.

Abb. 64 Ein seltenes Bild auf einem deutschen Schiff: Schwarze Heizer als Hilfskräfte zur Entlastung der Mannschaft, 1926. (Archiv IfM/Geomar)

Am 24./25. April läuft METEOR die Lüderitzbucht an. Der Besuch in der ehemaligen deutschen Kolonie, *einem dringenden Wunsche der Deutschen in Südwestafrika* entsprechend[132], war bei der Planung als politisch heikel erschienen, doch haben die Besuche in Kapstadt »das Eis gebrochen«.

Auch in Walfischbucht, das vor allem zur Kohlenergänzung angelaufen wird (27.-30. April), sind Befürchtungen grundlos; das Schiff wird von den südafrikanischen Behörden entgegenkommend behandelt, während ihm die deutsche Bevölkerung in Swakopmund sogar *Begeisterung* entgegenbringt. *Der beste Hafen an der ganzen südafrikanischen Westküste*, so Spieß, ist nach dem Krieg für Seeschiffe in seinen Kaianlagen *großzügig ausgebaut* worden, *während der frühere Hafenplatz der ehemaligen deutschen Kolonie, die Reede von Swakopmund, immer mehr versandet.*[133]

Gleichwohl macht der populäre Expeditionsbericht deutlich, dass man die ehemaligen Kolonialhäfen besucht, *um die Musterleistungen deutscher kolonisatorischer Tätigkeit* zu sehen – Nationalstolz, gepaart mit *wehen und schmerzlichen Empfindungen* als kaiserlich-imperiale Erinnerungen in der Marine der Weimarer Republik.[134]

Als METEOR in der Großen Fischbucht erscheint (3. Mai), um die Kompasse zu kompensieren, ist die diplomatische Anmeldung noch nicht bis hierher gelangt. Der portugiesische Gouvernementsvertreter ist völlig überrascht, mehr noch, er hegt den Verdacht, dass das fremde graue Schiff in portugiesischen Hoheitsgewässern Vermessungen vornehmen wolle. Beruhigung schafft erst der Hinweis auf die rein wissenschaftlichen Absichten und auf die bereits existierenden guten britischen Karten.[135]

Am gleichen Tag beginnt METEOR das Profil VI, das auf etwa 16° Süd angelegt ist. Bei den küstennahen Stationen ist man mit einer Schwierigkeit ganz eigener Art konfrontiert: Feuerwalzen – stark phosphorisierende tonnenförmige und transparente Manteltiere – setzen sich am Seriendraht fest und behindern das Abwärtsgleiten der Auslösegewichte, so dass mehrfach Wiederholungen erforderlich sind.

Die besonders ausgeprägten Schichtungen des oberen Wasserkörpers machen auch eine dichtere Schöpferfolge notwendig, so dass in den Tropen die üblichen drei Serien durch eine zusätzliche Flachserie mit 25-m-Stufungen ergänzt werden.

Station 145 am 6. Mai soll gewissermaßen Vergleichsmessungen zu denjenigen der Korvette GAZELLE liefern, die gut 50 Jahre zuvor, am 13. September 1874, bei ihrer Ausreise zu den Kerguelen an fast der gleichen Stelle ihre 34. Station absolviert hatte. Für METEOR wird sie allerdings ein Fiasko: Zum ersten Mal durch Bedienungsfehler bricht der Lotdraht in 4520 m Tiefe, so dass fünf Wasserschöpfer und zehn Kippthermometer verloren sind. Immerhin kann man die Station wiederholen, so dass keine Datenlücke entsteht.

Drei Tage später zeigt sich die Witterung sehr günstig für eine weitere, die dritte Tiefankerstation; so entschließt sich Spieß, die Gelegenheit zu nutzen, und lässt auf rund 5620 m Tiefe mit 6500 m Trosse ankern, um 48 Stunden lang Strommessungen vorzunehmen. Während dieser Zeit werden sechsstündlich Wasserproben bis in 200 m Tiefe genommen, wobei periodische Schwankungen von Temperatur und Salzgehalt in der Sprungschicht festgestellt werden; ebenso macht man mehrfach meteorologische Drachenaufstiege.

Zu Beginn der Ankerstation herrscht ein leichter Südostwind, doch nimmt er zusammen mit dem Seegang allmählich auf Stärke 5-6 zu. Als man am 11. Mai mittags gerade mit dem Einhieven der Trosse begonnen hat, wird beim Stampfen des Schiffes die Bruchgrenze von 19 t unmittelbar hinter der Bugrolle überschritten – zwei Anker und 6370 m Trosse verschwinden auf Nimmerwiedersehen, glücklicherweise, ohne das Personal auf der Back zu gefährden oder sonst Schäden anzurichten. In seinem Havariebericht lässt Spieß durchblicken, dass der Bruch wohl in erster Linie mit dem verhältnismäßig kleinen Durchmesser der Bugrolle und der damit unvermeidlichen scharfen Biegung der Trosse zu tun haben dürfte. In Zukunft werde *nur bei völlig ruhiger See geankert werden*.[136]

Als Unterbrechung der Profilarbeiten besucht METEOR vom 14.-17. Mai die britische Vulkaninsel St. Helena, auf der Napoléon gut ein Jahrhundert zuvor seine letzten Lebensjahre in Internierung verbrachte († 1821). Seit der Eröffnung des Suezkanals (1869) hat St. Helena seine Bedeutung als Kohlenstation verloren; die Bevölkerung sei *in stetem Rückgang begriffen und verarmt*, notiert Spieß.

Neben einigen Lotungen am Vulkansockel – die Insel steigt aus etwa 4000 m Tiefe bis zu einer Höhe von 820 m auf – dient der Aufenthalt vor allem der Brennstoffergänzung, die dem Schiff *trotz der durch den Kohlenstreik in England drohenden Kohlennot ... dank dem Entgegenkommen der Behörden* gewährt wird.[137]

In seinem Reisebericht bemerkt Spieß, METEOR blieb beim Liegen auf Jamestown-Reede *von den berüchtigten »Rollern« verschont, diesen, auch bei ruhigstem Wetter auftretenden, hohen Brandungswellen, die ganz plötzlich heranrollen und schon manches Schiff mit großer Wucht auf die Felsklippen von St. Helena geworfen haben ... So schnell wie die Roller auftreten, pflegen sie auch wieder abzuebben. Eine wissenschaftlich befriedigende Erklärung für diese eigenartige Erscheinung, die auch bei der Insel Ascension beobachtet wird, ist noch nicht gefunden worden.*[138]

Nach Spieß' Beschreibung drängt sich der Eindruck auf, dass mit den gefährlichen »Rollern« Atlantik-Tsunamis gemeint waren. Wenn auch damals physikalisch noch nicht vollständig verstanden, so war Geoforschern aber zu jener Zeit durchaus bereits klar, dass es einen Zusammenhang von Erdbeben und Flutwellen gab. Bereits 1868 hatte der in Wien tätige Geologe Ferdinand von Hochstetter das Peru-Erdbeben vom 13. August des Jahres mit den wenig später auftretenden Großwellen an den Küsten des Pazifik in Verbindung gebracht und das Phänomen als »Erdbebenfluth« bezeichnet.

Die weiteren Stationen werden mit gewohnter Routine und ohne Besonderheiten absolviert. Das Echolotprofil entwickelt sich entsprechend den großräumigen Erwartungen, wenn auch angereichert mit zahlreichen Feinheiten.

Nach langer Zeit lässt man am 19./20. Mai wieder zwei Registrierballons steigen, wobei Messhöhen bis zu 15 000 m erreicht werden.

Auch die laufend vorgenommenen Drachenaufstiege lassen sich nicht immer »nebenbei« in den Fahrtverlauf einbinden; häufig muss METEOR je nach Windrichtung für ein bis zwei Stunden von ihrem Generalkurs abweichen, um den Drachen gegen den Wind die größtmögliche Steighöhe zu geben.

Der Pfingstsonntag, 23. Mai, wird als einer der wenigen Feiertage ohne Stationsarbeit und in geselligem und vergnüglichem Beisammensein verbracht; klares Wetter bei fast wolkenlosem Himmel und 29 °C Mittagstemperatur tragen ebenfalls zum Wohlgefühl bei.

Der 31. Mai ist der 10. Jahrestag der Seeschlacht vor dem Skagerrak. Wie alle anderen Schiffe der Reichsmarine setzt auch METEOR hier unter der brasilianischen Küste die Kaiserliche Kriegsflagge im Topp, und Fahrtleiter Spieß hält der Besatzung einen Vortrag, in dem er sein Erleben als damaliger Kommandant des Torpedobootes G 103 schildert.

Abb. 65 Festlicher Anzug und »Sonntagsroutine« mit Musikdarbietungen auf der Schanz der METEOR, Pfingsten 1926. (Archiv IfM/Geomar)

Abb. 66 METEOR am Tidekai in Itajahy/ Brasilien vor der Kulisse portugiesischer Kolonialarchitektur, Juni 1926. Bei Niedrigwasser setzte das Schiff im weichen Schlick auf. (Archiv IfM/Geomar)

Bis zum 2. Juni lotet man in Zickzackkursen eine Reihe von Untiefen ab, um Klarheit über ungenaue Karteneintragungen zu gewinnen. Man erkennt eine stark wechselnde Topographie, die mangels hinreichender Zeit jedoch nicht weiter aufgeklärt werden kann: *Vom vermessungstechnischen Standpunkte betrachtet*, könne diese Untersuchung daher *nur als eine flüchtige bewertet werden*, notiert Spieß bedauernd. Wie an der ganzen südamerikanischen Ostküste läge hier *zur endlichen Beseitigung der vielen Unstimmigkeiten ... eine systematische Hochseevermessung mit Triangulation ... im dringenden Interesse der Seeschiffahrt*, die jetzt zu erheblichen Umwegen mit entsprechenden Kosten gezwungen sei.[139]

Nach Wochen absolut einsamer Fahrt durch den Südatlantik – selbst die Tierwelt war bis auf einige fliegende Fische sehr arm – begegnet METEOR nun auf dem Küstentrack auch wieder anderen Schiffen.

In einem Bogen, bei dem man den Kontinentalabhang ablotet, läuft das Forschungsschiff nach Itajahy, wo es am 9. Juni an einer Anlegebrücke im flachen Fluss festmacht.

Wie ab jetzt bei allen Hafenaufenthalten in den Tropen, erhält die Besatzung eine Chininprophylaxe gegen Malaria für ihren Besuch in Blumenau.

Abb. 67 Von Itajahy aus reiste die Besatzung mit einem Flussdampfer 70 Kilometer nach Blumenau, wo sie »mit großem Bahnhof« empfangen wurde. (Archiv IfM/Geomar)

Abb. 68 Großereignis in Blumenau, einer brasilianischen Stadt mit damals 72 000 deutschstämmigen Einwohnern: Empfang der METEOR-Besatzung mit Umzug durch die Stadt. (DSM: III A 117 GL / 99.823)

Abb. 69 METEOR auf der Reede von Rio de Janeiro, im Hintergrund der Corcovado, Juni 1926. (Archiv IfM/Geomar)

Abb. 70 Anlieferung des Ersatzes für die Ankertrosse, die auf der dritten Tiefankerstation verloren gegangen war, Rio de Janeiro, 1. Juli 1926. (DSM: III A 117 GL / 105.862)

Dort werden die Landsleute mit großem Jubel empfangen und für drei Tage in einem umfangreichen Festprogramm vereinnahmt. Die Besucher sind beeindruckt von den in Selbstverwaltung geführten *mustergültigen städtischen Anlagen, die eine große deutsche Kulturleistung* darstellen. Mit Wohlgefallen vermerkt Spieß, dass die Bewohner *deutsche Kultur, Sitten und Liebe zum alten Vaterlande treu bewahrt hätten, gleichzeitig aber gute Staatsbürger ihrer neuen Heimat* geworden seien.[140]

Von Itajahy wendet man sich wieder nordwärts. Zwei Tage küstennahe Seefahrt mit der schon gewohnten Überprüfung unsicherer nautischer Angaben führen das Schiff nach Rio de Janeiro, wo man am Vormittag des 18. Juni einläuft. Die folgenden zwei Wochen bringen zahlreiche Kontakte zur brasilianischen Marine, Politik und Wissenschaft, betreut durch die deutsche Kolonie und Gesandtschaft.

Trotz der Regenzeit ist das Wetter gut, so dass der METEOR-Besatzung die landschaftlichen Schönheiten der Region auf vielen Ausflügen vorgeführt werden können. Schließlich scheidet man mit dem Gefühl, dazu beigetragen zu haben, *die guten Beziehungen zu Brasilien, dem ehemals feindlichen Lande,* gefestigt und die Stellung der Deutschen gestärkt zu haben.[141]

Profil VII

Als nach einigen Zollschwierigkeiten die Vorräte ergänzt sind und auch der Nachschub an Bord ist, läuft METEOR am 1. Juli aus. Personell haben einige Veränderungen stattgefunden, so etwa hat das Schiff einen neuen Ersten Offizier sowie einige neue Männer als Ersatz für Erkrankungen oder militärische Abkommandierungen.

Das Profil beginnt unweit des Hafens. Bei wechselnden Winden, die zeitweise auch Segelunterstützung erlauben, absolviert man etwa auf dem Südlichen Wendekreis die ersten fünf Stationen.

Den *Bereich der atmosphärischen Störungen durch die Küstennähe* verlässt man, als man rund 500 sm von der brasilianischen Küste entfernt ist. Fortan ist man mit südöstlichen Passatwinden mittlerer Stärke (bis zu 7) konfrontiert, und auch der Oberflächenstrom wirkt mit etwa 15 sm im Etmal gegen das Schiff. Die Fahrt über Grund sinkt daher auf etwa sechs Knoten, so dass man den üblichen Stationsabstand von 200 sm im wenig gegliederten Brasilianischen Becken um 20-30 sm vergrößert, um Kohle zu sparen.

Mit diesen Widrigkeiten zeichnet sich ab, dass der Versuch, die Routenplanung durch Tausch der Profile VI und VII klimatisch zu optimieren, keinen Erfolg haben würde. Ein Gutes allerdings hat der Gegenwind: Er ermöglicht tägliche hohe Drachenaufstiege ohne besondere Kursabweichungen (Messhöhen bis in 4000 m).

Aber nicht nur äußere Unbill bewegt die Schiffsleitung. Angesichts des schweren Dienstes in ungünstigem Klima und oft bei Nacht reicht die Mannschaftsverpflegung nicht mehr aus, so dass das tägliche Verpflegungsgeld um ein Drittel erhöht werden muss, um reichlichere Kost zu ermöglichen. Diese ungewöhnliche Maßnahme lässt sich Spieß dann umgehend per Funk vom Chef der Marineleitung genehmigen.[142]

Am 16. Juli nimmt die Technik Einfluss auf die wissenschaftliche Arbeit, als der Steuerbord-Kessel Rohrleckagen zeigt und zur Reparatur abgestellt werden muss. Da dies die Geschwindigkeit für mehrere Stunden ohnehin stark reduziert hätte, lässt Spieß ganz stoppen und nun ad hoc eine an dieser Stelle nicht geplante Station (Nr. 175) einschieben.

Nach mehreren Tagen unruhigen Bodenprofils – aus 6000 auf 2200 m Tiefe ansteigend – ist am 17. Juli der »Kamm« des Mittelatlantischen Rückens erreicht. Da die Wetteraussichten günstig sind, ankert man auf 2150 m Tiefe. 27 Stunden lang wird die Strömung gemessen, doch dann sinkt plötzlich der Wert des Dynamometers, das den Zug auf die Ankertrosse anzeigt – das Schiff treibt. Beim Einhieven stellt man fest, dass ein Ankerstock durch einen Materialfehler gebrochen ist und daher der Anker nicht mehr fassen konnte.

Bei einer der folgenden Stationen stellt man zum wiederholten Male fest, dass das obere Ventil der Stoßröhre nicht fest geschlossen hat, so dass die Wasserproben mit Bodenkontakt jedes

Mal verfälscht worden sind. Abhilfe wird künftig durch einen zusätzlichen Wasserschöpfer geschaffen, der jedoch nicht durch Fallgewicht ausgelöst, sondern durch einen Propeller beim Hieven geschlossen wird.

Der Wind bleibt weiterhin ein Problem, denn er richtet sich nicht nach den bisherigen Erfahrungswerten. Zeitweise muss sogar auf Station mit »Großer Fahrt« auf den Draht manövriert werden, um dessen Winkel nicht zu groß werden zu lassen. Die Kohlenvorräte sind schließlich so weit zusammengeschrumpft, dass man am 27. Juli das Profil abbrechen muss, um Walfischbucht noch erreichen zu können. Die noch ausstehenden fünf Stationen sollen nach dem Hafenaufenthalt ergänzt werden.

Frühmorgens am 30. Juli hat man bereits Kurs auf die Hafeneinfahrt genommen, als das Notsignal des britischen Frachters CAWDOR CASTLE[143] aufgenommen wird, der etwas weiter südlich gestrandet ist. Mit 32 t Kohle in den Bunkern, dreht METEOR auf Südkurs, um wenigstens im schlimmsten Fall Hilfe zu bringen. Nachmittags ist man als erstes Schiff vor Ort. Abschleppversuche misslingen, da der Dampfer bereits weit in den Sand eingespült ist – METEOR läuft Gefahr, selbst Grundberührung zu bekommen. Als schließlich drei Walfangboote eintreffen, die die Besatzung des Briten abbergen können, lässt Spieß abbrechen[144] und marschiert zurück nach Norden. Bei der Ankunft in Walfischbucht am Morgen des 31. Juli hat das Vermessungsschiff gerade noch 10 t Kohle an Bord.

An den folgenden Hafentagen besuchen verschiedene Gruppen das Hinterland, vor allem Windhuk. Großen Eindruck macht nicht nur die Landschaft der ehemaligen Kolonie Deutsch-Südwest, sondern vor allem die sehr herzliche und begeisterte Aufnahme durch die zahlreichen Deutschen, die ihrem *überwältigenden, vaterländischen Bekenntnis ... zu ihrer alten Heimat* Ausdruck geben und der Besatzung *unvergeßliche Festtage ... in ungetrübter Festesfreude* bereiten. METEOR revanchiert sich mit »Open-ship-Besuchen«, und die Bordkapelle trägt deutsches Liedgut vor.[145]

Obwohl man *mit blutendem Herzen in das stolze deutsche, geraubte Windhuk* einzieht, macht Eindruck, dass *die deutsche und die englische Kriegsflagge, die Unionsflagge und die deutsche Handelsflagge einträchtig nebeneinander* wehen und der englische Bürgermeister die METEOR-Abordnung sehr freundlich empfängt: *Die Tore und Herzen Windhuks stehen Euch offen!*

Abb. 71 Vergeblicher Abschleppversuch des Dampfers CAWDOR CASTLE von den Sänden bei Walfischbucht, unweit der Stelle, an der der Dampfer EDUARD BOHLEN der Deutschen Ost-Afrika Linie 1909 sein Ende gefunden hatte, 30. Juli 1926. (Archiv IfM/Geomar)

Abb. 72 Windhuk, Kundgebungen am Denkmal des letzten Reiters von Südwest, August 1926. Bei vaterländischen Reden wurden das seinerzeitige Bewusstsein und die patriotische Befindlichkeit in der Kolonialfrage deutlich. Eine kritische Rückschau auf die deutsche Kolonialpraxis war dem Zeitempfinden noch vollkommen fremd, auch vor einem Denkmal, das an Kämpfe erinnerte, bei denen Tausende von Schwarzafrikanern deutschen Waffen zum Opfer gefallen waren. (DSM: III A 117 GL / 113.908)

Gleichwohl findet man sich – zumindest rhetorisch – noch nicht damit ab, dass die ehemalige Kolonie auf Dauer verloren ist: Angesichts einer *weihevolle[n] Gedenkfeier mit Kranzniederlegung am Denkmal für die zahllosen in Südwest gefallenen Helden* und einer Herero-Kapelle, die *mit prachtvoller Selbstverständlichkeit »Siegreich woll'n wir England schlagen«* intoniert, sinniert der METEOR-Kommandant über den »Letzten Reiter von Südwest«, der vor der Festung Windhuk Wacht halte, *bis wieder deutsch das Land, das deutsch war und bleiben wird, denn sein geistiges Antlitz ist deutsch!*

Seine Dankesrede, die Spieß zum Festabend vor den Honoratioren Windhuks hält, darunter südafrikanische Mandatsbeamte und der Bürgermeister, ist nicht nur Ausdruck seiner inneren Gemütsbewegung. Vielmehr trägt er mit Nationalpathos und Pathetik politische Aussagen vor: Noch stünden zwar fremde Truppen am deutschen Rhein, und auf Jahrzehnte hinaus müsse deutscher Arm und Geist noch Fronarbeit leisten. Aber es regten sich schon Kräfte der Gesundung – bei der Jugend, bei der kleinen deutschen Flotte, die *wieder die alten Farben in ferne Meere trage*[146], und bei der deutschen Wissenschaft, die ein geschlagenes Volk als erstes wieder die Erforschung der Meere aufnehmen lasse. Deutschland habe sich noch immer wieder erhoben, *es muß nur der rechte Mann kommen, und er wird kommen!*

Was die ehemalige Kolonie angeht, so appelliert Spieß an den südafrikanischen Mandatsträger, *den Deutschen ihr ungebrochenes Deutschtum*, ihre Sprache, Kultur und deutsche Seele zu lassen, es sei das Beste, was er zum Aufbau und zum Gedeihen des Landes haben könne.

Insofern wirkt hier der Kommandant eines Auslandsschiffes durchaus mit außenpolitischer Reichweite, ohne allerdings in die offizielle Außenpolitik und Diplomatie der Weimarer Republik eingebunden zu sein.

Am 11. August – METEOR hat Nachschub und Kohlen übernommen – läuft das Schiff aus, um die noch fehlenden fünf Stationen des Profils VII zu ergänzen. Zwei sind bereits absolviert, als Spieß sich wegen schwerer Blinddarmprobleme zweier Männer gezwungen sieht, nach Walfischbucht zurückzukehren und die Leute ins Hospital auszuschiffen.[147] Am 15. des Monats ist METEOR wieder auf See, allerdings verzichtet man nunmehr auf die Vervollständigung des Profils VII.

Hafenaufenthalte

Während der Reise lief METEOR 39 Mal Häfen auf beiden Seiten des Südatlantiks und auf Inseln an; die insgesamt 269 Hafentage machten gut 34 Prozent der Reisezeit aus.

Zu den unabdingbaren Aufgaben gehörten die Überholung und Wartung des Schiffes, ebenso kleinere technische Änderungen nach den Reiseerfahrungen.

Weiterhin stand die Neuausrüstung mit Verbrauchsstoffen und Nachschubgütern an. Diese Pflichtarbeiten waren mit zahlreichen flankierenden Tätigkeiten verbunden, die sich aus den landestypischen administrativen Erfordernissen ergaben, etwa die Abklärungen mit Zoll-, Hafen- und Gesundheitsbehörden.

Außerdem dienten die Hafentage der Kontaktpflege auf verschiedenen Ebenen. Das Offizierskorps versuchte Beziehungen zu Militär und Marine aufzubauen, wobei man in die internationale militärische Etikette eingebunden war, was Besuche und Gegenbesuche, Ehrenwachen, Flaggenzeremoniell u.ä. betraf.

Im zivilen Bereich waren Kontakte mit politischen und administrativen Stellen herzustellen, wobei man eng mit Konsulaten und Wirtschaftsvertretern etwa der Reedereien zusammenarbeitete.

Politische Reichweite hatten darüber hinaus auch die zahlreichen Veranstaltungen, die die Verbundenheit der auslandsdeutschen Gruppen und Gemeinden mit dem Deutschen Reich deutlich machen und moralisch stärken sollten. In diesen Zusammenhang gehören auch besondere Kundgebungen im Rahmen der Traditionspflege an Denkmälern zu deutschen »heroischen Taten« und Persönlichkeiten.

Die Wissenschaftler bemühten sich um Kontakte zu wissenschaftlichen Einrichtungen, Uni-

Abb. 73-75 Die Hafenaufenthalte brachten zahlreiche dienstliche Einladungen und Repräsentationsaufgaben mit sich (wie etwa für den Kommandanten in Windhuk oder zu einer Gedenkfeier in Buenos Aires). Der Bordkapelle fiel dabei an Land eine besondere Rolle zu, da sie gewissermaßen den Dank für die Gastfreundschaft intonierte. (DSM: III A 117 GL)

Abb. 76-79 Deutschstämmige Familien sahen in Einladungen an die Mannschaften eine besondere Gelegenheit, ihr Heimatgefühl auszudrücken und zu stärken. Sie organisierten zahlreiche Besuche im Land, die vor allem eine exotisch-touristische Note hatten, etwa bei Eingeborenen oder bei Ausflügen zu besonderen Sehenswürdigkeiten. Neben den eher offiziellen Kontakten blieb den METEOR-Männern aber auch Zeit, ganz »konventionell« auszuspannen. (DSM: III A 117 GL)

versitäten und Gesellschaften, meist in Form von Vorträgen über die Forschungsaufgabe der Expedition, aber auch mit Bordbesuchen. Kooperationen, etwa meteorologische Messungen zu Terminzeiten, gelangen allerdings nicht.

Daneben dienten die Hafentage auch der Aufarbeitung der auf See nicht erledigten Aufgaben und regelmäßig auch der Berichterstellung für die heimischen Institute, die Gesellschaft für Erdkunde und die Notgemeinschaft.

Spieß als Expeditionsleiter und als Mittler zwischen Marine und Notgemeinschaft hatte außerdem zahlreiche organisatorische und koordinierende Arbeiten zu erledigen.

Trotz dieser vielfältigen dienstlichen Aufgaben blieb Zeit für Erholung, der schon im Reisebefehl ein hoher Stellenwert eingeräumt worden war. Speziell für die Marineangehörigen war sie im Wachsystem organisiert, da der Dienstbetrieb am Schiff gewährleistet sein musste.

Zum Erholungsprogramm gehörten zahlreiche Einladungen insbesondere von ortsansässigen deutschen Privatleuten und Firmen. Sie organisierten Besichtigungen und Ausflüge ins Hinterland, die den METEOR-Männern exotische und bleibende Eindrücke vermittelten, landschaftlich, kulturell, wirtschaftlich, aber auch durch ihren Erlebniswert. So etwa wurden »touristische« Besuche in den einheimischen Siedlungen oder Jagdausflüge auf landestypisches Wild arrangiert (Krokodile, Büffel, Großkatzen).

Neben den organisierten Aktivitäten erhielten die Männer auch Freizeit zur Selbstgestaltung, die dann etwa für Bäder am Strand oder Unternehmungen »auf eigene Faust« genutzt wurde. Die Hafenzeiten dienten allerdings auch einer Reihe von Krankenhausaufenthalten, vor allem solchen mit Blinddarmoperationen.

Profil VIII

Die Fahrt nach Norden zum Anfangspunkt des Profils VIII wird auftragsgemäß und wie gewohnt zur Abklärung ungenauer Tiefenangaben in den Seekarten genutzt, ebenso auch zur Kartierung der Küstenlinie in der Umgebung von Mossamedes (heute: Namibe/Angola), bei der man Doppelungen und einen zu weit westlichen Verlauf auf der Karte feststellt.

Im Expeditionsplan war Mossamedes eigentlich als Stützpunkt zwischen den Profilen VII und VIII vorgesehen gewesen, doch hat die bessere Verkehrseinbindung des nördlicher gelegenen São Paulo de Loanda (heute: Luanda/Angola) die Schiffsleitung dazu bewogen, den Nachschub dorthin zu dirigieren, da deutsche Dampferlinien hier ohnehin anlegen.

Am 21. August läuft METEOR dort ein. Dienstlich sind die folgenden Tage mit der Auffüllung der Verbrauchsstoffe belegt, während der wachfreie Teil der Besatzung Besuche und Besichtigungen unternimmt und zu einem Jagdausflug auf Krokodile und Büffel ins Hinterland eingeladen wird.

Eine Beobachtung an der Bahnstrecke beeindruckt Spieß besonders und mag Ausweis für ein zumindest damals weit verbreitetes Verständnis der Humanhierarchie sein: *Das Rassengefühl ist hier so verwischt, daß weiße deportierte Sträflinge unter der Aufsicht von Mulatten und Negern arbeiten müssen.*[148]

Auch der Besuch auf einer deutschen Pflanzung bringt ihm Einsichten in die Verhältnisse: *Diese deutschen Kolonisten ... führen trotz bescheidener Mittel ein Herrenleben, das sich vorteilhaft von der portugiesischen Lebensart in der Kolonie abhebt.* Über den Aufenthalt der METEOR-Männer seien die Auslandsdeutschen *im Interesse der Stärkung ihrer Stellung besonders erfreut* gewesen.[149]

Nach einer Woche Aufenthalt verlässt das Schiff Loanda am 28. August wieder. Zunächst wird vom nun anstehenden Profil VIII nur eine küstennahe Station absolviert sowie eine zweitägige Tiefankerstation auf 3080 m Tiefe, um den Tagesgang von Temperatur und Salzgehalt in der oberflächennahen Wasserschicht zu erfassen. Tatsächlich stellt man ausgeprägte zwölfstündige Schwankungen fest, was Anlass gibt, diese Schicht bei den künftigen Messserien zeitlich enger aufgelöst zu erfassen, womit man gleichzeitig die Merzsche Forderung erfüllt, möglichst auch den zeitlichen Gang der Parameter zu erfassen. Die Verlängerung der Stationszeit erscheint zwar tragbar, weil die verschiedenen Arbeiten an mehreren Maschinen parallel ausgeführt werden können, doch ist ein deutlich größerer Umfang an Laborarbeit damit verbunden.

Drei Tage später läuft METEOR nochmals in Loanda ein, um die zwei Seeleute wieder an Bord zu nehmen, die man in Walfischbucht hatte krank zurücklassen müssen und die mittlerweile mit einem Dampfer nachgekommen sind.

Die Profilfahrt nach Westen folgt dann im Wesentlichen dem Breitengrad von 9° Süd. Über das Angolabecken hinweg verläuft sie im Wortsinne ohne alle Höhepunkte; das Bodenprofil ist bei Tiefen bis zu 5500 m ausgeglichen, und erst mit der Querung des Null-Meridians nach

Abb. 80 METEOR bei einem Kurzaufenthalt in der Marthabucht (Espiègle/Angola), 19. August 1926. Nach den damaligen Karten lag das Forschungsschiff damit rund zehn Kilometer landeinwärts. (Archiv IfM/Geomar)

Westen zeigt das Echolot an der Ostflanke des Mittelatlantischen Rückens ein etwas unruhigeres Profilbild. Dabei stellt man erneut fest, dass er eine größere Breite und stärkere Gliederung besitzt als bis dahin angenommen.

Die Wetterbedingungen sind bestens, so dass bei zunehmenden Sommertemperaturen das Sonnensegel ausgebracht wird. Schwärme von Fliegenden Fischen begleiten das Schiff. Am 15. September erreicht man die Vulkaninsel Ascension, deren Sockel im Osten abgelotet wird, bevor METEOR auf der Reede der Kabelstation Georgetown Anker wirft. Nach einem kurzen Inselbesuch geht man am Abend wieder in See und ergänzt die Lotungen im Westen und Süden, um dann wieder der Profillinie VIII nach Westen zu folgen.

Auffrischender Passat und zunehmende Dünung lassen eine geplante Verankerung auf der Westflanke des Mittelatlantischen Rückens nicht geraten erscheinen. Stattdessen bleibt METEOR für dreißig Stunden gestoppt liegen (Station 197), um mit insgesamt zwanzig Serien im Drei-Stunden-Abstand die periodischen Salzgehalts- und Temperaturschwankungen erfassen zu können; in dieser Zeit treibt das Schiff über 13 sm nordwärts.

Im Brasilbecken mit seinen Tiefen deutlich über 5000 m sind – wie auch schon im Angolabecken und auf den beiden vorherigen Profilen in tropischen Gewässern – die Lotungen durch eine Abschwächung der Echos erschwert; phasenweise arbeitet man daher mit beiden Sendern gleichzeitig, um die Signalintensität zu erhöhen.[150]

Als man der brasilianischen Küste allmählich näher kommt, begegnet man schon weit draußen immer wieder floßartigen kleinen Fischerbooten mit Dreieckssegeln, Jangadas, die laufend von der See überspült werden. Als Nautiker ist Spieß beeindruckt, dass *sich die kühnen Fischer trotz ziemlichem Seegang in die See hinaus wagen, und findet ihr Orientierungsvermögen ... auf hoher See ohne nautische Instrumente ... erstaunlich.*[151]

Am 27. September erreicht METEOR, per Handlot geleitet, die Reede von Bahia de Todos os Santos (heute: Salvador/Brasilien), um tags darauf an die Pier im Innenhafen zu verholen. Dort ist allerdings der Unterstrom so stark, dass trotz Windstille die Festmacher zweimal brechen.

Der vierzehntägige Aufenthalt in der Stadt bringt zahlreiche Eindrücke: Straßen mit luxuriösen Villen, Kirchenbauten, ein farbenfrohes religiöses Fest und das Leben und Treiben der Einheimischen, zum überwiegenden Teil Schwarze. Offizielle Besuche bei Wirtschaftsunternehmen ebenso wie in wissenschaftlichen Instituten, Ausflüge in die Umgebung und mehrere Festlichkeiten des deutschen Clubs »Germania« wie auch des Gouverneurs helfen die internationalen Kontakte zu pflegen.

In der Nacht vor dem Auslaufen geht METEOR beim verspätet eingetroffenen Dampfer ARGENTINA längsseits, um Nachschub und Ersatzgerät zu übernehmen; im wissenschaftlichen Sektor gehören dazu ein neues Behm-Echolot, ein neues Modell des Kuhlmann-Hochseepegels und Reservedraht für die Serienmaschine sowie ein neuer Entfernungsmesser.

Auch beim Personal haben sich Veränderungen ergeben: Der Geologe ist planmäßig durch einen Mineralogen ersetzt worden, und drei Mann hatten wegen Krankheit in die Heimat geschickt werden müssen.

Profil IX

Am 10. Oktober 1926 marschiert das Schiff von Bahia nordwärts entlang der brasilianischen Küste nach Pernambuco (heute: Recife/Brasilien). Aufgrund des übermäßig hohen Verbrauchs der geringwertigen Kohle aus Bahia[152] muss dort am 13. des Monats nochmals nachgebunkert werden, um die nächste Atlantikquerung sicherzustellen. Eine Nachricht darüber, ob jenseits in Freetown Kohle zu haben sein würde, liegt noch nicht vor, so dass über die Marineleitung der Nachschub deutscher Kohle dorthin organisiert wird – eine sinnvolle Vorsorge, denn als man bereits einige hundert Seemeilen im Atlantik ist, erfährt man Tage später, dass es in Freetown in der Tat keine Kohlen gibt.

In der Nähe des brasilianischen Nordostkaps, Cabo de São Roque, beginnt am 14. Oktober planmäßig das Profil IX über die engste Stelle des Atlantik. Von hier aus beträgt die kürzeste Entfernung nach Westafrika rund 1500 sm, während sie ostwärts auf dem gleichen Breitenkreis (etwa 5° Nord) rund 2850 sm misst.[153]

Da die Meeresboden-Topographie den Querschnitt weiter einengt, sind hier stärkere Wassermassentransporte zu erwarten, so dass Merz zwölf Stationen vorgesehen hatte; in seinem Sinne wird noch eine weitere hinzugefügt. So beträgt der Stationsabstand auf diesem Profil nur etwa 120 sm, während sonst 200 sm als Richtgröße gelten.

Unterbrochen wird die Stationsroutine am 15. Oktober durch einen Bruch der Drahtlitze auf Station 208, der sechs Wasserschöpfer und die doppelte Anzahl Thermometer kostet. Um derlei vorzubeugen, werden künftig vor den Profilen Belastungsproben mit wertlosen Eisenstäben vorgenommen.

Mit der Vermessung des östlichen Inselsockels von Fernando Noronha werden die westlichen Lotungsreihen der Ausreise ergänzt. Am 18. Oktober begegnet man der WERNER FINNEN, zwar eigentlich eine Viermastbark, aber nun durch Biscaya-Stürme zum Dreimaster »degradiert«.

Erneut missglückt einer der wenigen Registrierballonaufstiege, als sich die Ballons bei böigem Wind losreißen; so macht man aus der Not eine Tugend und misst sie wenigstens als Pilotballons ein.

Am 21. Oktober, exakt auf der Hälfte der Passagestrecke, ankert man auf 3940 m Tiefe in einer Position, auf der ein halbes Jahrhundert zuvor bereits die GAZELLE am 17. März 1876 eine Beobachtungsstation hatte; ihre Drahtlotung hatte damals eine Tiefe von 3840 m ergeben.

Zwei Tage später stellt man anhand der Besteckrechnungen fest, dass METEOR im Nordäquatorialstrom und bei auffrischendem Nordostpassat insgesamt sieben Seemeilen abgetrieben ist; ein Teil der Strommessungen wird so wertlos. Zu Kontroll- und Eichzwecken füllt man eine Reihe von Wasserproben in evakuierte Glasröhren ab, die danach zugeschmolzen werden; sie sollen klären, inwieweit die Proben in den üblichen Flaschen, die mit gummigedichteten Schnappverschlüssen versehen sind, möglicherweise durch Verdunstung systematisch verfälscht werden.

Der Übergang vom ausgeprägten Südost- zum Nordostpassat ist bei 2° Nord verhältnismäßig abrupt; danach sind die Winde wechselnd und von starken, gewittrigen Schauern begleitet.

Die Temperatur steigt bei hoher Luftfeuchtigkeit bis auf über 28 °C an und wird sehr unangenehm, insbesondere in den Maschinenräumen, wo die Mannschaft bis zu 50 °C auszuhalten hat.

Unter diesen Bedingungen verlagert man auch wissenschaftliche Arbeiten an Oberdeck; das Raumklima im Fotolabor ist so, dass man das Filmmaterial fortan in den Häfen fremdentwickeln lässt. In der Dunkelkammer richtet sich stattdessen der Mineraloge mit seinem Polarisationsmikroskop ein.

Am Endpunkt des Profils IX ist geplant, auf dem Schelfrand in 200 m Tiefe den neuen Hochseepegel auszulegen, um während des Hafenaufenthalts in Freetown eine Gezeitenkurve aufzeichnen zu lassen. Bei der Vorbereitung werden jedoch die evakuierten Bourdonröhren undicht, so dass das Vorhaben verschoben und Ersatz aus Deutschland angefordert werden muss.

Am 30. Oktober 1926 ankert METEOR auf Freetown-Reede, siebenhundert Meter vom Land entfernt, um vor Moskitos geschützt zu sein. Mit Hilfe des Reedereivertreters der Woermann-Linie wird eine Reihe von Ausflügen unternommen, doch ist der Erholungswert des Aufenthalts infolge der schwülheißen Witterung nur gering.

Die Stadt erscheint den Männern als *außerordentlich interessant,* wobei ihnen das *Gemisch der verschiedensten Rassen* besonders auffällt. Die *Negerbevölkerung* taxiert Spieß als *gut gestaltet* und *intelligent aussehend,* während er den *freigelassenen Sklaven aus Nordamerika ... brutalere Gesichter* als den afrikanischen Eingeborenen bescheinigt. Als bemerkenswert empfindet er außerdem, dass *vor dem Gesetz ... alle Rassen mit den Weißen gleich gestellt sind; es gebe schwarze Richter und Ärzte,* und man könne *Autos sehen mit einem weißen Chauffeur und schwarzen Insassen* und *mit Vorliebe* ließen sich *die reichen Neger von vier Mann in einer Sänfte tragen.*[154]

Abgesehen von den heute etwas kurios erscheinenden Vorurteilen, die aus diesen Feststellungen sprechen, gewinnt man als Leser des Berichts den deutlichen Eindruck, dass zumindest Spieß sich zu Besuch in einer exotischen Welt gefühlt hat, der er sich als Weißer und Mitteleuropäer überlegen sah.

Profil X

Nachdem die eigens hierher bestellte Kohle übernommen ist, verlässt METEOR am 10. November den britischen Hafen, um das Zickzack-Profil X durch den Guinea-Golf zu beginnen.

Sein Zweck ist die Aufklärung des Strömungsregimes vor der Guinea-Küste im Bereich des Äquatorialstroms, und so weicht es in seiner Routenführung von allen übrigen ab, indem es zwei Schnitte von der Flach- zur Tiefsee am Kontinentalabhang vorsieht. Bereits die Oberflächenbeobachtungen zeigen ausgeprägte Strömungsmuster und Kabbelung im Zwischenbereich zwischen dem westwärts setzenden Guinea- und dem entgegen fließenden Neerstrom an der Küste. Abtriften bis 29 Seemeilen in 24 Stunden werden im Nordäquatorialstrom beobachtet.

Um sich vor der steil stehenden Sonne zu schützen, werden die Sonnensegel nunmehr doppelt gespannt; sie dämmen außerdem den Flugaschefall aus dem Schornstein ein. Auch sonst haben die Abgase unerwünschte Wirkung gehabt, denn durch die aggressiven Schwefelanteile ist dem Besansegel so zugesetzt worden, dass es abgeschlagen werden muss.

Bei seiner Ansprache anlässlich des zweiten Jahrestages der Indienststellung der METEOR gibt der Kommandant am 15. November einen positiven Rückblick auf die bisherigen Leistungen der Expedition, *ermahnt* aber auch *zu weiterer treuer Pflichterfüllung*, besonders unter den tropischen Strapazen.[155]

Nach dem ersten Nord-Süd-Schnitt von der Liberiaküste bis zum Äquator versetzt das Vermessungsschiff 560 Seemeilen nach Nordosten bis in die Nähe des Dreispitzenkaps (Cape Three Points), an dem Brandenburg bzw. Preußen 1683-1717 die Festung Groß-Friedrichsburg unterhalten hatten. Hier wird am 22./23. November auf 4540 Metern geankert; schon am Drahtwinkel erkennt man, dass die Strömungen in der Tiefe deutlich anders setzen als der mit 1,3 Knoten dahinziehende Guineastrom. Mit dem Registrierballon hat man wieder einmal Probleme (24.11.); zunächst platzt der Tragballon frühzeitig, so dass nur die vergleichsweise geringe Höhe von 5000 m erreicht wird, und als sich METEOR nach einer einstündigen »Jagd« mit hoher Geschwindigkeit dem Gerät schon auf wenige Meilen genähert hat, platzt auch der zweite Ballon, so dass keine optische Marke mehr vorhanden ist. Trotz eineinhalbstündiger Suche gelingt es daher nicht, das Registriergerät zu bergen, obwohl es in seinem Korkkasten sicher noch in der Umgebung dümpelt.

Auch die Wasserschöpfer zeigen Probleme: Während sie im warmen Oberflächenwasser einwandfrei arbeiten, verzieht sich das Material in den kühlen Tiefenschichten, so dass die Ventile nicht ganz dicht schließen und ein anderer Schöpfertyp eingesetzt werden muss.

Als Neuerung kontrolliert man fortan die Draht- und Echolotungen, indem man zusätzlich das indirekte Verfahren der thermometrischen Tiefenmessung anwendet.[156]

Nach zwei Jahren Betriebszeit zeigen sich nun verstärkt größere Leckagen an den Kesselrohren; zwar kann man sie meist mit Bordmitteln beheben, muss aber dennoch für längere Zeit mit geringer Fahrt laufen.[157] Per Funk werden in der Heimat neue Kesselrohre nach Pernambuco bestellt. Da es notwendig ist, die Kesselwasserverluste durch das Verdampfen von Seewasser zu ersetzen, muss der Hilfskessel dafür herangezogen werden, der sonst Trink- und Waschwasser erzeugt – entsprechend muss dessen Verbrauch eingeschränkt werden.

Als man Ende November in Äquatornähe ist, wo eine zweite Tiefankerung im Südäquatorial-Strom stattfinden soll, nehmen See und Wind so zu, dass man den Plan aufgeben muss und stattdessen nordostwärts zurück Richtung Nigerdelta dampft.

Auf dem Sockel der spanischen Vulkaninsel Fernando Póo (heute Bioko/Äquatorialguinea) wird am 2. Dezember im abendlichen Scheinwerferlicht auf 92 m Wassertiefe erstmals der neue Hochseepegel ausgesetzt, um während des Hafenaufenthalts die Druckschwankungen der Wassersäule im Gezeitentakt zu registrieren.

Im Naturhafen des Kraterkessels von Santa Isabel liegend (2.-14.12.26), ist das Schiff von Zikadenzirpen und Modergeruch aus dem Urwald umgeben. Neben den üblichen offiziellen und privaten Besuchen, aber auch wissenschaftlichen Arbeiten (magnetische Messungen, geologische und biologische Untersuchungen) finden Offiziere und Wissenschaftler auch Zeit zu einem viertägigen Marsch quer über die Insel, bei dem die fremdartige Vulkanlandschaft mit ihrer ausgeprägten Höhengliederung bis zu 3050 m und die andersartige Kultur einen großen Eindruck bei den METEOR-Leuten hinterlässt.

Sogar ein völkerkundlicher Film wird in den Dörfern der Eingeborenen gedreht, die sich, *der Kultur abgeneigt, ... in die Berge zurückgezogen [haben], wo sie noch ganz im primitiven Urzustand leben und uraltem Fetischdienst huldigen*. Durch die Schlafkrankheit, die dort nicht systematisch bekämpft werde, seien die Stämme *aber stark im Aussterben*.[158]

Im Hafen befasst sich der Taucher mit dem lästig werdenden Bodenbewuchs, der wenigstens im Bereich der Bodenventile entfernt wird; weitergehenden Versuchen, von den beiderseits liegenden Beibooten aus die Seepocken mit Ketten und Balken »abzuraspeln«, ist nur wenig Erfolg beschieden.[159] Da eine Dockung nur in Lagos möglich gewesen wäre und nicht nur Devisen, sondern auch Zeit gekostet hätte, sieht Spieß allerdings von einer gründlichen Bodenreinigung ab und nimmt den Fahrtverlust in Kauf.

Nach der obligatorischen Kohlenübernahme aus dem Dampfer WINFRIED verlässt das Vermessungsschiff den Hafen am 14. Dezember. Es rundet die Insel im Osten, wobei Küstenverlauf und Vulkansockel erstmals genau kartiert werden.

Abends wird in einer Bucht an der Ostküste geankert, wo im Licht der Schiffsscheinwerfer *unter Beihilfe der johlenden Eingeborenen* mehrere Rinder geschlachtet werden, die der Alkalde von Santa Isabel zur Verfügung gestellt hatte.[160] Anscheinend bei diesem Kurzaufenthalt dicht unter Land finden auch Anophelesmücken ihre Opfer, denn wenig später treten elf schwere Malariafälle an Bord auf.

Am folgenden Tag nimmt METEOR Kurs auf die Verankerungsposition des Hochseepegels, kann seine Markierungsboje bei schlechter Sicht jedoch nicht finden, so dass erst ein genauer Schiffsort nach Landmarken festgestellt werden muss. Als man am nächsten Tag (16.12.) den Pegel wieder an Bord hat, ist die Enttäuschung groß, denn die Aufzeichnung zeigt statt einer Gezeitenkurve lediglich einen glatten Strich; offenbar hatte sich das Gerät so auf den Boden gelegt, dass die Zutrittsöffnung zu den Bourdonröhren in weichem Sediment verstopft worden war.

Abb. 81 Übernahme von Kohlen und Nachschub vom Dampfer WINFRIED auf der Naturreede von Santa Isabel, 5. Dezember 1926. In den Tropen versuchte man wegen der malariaübertragenden Mücken, nicht in allzu großer Landnähe zu ankern. (Archiv IfM/Geomar)

Profil XI

Auf dieser Position beginnt man dann das Profil XI in westliche Richtung. Abweichend vom Generalkurs, schwenkt METEOR am 20. Dezember dann aber nochmals nach Süden und quert die »Linie« ein weiteres Mal südwärts. Die übliche Zeremonie für die in der Zwischenzeit neu an Bord Gekommenen erhält ihre besondere Note dadurch, dass einer der Taufprobanden sich in seiner Kammer einzuschließen versucht. Zweck des Südwärtsschlages ist eine Tiefankerstation etwa mittig zwischen den Profilen VIII und XI, um die Wertereihe für einen Längsschnitt durch den östlichen Südatlantik mit einem zusätzlichen Stützpunkt zu ergänzen.

Kaum wieder auf der Südhalbkugel, zeigt das Echogramm eine Tiefenabnahme aus rund 4500 m bis auf rund 2200 m; gleichzeitig wandelt sich der Wasserkörper nach Salzgehalt und Temperatur, so dass man auf eine Schwelle mit einer Satteltiefe von etwa 4000 m zwischen dem Mittelatlantischen Rücken und dem Festland schließt, vergleichbar dem weiter südlich verlaufenden Walfischrücken.

Die bereits in der Grollschen Tiefenkarte verzeichnete breite Rückenstruktur erhält nun den Namen »Guinea-Schwelle«, und da sie das Kongo-Becken teilt, wird dem nördlichen Teil nunmehr der Name »Guinea-Becken« zugewiesen. Bei der Schwelle, der eine Reihe von Seamounts aufsitzen, vermutet man eine Verbindung zur vulkanischen Inselkette im Guinea-Golf (São Thomé etc.) und dem Kamerunberg auf dem Festland (4050 m), wobei der Anschluss an den Mittelatlantischen Rücken auf halbem Wege zwischen Ascension und St. Helena liegen müsste, wie man damals glaubt.[161] Im Kern ist diese Auffassung zutreffend, auch wenn heutige Tiefenkarten eine recht zerrissene und nicht deutlich ausgeprägte Schwelle zeigen; die Verbindung Kamerunberg – St. Helena ist gleichwohl erkennbar.

Zwei Tage später legt sich METEOR auf etwa 4° Süd bei 3930 m Tiefe wieder vor Anker, um 65 Stunden lang Strom- und Serienmessungen vorzunehmen (Station 241). Während dieser Liegezeit feiert man das zweite Weihnachtsfest fern der Heimat, diesmal bei Tropenhitze auf dem mit Flaggen und Palmwedeln geschmückten Achterdeck. Zur Bescherung gibt es reichhaltige Geschenke, die der Nachschubdampfer aus der Heimat mitgebracht hatte.

Von der nach Süden abgesetzten Tiefankerposition marschiert das Schiff dann wieder nordwestwärts zurück zur Profillinie XI. Obwohl südliche Winde dauernde Segelunterstützung erlauben, kann METEOR mit ihrem Bodenbewuchs nur wenig mehr als 7 kn erreichen.

Beim Weg Richtung Brasilien stellt man anhand des unruhigen Bodenprofils erneut fest, dass sich das System des Mittelatlantischen Rückens weiter ostwärts ausdehnt als bisher bekannt; eine Greiferprobe bringt basaltisches Gestein zutage.

Der durch den Bodenbewuchs verursachte erhöhte Kohlenverbrauch erfordert wieder Sparmaßnahmen, auch im Hinblick auf eine zweite noch geplante Tiefankerstation. Die Echolotabstände werden vergrößert und die ozeanographischen Wiederholungsmessungen für die zeitlichen Vergleiche eingeschränkt.

Kaum sind die *sehr fröhliche Silvesterfeier* und die Begrüßung des Neuen Jahres 1927 verklungen, beginnt am Neujahrstag um 1:25 Uhr wieder die Arbeit – Station 245 steht an.

Ein besonderer Festtag ist der nachfolgende Sonntag, 2. Januar: Mitten im Atlantik, auf etwa halbem Weg zwischen Afrika und Südamerika, kommt frühmorgens der Schulkreuzer EMDEN in Sicht, der sich auf seiner ersten Auslandsreise ostwärts um die Welt befindet.[162] Beide Besatzungen paradieren, und die Kapellen intonieren das Deutschland-Lied. *Groß war die Wiedersehensfreude mit den Kameraden, aber groß auch unser Stolz über das erste, moderne deutsche Kriegsschiff, ... eine Musterleistung deutscher Schiffbaukunst, die der Vertrag von Versailles nur quantitativ, nicht qualitativ in Fesseln schlagen konnte*[163] – der verletzte Nationalstolz ist auch nach 7½ Jahren noch deutlich zu spüren.

Mittags setzt EMDEN ihre Weltreise südwärts nach St. Helena fort, und am Spätnachmittag marschiert auch METEOR nach Westen weiter. Bei der Querung des Brasilien-Beckens befindet sie sich in einer Region, die bereits in den 1850er Jahren von dem amerikanischen Vermessungsschiff DOLPHIN befahren wurde; eine ihrer Drahtlotungen hatte damals eine Tiefe von über 6500 m ergeben. Nunmehr werden in dieser Gegend jedoch trotz guten astronomischen Bestecks keine Tiefen über 5400 m erfasst und auch im weiteren Verlauf wird die 6000-m-Marke bei weitem nicht erreicht. Auf dem deutschen Schiff kommt man daher zu dem Schluss, es sei *wahrscheinlich, daß die ... Lotungen des »Dolphin« fehlerhaft sind.*[164]

Obwohl über weite Strecken mit Segeln gefahren werden kann, zwingt schließlich die Kohleknappheit trotz aller Sparmaßnahmen dazu, auf die vorgesehene Ankerstation im Brasilbecken zu verzichten. Mittlerweile reduziert der Bewuchs die Geschwindigkeit so sehr, dass nur mehr 6,5 Knoten zu erreichen sind. Gelegentlich wird das Problem sogar »sichtbar«, wenn das leere Schiff im Seegang weit austaucht.

Abb. 82 Während METEOR und EMDEN am Äquator zu gegenseitigem Besuch und Erfahrungsaustausch beieinander liegen, wird auf dem Forschungsschiff schon die nächste Station absolviert, 2. Januar 1927. (DSM: III A 117 GL / 133.1078)

Vor dem Einlaufen nach Pernambuco am 11. Januar wird der Hochseepegel 17 Meilen vor der Küste auf dem Küstenschelf ein weiteres Mal ausgesetzt, um die Hafenzeit des Schiffes für die Gezeitenmessung zu nutzen. Schwüle Hitze verwehrt den METEOR-Leuten körperliche Erholung; mehrere Tropenkranke müssen auch gegen neue Männer ersetzt werden.

Die Neuberohrung beider Kessel füllt den Arbeitsdienst des Maschinenpersonals aus, während ein einheimischer Hafentaucher versucht, den Bodenbewuchs zu entfernen, mit nur mäßigem Erfolg allerdings.

Profil XII

Nach einer Verzögerung durch den verspätet eintreffenden Nachschubdampfer verlässt METEOR die brasilianische Hafenstadt am 28. Januar wieder, verabschiedet von der gastfreundlichen deutschen Kolonie, die sich auf dem Segelschulschiff GROSSHERZOGIN ELISABETH versammelt hat.

Neu an Bord ist jetzt Prof. Dr. Albert Defant, als Direktor des Berliner Instituts für Meereskunde Nachfolger von Alfred Merz.[165] Er hat sich für die letzten Profile eingeschifft, um einen eigenen Eindruck von der Expedition zu bekommen, denn er wird das Expeditionswerk herausgeben; die Expeditionsleitung behält jedoch der METEOR-Kommandant.

Wenig später setzt man den Hochseepegel wieder ein, der diesmal eine einwandfreie Gezeitenkurve aufgezeichnet hat. Entlang des Dampfertracks unter der Küste werden wie üblich eine Reihe unsicherer Tiefenangaben nachgeprüft. Dabei stellt sich eine Tiefenangabe von 4930 m als um fast 2000 m zu tief heraus, aber man findet umgekehrt auch erheblich zu geringe Werte in der Karte, so etwa 119 anstelle von tatsächlich 3400 m.

Die nächste Station, Nr. 254, liegt 165 sm nördlich des brasilianischen Nordostkaps außerhalb der Querprofile; sie soll als Tiefankerstation Zwischenwerte für einen Längsschnitt durch die westlichen Becken des Atlantiks liefern.

Am 31. Januar legt sich METEOR auf 3950 m vor ihre Tiefseeanker und beginnt mit zweitägigen Dauermessungen. Ein Problem bilden wieder die sich zahlreich an den Drähten festsetzenden Quallen, die die Messungen der Repetierstrommesser be- und gelegentlich auch verhindern, weil sie das Abgleiten der Auslösegewichte aufhalten. Die Tiere lassen sich oft nur brachial mit dem Messer entfernen. Beim Aufhieven geht dann zu allem Überfluss auch noch einer der Anker durch Bruch eines Schäkels verloren.

Von dieser Station dampft das Schiff mit Segelunterstützung nach Westen zurück zum Schelfrand, um dort das Profil XII zu beginnen. Am 5. Februar überschreitet man den Äquator nordwärts und gelangt unmittelbar von der Südostpassat- in die Nordostpassat-Strömung, ohne die lehrbuchbekannte Kalmenzone anzutreffen.

Einem neuerlichen Versuch, einen Registrierballon aufsteigen zu lassen, ist wiederum nur geringer Erfolg beschieden: Zunächst platzt der Hauptballon, schon bevor er die 5000-m-Höhenmarke erreicht hat, und wenig später auch der Signalballon. So schnell der Bodenbewuchs es erlaubt, dampft METEOR hinterher und kann tatsächlich das Registriergerät in seinem Korkkasten auffischen. Den Grund für die immer wieder auftretenden Kalamitäten sieht man in der Verrottung des Hüllenmaterials durch die tropischfeuchten Lagerbedingungen an Bord.

Seepocken im Verein mit dem gegenan stehenden Nordostpassat setzen die Fahrt über Grund bis auf 5½ Knoten herab; ein positiver Aspekt ist dabei jedoch wieder, dass die täglichen Drachenaufstiege gemacht werden können, ohne den Kurs eigens nach dem Wind ausrichten zu müssen.

An den Besteckversetzungen erkennt man einige Tage lang eine nordostwärts setzende Oberflächenströmung, die also gegen die Windrichtung läuft. Das Echogramm zeigt erneut eine noch größere Ausdehnung des Mittelatlantischen Rückens, als die Grollsche Karte sie in dieser Region ohnehin schon hatte erwarten lassen.[166] In den Folgetagen nehmen die Tiefen dann wieder kontinuierlich auf über 5000 m zu.

Noch rund 1100 km von der afrikanischen Küste entfernt, kommt METEOR in eine Luftmasse, die durch Feinstaub aus der Sahara eine eigentümlich fahle Himmelsfarbe hervorruft und sogar das Meerwasser gelblich einfärbt. Damit einhergehend, stellt man auch einen außerordentlichen Reichtum an Plankton fest.[167] Interessanterweise war eine Besonderheit auf diesem Profil die Untersuchung des Eisengehalts im Meerwasser; sie hatte weit draußen auf hoher See eine viel geringere Konzentration ergeben, als bis dahin angenommen.[168] Einen Zusammenhang zwischen eisenhaltigem Staubeintrag und Planktonwachstum scheint man dabei jedoch nicht vermutet zu haben.

Abb. 83 Zusammentreffen mit der CAP POLONIO südlich der Kapverden, 15. Februar 1927. METEOR erhält reiche Geschenke an Bier, Frischproviant, Obst und Blumen von der Besatzung und den Passagieren des Dreischornsteiners und kann Post für die Heimat mitgeben. Auf beiden Schiffen spielen die Kapellen vaterländische Weisen. (Archiv IfM/Geomar)

Abb. 84 Das Schlafen in Hängematten an Oberdeck war in den Tropen notwendig, da die Räume unter Deck nicht hinreichend zu lüften war – METEOR war nicht speziell für den Tropeneinsatz entworfen und ausgestattet. (Archiv IfM/Geomar)

Tags darauf, 15. Februar 1927, steht das Schiff in der Dampferroute nach Südamerika und begegnet zuerst dem deutschen Dampfer CAP NORTE, wenig später der CAP POLONIO, die man bereits zu Beginn der Reise, am 13. Mai 1925, getroffen hatte.

Am 20. Februar ist Profil XII vor der afrikanischen Küste bei Cabo Verde unweit Dakar beendet: METEOR wendet sich wieder seewärts Richtung Kapverdische Inseln. Auf der Breite von etwa 15° Nord ist die Temperatur mittlerweile auf 18 °C gesunken, so dass nun nach langer Zeit die Sonnensegel geborgen werden; darüber hinaus untersagt die Schiffsführung *wegen Rheumatismusgefahr* das bisher übliche Schlafen in den Hängematten an Oberdeck.

Die Höhenmessungen mit den Drachen zeigen, dass die Passatschicht nur von sehr geringer Mächtigkeit ist; zeitweise ragen die Schiffsmasten aus der kühlen Oberflächenzone in eine deutlich wärmere Schicht hinein, wobei Temperatursprünge um 9 Grad (von 18 °C auf 27 °C) festgestellt werden.

Um diese Zeit geht die Funkmitteilung der Marineleitung ein, dass infolge politischer Unruhen in Portugal[169] der Expeditionsnachschub auf dem Dampfer WOLFRAM nach Sal, zur nordöstlichsten Insel der Kapverden, umgeleitet werden müsse, wo er allerdings erst im März eintreffen werde. Spieß entschließt sich daher, in der Zwischenzeit schon Teilabschnitte der beiden noch verbliebenen Profile (XIII und XIV) zu beginnen, nämlich zwischen den Kapverden und der afrikanischen Küste.

Auf der Fahrt zu den Kapverdischen Inseln werden wieder mehrere in den Karten vermerkte Flachstellen abgelotet, von denen man einige als nicht bestehend nachweisen kann. Und als sich METEOR am frühen Morgen des 23. Februar der Inselgruppe nähert, stellt man für die größte der Inseln, São Antão, nach astronomischem Besteck sogar fest, dass ihre Lage in den Karten zwei Seemeilen zu weit westlich angeben ist.

Die Absicht, bei São Vicente wieder den Hochseepegel auszulegen, muss man wegen zu hohen Seegangs (See 4-5 aus Nordost) aufgeben, und auch eine Ausweichposition im Süden bietet keinen ausreichenden Windschutz, abgesehen davon, dass hier der Inselsockel zu steil abfällt. So ankert man am Abend unverrichteter Dinge auf der Reede des Haupthafens der Kapverden, Porto Grande (Vorhafen von Mindelo); die Verspätung gegenüber dem Expeditionsplan beträgt nun 100 Tage.

Anders als beim ersten Aufenthalt zu Beginn der Expedition im Mai 1925, als ein Kohlenarbeiterstreik in Großbritannien den Verkehr ausdünnte, ist der Hafen nun sehr betriebsam, und zahlreiche Kohlendampfer löschen hier ihre Ladung. Neben Kohlenstaub bringt während des Aufenthalts ein starker Nordostpassat auch *gewaltige Sandstürme über die Stadt ..., der auch das Schiff mit feinem Sandstaub bedeckte.*[170]

Profil XIII

Am 2. März verlässt METEOR Porto Grande und steuert gegen einen sehr starken Nordostpassat zum Anfangspunkt des Profil-Teilstücks XIII, das auf etwa 19° Nord zur afrikanischen Küste verlaufen soll. Während des Anmarschs werden Wellen- und Bewegungsmessungen des Schiffes durchgeführt, deren Registrierstreifen deutlich die *dem Seemann geläufigen »drei schweren Seen«* zeigen.[171]

Weiterhin ist die Luft stark von gelbem Sahara-Staub getrübt, der sich fingernageldick auf dem Schiff absetzt und *einen Begriff davon gab, welche Mengen Festlandsandes auf das Meer transportiert werden und als Sediment zum Meeresboden absinken.*[172] Eine Untersuchung des Staubs ist an Bord jedoch nur qualitativ möglich, weil die Gerätschaften für eine Analyse nicht ausreichen.

Bereits bei Reiseantritt von der Marineleitung vorgesehen, war dem METEOR-Kommando mehrfach auch von Dampferkapitänen die Überprüfung einer nur wenige Meter tiefen Bank mitten im Hauptschifffahrtsweg ans Herz gelegt worden. Bei gutem Besteck wird die Region dieser sog. Bom-Felix-Bank zwei Stunden lang abgesucht, doch liegen die Echowerte durchweg bei weit über 3000 m. Ähnliches findet man – wie auch früher schon mehrfach – an zwei weiteren Stellen der Route.[173]

Zwar führt Spieß diese Diskrepanz auf fehlerhafte Lotungen zurück, doch lässt sich spekulieren, ob die Fehlbeobachtungen womöglich auf Einfärbungen des Wassers durch Sahara-Staub zurückgehen, die Tiefenangaben also vielleicht nur auf optischem Eindruck und Schätzungen beruhen und die »Bänke« wegen der vermeintlichen Gefährdung nicht überfahren und nachgeprüft worden waren.

Bei der Weiterfahrt erwartet die Expedition ein Tag (6.3.) mit ungewöhnlich stark ausgeprägtem Passat. Bei wolkenlosem Himmel bietet die tiefblaue See (bis Stärke 7) mit weißen Kämmen und breiten Schaumstreifen zwar einen großartigen Anblick, doch ist das schwer arbeitende Schiff auf Station 273 nur mit »Großer Fahrt« am Lotdraht zu halten. Die Netzfänge müssen aufgrund des Seegangs ausfallen; dafür können aber stereographische Wellenaufnahmen gemacht und die Schiffsbewegungen mit einer speziellen Kreiselanlage gemessen werden.

Unter der Küste wendet das Schiff am 8. März zurück auf westlichen Kurs und beginnt mit dem östlichen Teil des Profils XIV, das etwas südlicher verläuft. Dabei absolviert man auf Station 277 die 1000. ozeanographische Serie der Expedition.

Da man auf dem Funkweg erfährt, dass der erwartete Nachschubdampfer wegen schlechter Wetterdedingungen in der Biscaya erst später eintreffen werde, können die Stationen ohne Zeitdruck programmgemäß absolviert werden. Ein erneut versuchter Aufstieg eines Registrierballons ist jedoch wieder ein Misserfolg, weil der Hauptballon schon in 1500 m Höhe platzt.

Als METEOR den Hafen Santa Maria auf der Insel Sal erreicht, sind für die Besatzung zwei Erholungstage möglich, denn der Nachschubdampfer WOLFRAM läuft erst am 13. März ein. Aufgrund dieser Verspätung kann dem Wunsch der Marineleitung, schon am 25. Mai wieder in Wilhelmshaven einzutreffen, nicht entsprochen werden, so dass nun der 2. Juni als Rückkehrtermin festgelegt wird.

Die Übernahme der Güter gestaltet sich dann schwieriger als gedacht, denn die Schiffe können wegen Grundseen nicht längsseits liegen, sondern müssen die Güter per Boot hinüberschaffen. Gleichwohl kann METEOR nach wenigen Stunden den Hafen verlassen, um noch Kohlen für die nächste Atlantikquerung zu bunkern.

Abb. 85 Landausflug während der Wartezeit auf den Nachschubdampfer: Besichtigung einer Saline auf Sal, 12. März 1927. (DSM: III A 117 GL / 137.1110)

Auf dem Weg nach São Vicente lassen die Echolotungen erkennen, dass die Kapverden aus eigentlich zwei Inselgruppen bestehen, die jeweils auf einem gemeinsamen Sockel aufsitzen, getrennt durch einen Trog mit über 3500 m Tiefe.

Die Rückkehr nach Deutschland zu Anfang Juni ist wichtig, da dann die Wissenschaftler am Deutschen Geographentag in Karlsruhe teilnehmen können, um die vorläufigen Expeditionsergebnisse einer breiten Wissenschaftsgemeinde unmittelbar und brandaktuell vorzutragen. Diesem Zeitplan opfert man etwa 200 sm des nun anstehenden Profils, das damit weniger weit nach Westen reicht, was *jedoch wissenschaftlich zu verantworten* ist, wie Spieß festhält.[174]

Nach der Kohlenübernahme in Porto Grande, wieder mit Decklast, marschiert METEOR am 15. März nordwestwärts zum Anfangspunkt des vorletzten Profils. Auf dem Weg dorthin hat der Schiffsarzt mit gut einem Dutzend Fischvergiftungen zu tun, die allerdings nicht bedrohlich werden.

Bis unter die südamerikanische Küste kann bei nordöstlichen Passatwinden mit Segelunterstützung gefahren werden, doch lässt quer laufende Dünung das Schiff zeitweise heftig schlingern – günstige Gelegenheiten, um die Schiffsbewegungen anhand der Kreiselangaben aufzuzeichnen.

Mit der Annäherung an den Mittelatlantischen Rücken überfährt man bis dahin unbekannte Tiefen von über 6100 m; danach zeigt das Echolot wieder die schon gewohnte Zerklüftung des Meeresbodens in der Rückenzone. Im westlich davon gelegenen Becken angekommen, wird auf 4460 m eine weitere Tiefankerstation gemacht, an der 38 Stunden lang die Strömung gemessen wird – wiederum behindert durch an der Drahtlitze festsitzende Quallen. Gleichzeitig finden in stündlichem Abstand Serienmessungen bis in eine Tiefe von 250 m statt, um auch hier die kurzperiodischen Schwankungen von Temperatur und Salzgehalt zu erfassen.

Am 1. April steigt Spieß eine Stufe in der militärischen Karriereleiter auf; von nun an wird METEOR nicht mehr von einem Fregattenkapitän, sondern von einem Kapitän zur See geführt.

Mit Erreichen des Schelfs vor der südamerikanischen Nordküste ist Profil XIII am 2. April beendet. Da der Nordostpassat einen geringen Kohlenverbrauch ermöglicht hatte, kann auf eine Ergänzung in Georgetown (British Guayana) verzichtet werden.

Etwa an der Position der letzten Profilstation (Nr. 293) war am 4. November 1914 der Kleine Kreuzer KARLSRUHE *nach ruhmreicher Kreuzerkriegführung durch eine unaufgeklärte Detona-*

tion mit dem Verlust von 263 Mann gesunken. Entsprechend hält Spieß eine Gedenkrede mit *einer Schilderung der Kriegstaten des tapferen Kreuzers* und lässt ein hölzernes Eisernes Kreuz *zur Ehrung der für das Vaterland gefallenen Helden* versenken.[175]

Danach marschiert das Forschungsschiff gegen den Nordäquatorialstrom wieder seewärts; die Strömung ist so stark, dass METEOR nur noch vier Knoten über Grund macht. Die folgende Station 294 liegt wieder auf tiefem Wasser und bildet eine weitere Stützstelle für ein Längsprofil durch die westatlantischen Becken.

Bei Nordostpassat um Stärke 5 beobachtet man an der Oberfläche einen rechtwinklig nach Südost setzenden Strom von 1,8 kn, während er in der Tiefe entgegengesetzt nach Nordwesten verläuft.[176] In dieser Unterströmung wird der Lotdraht unter dem Schiff hindurch versetzt, so dass sich der große Wasserschöpfer beim Aufholen am Schlingerkiel verhakt und abreißt. Netzfänge müssen bei diesen Verhältnissen ausfallen.

Von dieser Station wendet sich METEOR südwärts zur Amazonasmündung. Schon rund 160 Seemeilen vor der Küste erreicht man am 6. April den Rand der Deltaschüttung, an der die Tiefe auf kürzeste Distanz von über 500 auf unter 200 m abnimmt. Damit ist man auch in der Zone, in der sich das Amazonaswasser durch feinste Schwebstoffe bis weit in den Atlantik hinaus bemerkbar macht; bei außerordentlich schwüler tropischer Witterung stellt man nun alle zwei Stunden Messungen des Oberflächenwassers an. Tags darauf überschreitet man den Äquator wieder nach Süden und kommt in den unmittelbaren Strombereich des *Riesenstromes*, dessen Wasser mittlerweile eine schmutzigbraune Färbung hat.

Bei der Fahrt flussaufwärts, bei der Spieß das wie am La Plata *landschaftlich öde Bild* beschreibt, werden mehrfach Versetzungen durch die Tideströme festgestellt und bei zweimalig mitlaufendem Flutstrom von vier Knoten kommt METEOR schnell voran. Am 8. April macht das Forschungsschiff zu seinem letzten längeren Hafenaufenthalt in Pará (offiziell Nossa Senhora de Belém do Pará, heute kurz Belém) fest. Die Zeit dort ist durch eine *kaum erträgliche* Hitze und starke Regenfälle (fast 200 l/m^2 während der zehntägigen Liegezeit) wenig erquicklich – die Wissenschaftler entgehen den unangenehmen Bedingungen an Bord, indem sie sich im Grand Hotel einquartieren.

Eigentlich ist eine Dockung zur Bodenreinigung vorgesehen, doch erscheint das Schwimmdock als zu wenig stabil, um dem starken Winddruck auf die hochbordige METEOR standhalten zu können, und ein womögliches Kentern möchte Spieß gern vermeiden. So muss der erhebliche und kohlefressende Fahrtverlust auch für die letzten Wochen der Expedition weiterhin in Kauf genommen werden.

Abb. 86 Mit Stolz setzt METEOR am 18. April 1927 bei der Ausfahrt aus Pará den Heimatwimpel, den nur solche Schiffe führen durften, die länger als ein Jahr unterwegs waren oder die Erde umrundet hatten. (DSM: III A 117 GL / 139.33)

Profil XIV

Voll gebunkert und wieder mit großer Kohlendeckslast verlässt das Forschungsschiff am 18. April die brasilianische Hafenstadt. Nach genau zwei Jahren Expeditionszeit beträgt die Verspätung gegenüber dem ursprünglichen Reiseplan mittlerweile $3^{1}/_{2}$ Monate. Noch auf dem Amazonas wird das Forschungsschiff von einem Todesfall (dem dritten der Reise) ereilt, als der Heizergefreite Strehlow im Schlaf von der Back rollt und im nächtlichen Dunkel verschwindet; die siebenstündige Suche mit Scheinwerfer ist bei Regen und starkem Strom jedoch chancenlos.

Der Zeitverlust nötigt die Expeditionsleitung nun, die geplanten sechs Flachwasserstationen auf dem Río Pará aufzugeben, die die Durchmischungszone von Süß- und Salzwasser erfassen sollten. So quert man den Äquator am Abend des 19. April ein letztes Mal nach Norden.

Seit Pará ist ein weiterer Wissenschaftler mit einem Spezialauftrag an Bord. Bisher waren Wasserproben unbearbeitet nach Deutschland gesandt worden, um sie dort auf ihren Goldgehalt zu untersuchen. Die Analysen hatten jedoch einen Edelmetallgehalt ergeben, der weit unter der Erwartungsgrenze lag, so dass man vermutete, es könnten chemische Effekte infolge der langen Lagerung in den Glasflaschen aufgetreten sein. Der neue Chemiker soll den Gehalt nun unmittelbar vor Ort an frischen Wasserproben feststellen.

Während der Reise gelingen keine abschließenden Resultate, doch die späteren Analysen an Land ergeben, dass je Tonne Meerwasser höchstens mit zwei millionstel Gramm Gold zu rechnen sei. *Die Aussicht, aus dem Meere Gold zu schöpfen,* war damit *bei der Umständlichkeit der chemischen Analysen geschwunden.*[177] Damit zerstob auch die Hoffnung, durch Gold aus dem freien Ozean die Reparationslasten des Deutschen Reiches zu mildern.

Nachdem METEOR den Amazonas-Schwemmfächer hinter sich gelassen hat und auf nordöstlichem Kurs über die mehr als 4000 m tiefe See zieht, zeigt das Echogramm einen bis dahin unbekannten Anstieg von rund 1000 m, um danach wieder auf über 4500 m zuzunehmen. Die Erhebung erhält den Namen Pará-Schwelle und wird als *Vorhöhe vor dem Nordatlantischen Rücken* gedeutet, obwohl der Anstieg dorthin noch 300 sm voraus liegt.[178]

Jenseits des Mittelrückens lotet man dann im bereits als sehr tief bekannten Kapverde-Becken 6200 m, damals der größte bekannte Wert in dieser Region. Ansonsten werden die Stationen mit eingespielter Routine absolviert. Alle Wissenschaftler sind mit ihren vorläufigen Abschlussberichten beschäftigt, die bald nach der Rückkehr erscheinen sollen.[179]

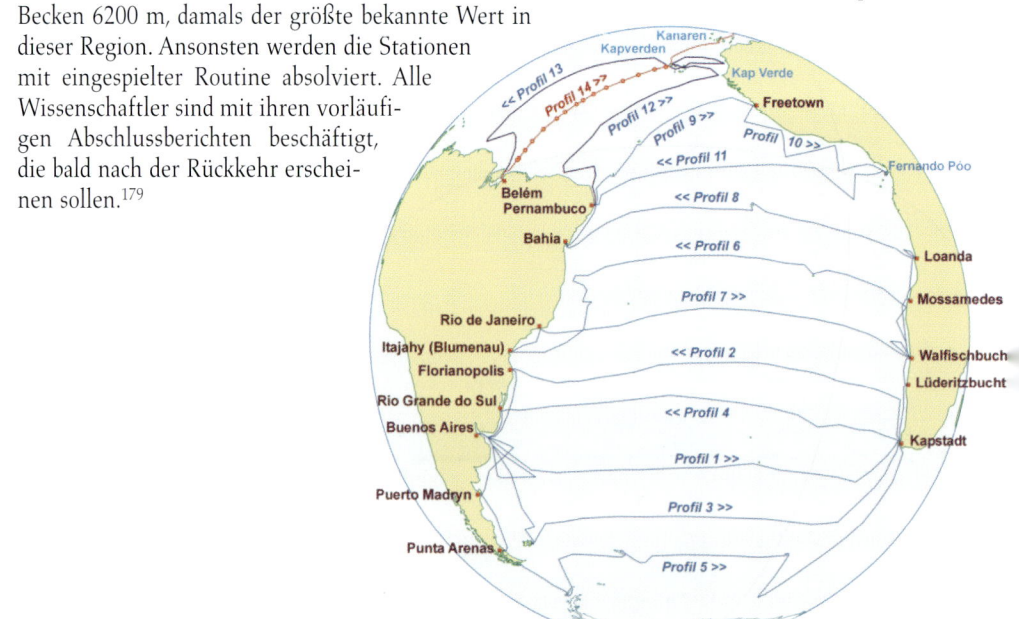

Der Expeditionsverlauf im Zahlenspiegel

Reise-abschnitt		Stat.-Nr.[a]	Dauer	Profil-länge[b]	Stat.-Abst. (Median)	Stat.-Zeit
Wilhelmshaven			aus 16.4.1925			
Probestation		T	29./30.4.1925	–	–	16,5 Std.
Kapverden			2.-5.5.1925			
St.Paul-Felsen			10.5.1925			
Buenos Aires			25.5.-3.6.1925			
I$_1$	W>E (M)	1-5	6.-9.6.1925	3,15 Tg.	344 sm	38-277 sm (161 sm)	43,6 %
Buenos Aires			13.-16.1925			
I$_2$	W>E (K)	6-17	20.6.-8.7.1925	18,10 Tg.	2562 sm	94-445 sm (231 sm)	21,4 %
I$_3$	S>N	17-20	8.-12.7.1925	4,19 Tg.	486 sm	131-186 sm (169 sm)	24,3 %
Kapstadt			15.-27.7.1925			
II	E>W	21-49 T	29.7.-26.8.192	528,12 Tg.	3295 sm	8-202 sm (124 sm)	35,4 %
Florianopolis			27.8.-1.9.1925			
Buenos Aires			7.-17.9.1925			
III$_1$	N>S	50-53	20.-24.9.1925	4,11 Tg.	499 sm	186+313 sm	28,6 %
Port Stanley			25.-29.9.1925			
III$_2$	W>E (K)	54-66	24.9.-20.10.1925	19,66 Tg.	2782 sm	75-290 sm (203 sm)	22,9 %
III$_3$	S>N	66-71	20.-26.10.1925	6,10 Tg.	821 sm	105-227 sm (163 sm)	20,9 %
Kapstadt			27.10.-11.11.1925			
IV	E>W	72-90	12.11.-7.12.1925	25,72 Tg.	3422 sm	67-267 sm (210 sm)	16,5 %
Rio Grande do Sul			8.-12.12.1925			
Buenos Aires			14.-28.12.1925			
V$_1$	La Plata	91-98	28.-31.12.1925	2,71 Tg.	330 sm	38-57 sm (46 sm)	27,1 %
Küstenschelf		99/100	31.12.25-4.1.1926	4,24 Tg.	674 sm	98-369 sm (208 sm)	2,3 %
Puerto Madryn			4.-6.1.1926			
Küstenschelf		102-105	8.11.1.1926	3,71 Tg.	627 sm	75-210 sm (171 sm)	4,5 %
Punta Arenas			12.-18.1.1926			
Feuerland-Kanäle			18.-21.1.1926			
V$_2$	Drake-Str.	106-111	21.-25.1.1926	3,50 Tg.	394 sm	31-115 sm (76 sm)	36,8 %
Deception Island			25.-27.1.1926			
V$_3$	S>N (K)	113-116	27.-31.1.1926	3,83 Tg.	479 sm	88-206 sm (186 sm)	21,4 %
V$_4$	W>E	116-120	21.1.-4.2.1926	3,62 Tg.	592 sm	98-183 sm (156 sm)	25,1 %

Reise-abschnitt		Stat.-Nr. [a]	Dauer	Profil-länge [b]	Stat.-Abst. (Median)	Stat.-Zeit
Südgeorgien			4.-10.2.1926			
V5	W>E (B)	121-127	11.-20.2.1926	8,97 Tg.	1283 sm	151-250 sm (221 sm)	17,4 %
V6	N>S (SP)	128-130	21.-24.2.1926	3,80 Tg.	529 sm	238 + 291 sm	23,8 %
V7	S>N	130-139	25.2.-9.3.1926	12,63 Tg.	1906 sm	55-580 sm (224 sm)	13,6 %
Kapstadt			10.3.-21.4.1926			
Lüderitzbucht			24.-26.4.1926			
Walfischbucht			27.-30.4.1926			
Große Fischbucht			3.5.1926			
VI1	E>W	142-148 T	3.-13.5.1926	9,42 Tg.	871 sm	27-207 sm (178 sm)	49,4 %
St.Helena			14.-17.05.1926			
VI2	E>W	149-161	18.5.-1.6.1926	14,14 Tg.	1803 sm	75-201 sm (158 sm)	27,6 %
Itajahy			9.-15.6.1926			
Rio de Janeiro			18.6.-1.7.1926			
VII1	W>E	164-181 T	1.-27.7.1926	25,81 Tg.	2889 sm	72-275 sm (143 sm)	26,5 %
Hilfe CAWDOR CASTLE			30.7.1926			
Walfischbucht			31.7.-11.8.1926			
Swakopmund			11.8.1926			
VII2	E>W	182-184	11.-13.8.1926	1,50 Tg.	176 sm	75 + 102 sm	29,0 %
Walfischbucht			14./15.8.1926			
Mossamedes			18.8.1926			
Espiègle-Bucht			19.8.1926			
Loanda			21.-28.8.1926			
VIII1	E>W	185/186 T	28.-31.8.1926	3,28 Tg.	104 sm	104 sm	80,5 %
Loanda			1.-3.9.1926			
VIII2	E>W	188-195	28.8.-14.9.1926	9,71 Tg.	1273 sm	116-239 sm (178 sm)	31,1 %
Ascension			15.9.1926			
VIII3	E>W	196-206	16.-27.9.1926	11,40 Tg.	1470 sm	47-241 sm (152 sm)	35,0 %
Bahia			27.9.-10.10.1926			
Pernambuco			13.10.1926			
IX	SW>NE	207-219 T	14.-29.10.1926	14,91 Tg.	1459 sm	81-199 sm (116 sm)	39,8 %
Freetown			30.10.-10.11.1926			
Station abseits		220	11./12.11.1926	–	–	12,1 Std.
X1	N>S (G)	221-225	14.-17.11.1926	3,52 Tg.	266 sm	48-86 sm (66 sm)	43,1 %
X2	N>S (G)	227-233 T	21.-27.11.1926	5,93 Tg.	259 sm	11-65 sm (52 sm)	57,5 %

Reise-abschnitt	Stat.-Nr. [a]	Dauer	Profil-länge [b]	Stat.-Abst. (Median)	Stat.-Zeit
Fernando Póo		2.-16.12.1926			
XI$_1$ E>W (Z)	237-240	16.-20.12.1926	3,93 Tg.	448 sm	112-186 sm (150 sm)	25,2 %
Station abseits	241 T	22.-25.12.1926	–	–	76,7 Std.
XI$_2$ E>W	242-253	27.12.26-11.1.1927	14,55 Tg.	1871 sm	85-277 sm (167 sm)	25,5 %
Pernambuco		11.-28.1.1927			
Station abseits	254 T	31.1.-2.2.1927	–	–	56,0 Std.
XII SW>NE	255-269	3.-20.2.1927	16,32 Tg.	1688 sm	25-211 sm (126 sm)	26,1 %
Kapverden		23.2.-2.3.1927			
XIII$_1$ W>E (K)	272-275	4.-8.3.1927	3,69 Tg.	479 sm	78-144 sm (129 sm)	20,3 %
XIV$_1$ E>W	276-278	8.-11.2.1927	2,45 Tg.	322 sm	177 + 145 sm	20,0 %
Kapverden		11.-15.3.1927			
XIII$_2$ NE>SW	279-293 T	17.3.-2.4.1927	16,16 Tg.	1734 sm	36-192 sm (135 sm)	35,7 %
Pará		8.-18.4.1927			
XIV$_2$ SW>NE	295-309	20.4.-5.5.1927	15,23 Tg.	1575 sm	27-154 sm (122 sm)	28,4 %
Kapverden		5./6.5.1927			
Ergänzung zu XIII	310	7.5.1927			zu 279/272: 140 sm	7,7 Std.
Sta. Cruz de Tenerife		12.-17.5.1927			
Wilhelmshaven		ein 30.5./2.6.1927			

a T gibt an, dass auf dem Profilstück eine Tiefankerung durchgeführt wurde. Fehlende Nummern beziehen sich auf Stationen, auf denen für andere Zusammenhänge gemessen wurden (z.B. Hafenstationen).
b Aufsummierte Großkreis-Strecken von der ersten bis letzten Station des Profils. Die tatsächliche Fahrstrecke war durch Abtrift und abweichende Kurse für Drachen- und Registrierballonaufstiege grundsätzlich länger.
W>E = von West nach Ost etc.; B = Bouvet-Insel; G = Guinea-Golf; K = Knickpunkt der Route; M = Umkehr wegen Krankheit Merz'; SP = Südlichster Punkt; Z = Zwischenstation abseits der Querprofile.

Leben an Bord

Grundsätzlich war der Bordbetrieb im Wachsystem organisiert, mit turnusmäßigen Unterbrechungen durch die wissenschaftlichen Beobachtungsarbeiten. Dem militärischen Reglement war zwar im strengen Sinne nur die Besatzung unterworfen, doch hatten sich die Wissenschaftler dem ebenfalls anzupassen, wenn auch nicht bei Musterungen und Appellen. Dies galt auch hinsichtlich der Traditionspflege der Marine.

Offiziere wie auch Mannschaften waren nicht nur für den seemännischen und technischen Schiffsbetrieb zuständig, sondern gleichzeitig auch in die wissenschaftlichen Aufgaben eingebunden.

Abgesehen von den regelmäßigen Echolotungen, die auch im Interesse der Marine und Nautik lagen, wurden z.B. die wissenschaftlichen Geräte und Maschinen vom Schiffspersonal gewartet und repariert. Bei den Tiefankerungen war die Besatzung für die seemännischen Arbeiten ebenso zuständig wie für die Positionskontrolle anhand der laufenden Parameterdokumentation. Vor allem war sie auch systematisch in die Routinearbeiten einbezogen, so beim Windenfahren (Serien, Strommesser, Netze, Stoßröhren, Drachen), beim Einmessen der Pilotballons, bei Datenaufschreibungen, beim Kartenzeichnen und insbesondere bei den Laborarbeiten. Die Offiziere führten außerdem Vermessungsarbeiten und Magnetik-Bestimmungen durch und assistierten bei wissenschaftlichen Auswertungen, so zeitweise der Schiffsarzt bei der Bearbeitung der Planktonproben.

Abgesehen von allenthalben normalen gruppendynamischen Prozessen, Reibereien und disziplinaren Entgleisungen, wie sie in einer auf engstem Raum über längere Zeit zusammenlebenden Gemeinschaft unausweichlich sind, scheint die Atmosphäre an Bord gut gewesen zu sein. Das Verhältnis zwischen zivilen Wissenschaftlern und militärischen Dienstgraden war im Allgemeinen entspannt, auch wenn es im Einzelfall natürlich Querelen gab.

Die generell zwar sehr begrenzte, aber doch vorhandene Freizeit an Bord wurde individuell, aber auch gemeinschaftlich gestaltet. Dem dienten etwa eine gut ausgestattete Bibliothek, Spielkreise und sportliche Betätigung, ebenso eine Bordkapelle (die darüber hinaus an Land eine wichtige Funktion hatte, indem sie bei Ausmärschen dem Dank der METEOR an die Gastgeber Ausdruck verlieh).

Weiterhin wurden Vorträge gehalten, so zu landeskundlichen, historischen und wissenschaftlichen Themen, die dazu beitrugen, Einblick in die Zusammenhänge zu geben, die über den Alltagsrahmen hinausreichten.

Bordfeste in unterschiedlichem Rahmen, so etwa beim Mummenschanz der beiden Äquator-

Abb. 87–92 Zwar forderte der Dienstbetrieb die Besatzung der METEOR zeitlich und physisch erheblich, doch wurde auch dafür gesorgt, dass die Männer einen gewissen Ausgleich bekamen. Neben einem Vortragsprogramm mit unterschiedlichsten Themen wurde die Freizeit auch durch Zerstreuungen gestaltet. Beispiele waren die zweimal abgehaltenen Äquatortaufen, Wettrennen von Schildkröten, Hai- und Albatros-Angeln, aber auch Musikstunden der Bordkapelle. Auch ein Dackel, Affe und Waschbär sorgten für Beschäftigung und Belustigung. (DSM: III A 117 GL)

taufen, sorgten für Beschäftigung, ebenso die Jagd auf Haie, Schildkröten oder Albatrosse. Auch der Bordhund, später noch ein Affe, erforderten Aufmerksamkeit und trugen zur kurzweiligen Zerstreuung bei.

Trotz allen Bemühens, die Ernährung abwechslungsreich zu gestalten und in den Häfen durch frische Lebensmittel zu ergänzen, war allerdings nicht zu verhindern, dass sie auf Dauer als eintönig empfunden wurde, *so daß trotz großen Hungergefühls beim Anblick der oft genossenen Speisen jeglicher Appetit schwand und sich ein »qualitativer Hunger« entwickelte.* Erkrankungen, die allein der einseitigen Ernährung zuzuschreiben gewesen wären, traten jedoch nicht auf.[180]

Der Krankenstand war mit unter 15 Krankschreibungen vergleichsweise stabil, wenn auch nach dem Urteil des Schiffsarztes hoch. In den Tropen allerdings schnellte die Zahl auf über vierzig Krankmeldungen hinauf, bedingt durch harten Dienst in Verbindung mit den ungewohnt strapaziösen Klimabedingungen und Infektionskrankheiten.

Rückreise

Am 5. Mai trifft METEOR in Porto Grande (Kapverden) ein, um am folgenden Tag Kohle und auch noch verspätet eingetroffenen Nachschub zu übernehmen. Dann marschiert das Forschungsschiff nordwärts zur letzten Station der Deutschen Atlantischen Expedition, Nr. 310, die die Lücke zwischen dem West- und Ostabschnitt des Profils XIII schließt.

Zum Abschluss der Stationsarbeiten gehen am Abend des 7. Mai bei der letzten Serie zwei Sektflaschen mit bis auf 250 m Tiefe. Nun nicht mehr gebrauchte Bottiche und das Pult für die Aufschreibungen gehen mit »Hurra« über Bord, und mit Entschlossenheit entfernt man die Sicherungen aus den Lot- und Serienmaschinen. Grüne Signalsterne steigen in die Dunkelheit, und während der Kommandant »Kurs Wilhelmshaven« befiehlt, geht ein Funktelegramm nach Norddeich, das den Abschluss der ozeanographischen Arbeiten in die Heimat meldet.[181]

Während sich Spieß als Expeditionsleiter nur sehr verhalten zur Freude über das Ende der Expedition äußert[182], gibt der Schiffsarzt in seinem Gesamtbericht ein etwas detailliarteres Bild.[183] In den letzten Monaten der Reise habe er bei vielen Abgespanntheit und Reisemüdigkeit beobachtet. Die psychologischen Hintergründe erläutert er so: *Bald nach dem Verlassen eines Hafens sah man nichts anderes mehr als Himmel und Wasser. Die Menschen, denen man auf dem kleinen Schiff zu jeder Stunde begegnete, kannte man bereits seit ... Jahren. Die Beschäftigung auch auf den Stationen wirkte allmählich eintönig.* Hinzu seien schlechtes Wetter, tropische Schwüle, beengte Verhältnisse und unbequemes Schlafen gekommen, eine Möglichkeit zum Zurückziehen habe es kaum gegeben.

Nachtarbeit, wenig abwechslungsreiche Nahrung und unzureichende körperliche Bewegung hätten ein weiteres dazu getan. All dies habe je nach Verfassung und Empfindlichkeit des einzelnen auf Körper und Seele eingewirkt, und *das Bedürfnis nach anderer Umgebung und Unterhaltung steigerte sich*.

Die außerordentlich starke Inanspruchnahme der Bordbibliothek habe gezeigt, *wie groß das Bedürfnis nach geistiger Zerstreuung war*. Auch die Bordkapelle und Spielrunden hätten der Langeweile entgegengewirkt, ebenso Vorträge des wissenschaftlichen und militärischen Personals. Ausflüge an Land hätten zwar die interessanteste Abwechslung gebracht, aber mit der Zeit sei doch eine Übersättigung an Eindrücken zu beobachten gewesen, so dass sich bei vielen *eine gewisse Müdigkeit und Gleichgültigkeit auch neuen Dingen gegenüber* eingestellt habe. Alle diese Bedingungen hätten sich in Arbeitsunlust und Reizbarkeit bemerkbar gemacht, doch habe *bis zur Beendigung der Reise ein gutes Einvernehmen unter den Expeditionsteilnehmern* erhalten werden können, wobei wohl auch die militärische *Bordetikette* und das *Respektverhältnis* eine Rolle gespielt hätten.

Abb. 93 Anlässlich des 41. Geburtstages und 25-jährigen Thronjubiläums des spanischen Königs Alfons XIII. zeigt METEOR Flaggengala mit der spanischen Flagge im Vortopp, Sta. Cruz de Tenerife, 17. Mai 1927. (DSM: III A 117 GL / 140.1136)

Am Tag nach der letzten Station – Sonntag, 8. Mai 1927 – wird das Ende der Expedition gefeiert. Die meteorologischen Aufstiege und Messungen werden aber noch bis zu den Kanaren fortgeführt[184], um den Anschluss an die vorhandenen Daten zu gewinnen. Gelotet wird sogar bis zum Einlaufen, wobei mehrere Untiefen nachgeprüft und sogar noch unbekannte Seeberge südlich der Kanarischen Inseln gefunden werden, die dann so benannten Wendekreis- und Echobänke. Letztere erhalten ihren Namen, weil sie *besonders charakteristisch sind für die Geeignetheit des Echolotes,* solche Meeresbodenstrukturen aufzuspüren.[185]

Als METEOR am Mittag des 12. Mai in Santa Cruz de Tenerife einläuft, wird sie bereits erwartet: Der Präsident der Notgemeinschaft der Deutschen Wissenschaft, Friedrich Schmidt-Ott, kommt beim Einlaufen mit einem Boot an Bord. Seine Absicht ist, die weitere wissenschaftliche Arbeit vorzubereiten, bevor die einzelnen Wissenschaftler wieder an ihre Dienstorte zerstreut und *in ihren heimischen Instituten Einwirkungen von anderer Seite ausgesetzt sind.*[186]

Die Tage auf Teneriffa werden für die Wissenschaftler und Offiziere, die in einem Hotel Quartier nehmen, *zu einem unvergeßlich schönen Ferienaufenthalt, ... Belohnung für überstandene Strapazen, und zu einem harmonischen Abschluß der Expedition.*[187]

Bei den Ansprachen lässt Spieß es sich angelegen sein, nunmehr Schmidt-Ott als *den Vater der Expedition* zu würdigen, was dieser mit Stolz quittiert.[188] Stilvolle Umgebung für die folgenden Beratungen ist die Villa »La Paz« bei Santa Cruz, in der 1799 auch Alexander von Humboldt logierte. Dabei geht es vor allem um die Verwertung des umfangreichen Datenmaterials und dessen Veröffentlichung in Form eines vielteiligen Expeditionswerks, dessen Herausgabe Defant auf der Basis der von Merz vorgenommenen Gliederung übernehmen soll (siehe dazu die bibliographische Erfassung des Werks am Schluss).

Am Abend des 17. Mai lässt man die Kanaren zum letzten Fahrtabschnitt hinter sich. Die Biscaya zeigt sich mit Nordostböen bis Stärke 11 und Seegang 7 gewohnt unfreundlich, so dass das Schiff nur noch 3-4 Knoten über Grund macht. Freundlicher wird man dagegen im Ärmelkanal empfangen: Zahlreiche Glückwunschtelegramme und Radiosendungen lassen die METEOR-Männer *die Rückkehr in die Kultur der Alten Welt fühlen.*[189]

In der inneren Deutschen Bucht angekommen, muss das Vermessungsschiff einen Lotsen an Bord nehmen, da sich das Fahrwasser seit dem Auslaufen beträchtlich verändert hat; am frühen Morgen des 30. Mai[190] dirigiert er METEOR zum Flottenankerplatz auf Schillig-Reede. Die Verspätung gegenüber dem ursprünglichen Reiseplan beträgt nun rund 100 Tage.

Nachdem die Besatzung das Schiff äußerlich instand gesetzt hat, nehmen der Chef der Marineleitung, Admiral Hans Zenker, und der Stationschef der Nordsee am 2. Juni die militärische Besichtigung vor. Bei der formellen Rückmeldung erstattet

Abb. 94 METEOR auf Schillig-Reede, 31. Mai 1927. Zum letzten Mal wird der Skagerraktag »in See« gefeiert, mit der kaiserlichen Flagge im Großtopp und dem Heimatwimpel. (Archiv DSM)

der METEOR-Kommandant Bericht über den Verlauf der Reise, die Erfahrungen und die Verhältnisse an Bord.¹⁹¹

METEOR habe sich als gutes Seeschiff bewährt, wenngleich die Marschleistung durch Bodenbewuchs und Abnutzung der Kessel zuletzt bis auf 6 kn abgesunken sei.¹⁹² Die Offiziere hätten *sich in aufopfernder Weise in den Dienst der Wissenschaft gestellt*, doch hätten sie *beruflich wenig Nutzen von der Expedition gehabt*, wenn man von den vertieften Kenntnissen in Navigation und Seemannschaft absehe.

Das Verhältnis der Offiziere zu den Wissenschaftlern war einwandfrei, ebenso wie *die Behandlung der Mannschaften durch die Wissenschaftler*. Diese hätten sich im übrigen *in den militärischen Betrieb des Schiffes eingefügt* und *gegenseitig Rücksichtnahme ... geübt*.

Der dauernde Arbeitsdienst der Mannschaft ohne Rücksicht auf Tag und Nacht, Sonn- und Feiertage und ohne laufenden militärischen Dienst *bot bezüglich Aufrechterhaltung der Disziplin Schwierigkeiten*, zumal es wenig Abwechslung und speziell in den Tropen kaum Erholung gegeben habe und die Hafenzeiten mit vielfältigen Aufgaben der Instandsetzung und Materialübernahme ausgefüllt gewesen seien. Auch die Unterbringung der Mannschaft sei *nicht befriedigend* gewesen, da zu beengt und heiß.¹⁹³

Trotzdem sei das wissenschaftliche Hilfspersonal – Laboranten, Zeichner, Rechner, Lotspersonal – *zuverlässig und fleißig gewesen, die Disziplin der Mannschaft stets gut* und *das Auftreten im Ausland lobenswert*. Auch *die Stimmung der Besatzung war während der ganzen Expedition gut*, und letztlich habe die Mannschaft wesentlich zum Gelingen der Reise beigetragen, wofür sie volle Anerkennung verdiene.

Abb. 95 Nach 777 Tagen Auslandsreise läuft das Forschungsschiff in die Dritte Einfahrt in Wilhelmshaven ein, die von Hunderten von Menschen gesäumt ist, 2. Juni 1927. Der Empfang durch eine jubelnde Menschenmenge und unter Musik ist für die Männer der METEOR *ein ergreifender, unvergeßlicher Anblick*. (BA/MA: R-04/239, Foto: Marinewerft Wilhelmshaven)

Transfer der Expeditionsergebnisse

Im Anschluss an diesen Bericht gibt Spieß dem Marinechef auch einen zweistündigen Überblick über die wissenschaftlichen Arbeiten und die vorläufigen Ergebnisse.

Mit dem Reichswehrminister und zahlreichen weiteren Vertretern von Staat und Wissenschaft an Bord, läuft METEOR dann unter Heimatwimpel nach Wilhelmshaven ein. Ungezählte Menschen besuchen am Nachmittag das Schiff, und die Presse nimmt gebührend Notiz, wie überhaupt die Anteilnahme nicht auf die Region beschränkt ist, wie Hunderte von Telegrammen aus ganz Deutschland zeigen.

Bei der stimmungsvollen abendlichen Willkommensfeier beglückwünschen die Redner die Expedition zu dem *schönen Sieg, der für die Wissenschaft unter der Kriegsflagge erfochten* worden ist[194] – die Wahrnehmung der Expedition wird, wohl zeittypisch, von der national-militärischen Perspektive bestimmt.

Die folgenden Tage sind von Abwicklungsarbeiten bestimmt; die wissenschaftlichen Geräte gehen an die Institute, Material und Schiffsausrüstung werden für die Werftzeit abgegeben.[195]

Währenddessen reisen drei Wissenschaftler[196] sowie Spieß als Expeditionsleiter nach Karlsruhe zum Deutschen Geographentag, um dort die ersten vorläufigen Ergebnisse der Reise vorzutragen. In einer Resolution dankt die Versammlung allen METEOR-Fahrern *für die Durchführung des Planes unseres verewigten Alfred Merz, für die Bereicherung der geographischen Wissenschaft, für die Hebung des Ansehens deutscher Kultur und die würdige Vertretung des deutschen Namens in der Welt.*[197]

Aber nicht nur die »scientific community« lässt sich informieren, auch Reichspräsident Paul von Hindenburg empfängt am 23. Juni in Berlin fünf Herren des Expeditionsstabes[198] in längerer Audienz, ebenso wie auch Reichsinnenminister Walter von Keudell und Großadmiral Alfred von Tirpitz die Expeditionsteilnehmer begrüßen.

Tags darauf beginnen die Arbeiten der METEOR-Kommission, bei denen es um die Herausgabe des Expeditionswerks geht. Dem schließt sich am Abend als hochrangiges gesellschaftliches Ereignis die Festsitzung der Notgemeinschaft der Deutschen Wissenschaft und der Gesellschaft für Erdkunde zu Berlin an. Spieß wird in Anerkennung seiner Leistung als wissenschaftlicher Leiter der Expedition am 11. Juli 1927 die Ehrendoktorwürde der Kieler Universität verliehen, nachdem er kurz zuvor mit der Großen Goldenen Leibniz-Medaille der Preußischen Akademie der Wissenschaften ausgezeichnet worden ist – Ehrungen, die zweifellos ihre Berechtigung haben, letztlich aber dem weit blickenden und visionären Wirken Alfred Merz' zu verdanken sind und erst durch seinen Tod möglich wurden.

Nach dem festlichen Abschluss der über zweijährigen Expedition schließt sich nun die Auswertung des gewonnenen Materials an. Vorauseilend erscheint 1928 zunächst die publikumswirksame Reisebeschreibung des Expeditionsleiters: »Die Meteor-Fahrt«. Ebenfalls aus seiner Feder folgt dann 1932 als erster Band des Expeditionswerks die wissenschaftliche Reisedarstellung »Das Forschungsschiff und seine Reise«, zeitgleich mit den ozeanographischen Auswertungen von Georg Wüst und Kollegen, doch erst drei Jahrzehnte später, 1963, erscheint der letzte der 16 Bände und Teilbände der Gesamt-Bearbeitung.[199]

Das Expeditionswerk unter dem etwas unhandlichen Reihentitel »Wissenschaftliche Ergebnisse der Deutschen Atlantischen Expedition auf dem Forschungs- und Vermessungsschiff ›METEOR‹ 1925-1927« geht allerdings weit über die seinerzeit gewonnene Datenbasis hinaus. Sinnvollerweise werden auch Daten und Ergebnisse in die Bearbeitung einbezogen, die in der Zwischenzeit von anderen und auf weiteren Expeditionen gewonnen worden sind, so dass das METEOR-Werk letztendlich die Erkenntnisse eines teilweise Jahrzehnte späteren Forschungsstandes widerspiegelt.

Die wissenschaftliche Hauptaufgabe der Expedition bestand nach dem Konzept von Alfred

Merz darin, die Zirkulation des ozeanischen Wasserkörpers aufzuklären. *Dieses Vorhaben ist in vollem Umfange gelungen,* urteilte fünf Jahrzehnte später Günther Böhnecke, seinerzeit Expeditionsteilnehmer und später Präsident des Deutschen Hydrographischen Instituts.[200] Vieles, so sein Fazit, möge von der Geschichte hinweggefegt worden sein, *eines jedoch ist geblieben: das sind die wissenschaftlichen Ergebnisse, die auch heute noch ihren Wert haben.* Als Kronzeugen zitiert er dabei den amerikanischen Ozeanographen Frederick C. Fuglister, der in der Auswertung von vergleichbaren Querprofilen während des Internationalen Geophysikalischen Jahres 1957/58 feststellte, die Temperatur- und Salzgehaltsdaten seien *virtually identical to those found over thirty years earlier; der Vergleich liefere dramatic evidence for the steady state of large scale Atlantic Ocean dynamics.*[201]

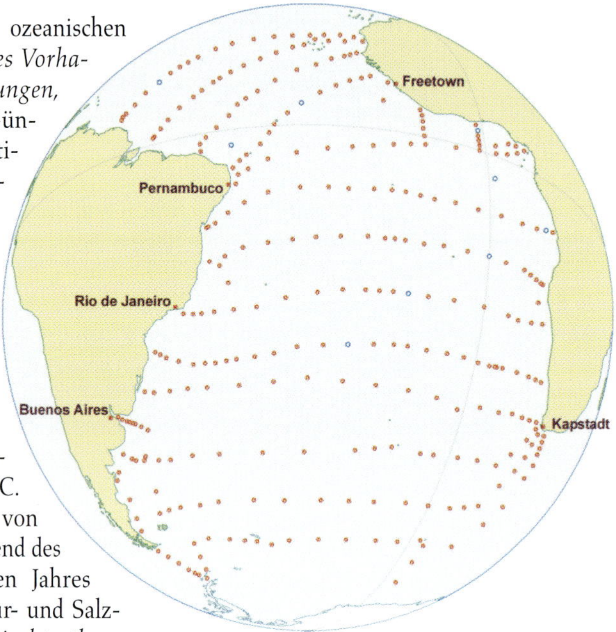

Vor der METEOR-Reise waren im gesamten Südatlantik nur etwa 3000 Tiefenangaben vorhanden, die durch zeitaufwendige Drahtlotungen ermittelt worden waren. Die neuen Werte der Deutschen Atlantischen Expedition basierten hingegen auf Echolotungen, die in den zwei Jahren rund 67 400 neue Tiefenpunkte entlang der Kurslinien erbracht hatten.

Abb. 96/97 Die Expedition lieferte zunächst nur ein »virtuelles Raster« von Datensätzen, das in den folgenden Jahrzehnten die Grundlage für eine ausgefeilte Bearbeitung und den Erkenntnisgewinn in den verschiedenen Disziplinen bildete. Im Beziehungsnetz der ozeanischen Messpunkte ist deutlich der Beitrag der Deutschen Atlantischen Expedition zu erkennen. Ihre Daten wurden jedoch in ein räumlich weit darüber hinausreichendes Bearbeitungssystem eingebunden. (DAE/VI.2.5, Beil. 20)

Zwar relativierte Expeditionsleiter Spieß das Ergebnis im Hinblick auf die Gesamtgröße des Südatlantiks, denn statistisch habe *sich für ein Flächenareal von der Größe der ganzen Schweiz eine einzige Tiefenbestimmung* ergeben.[202] Doch vergleicht man – allein schon rein optisch – die Zahl der Gradfelder, für die 1911 noch keinerlei Messung vorhanden war, mit der gleichen Darstellung etwa ein Vierteljahrhundert später (1934), so ist der Fortschritt unübersehbar, und die METEOR-Kurse lassen sich recht gut erkennen.[203]

Abgesehen von der statistischen Betrachtung, die die noch bestehenden Lücken bewusst macht, trugen die Lotungsprofile jedoch wesentlich zur Kenntniserweiterung der atlantischen Großstrukturen bei. Zwar war auch bei Groll schon die »Längsteilung« des Atlantiks durch die lang gestreckte Struktur der »Mittelatlantischen Schwelle« zu erkennen, und auch die Gliederung der parallel zu den Küsten verlaufenden Tröge durch Tiefseebecken und Rücken war in seiner Karte bereits festgehalten.[204]

Doch die Messdaten der METEOR erweiterten und verfeinerten dieses Bild in hohem Maße, zeigten doch *alle Durchquerungen des Atlantischen Ozeans ... erhebliche Abweichungen der Meerestiefen von dem bisher bekannten Bilde*[205], und auch eine Reihe neuer Strukturen waren gefunden worden.[206]

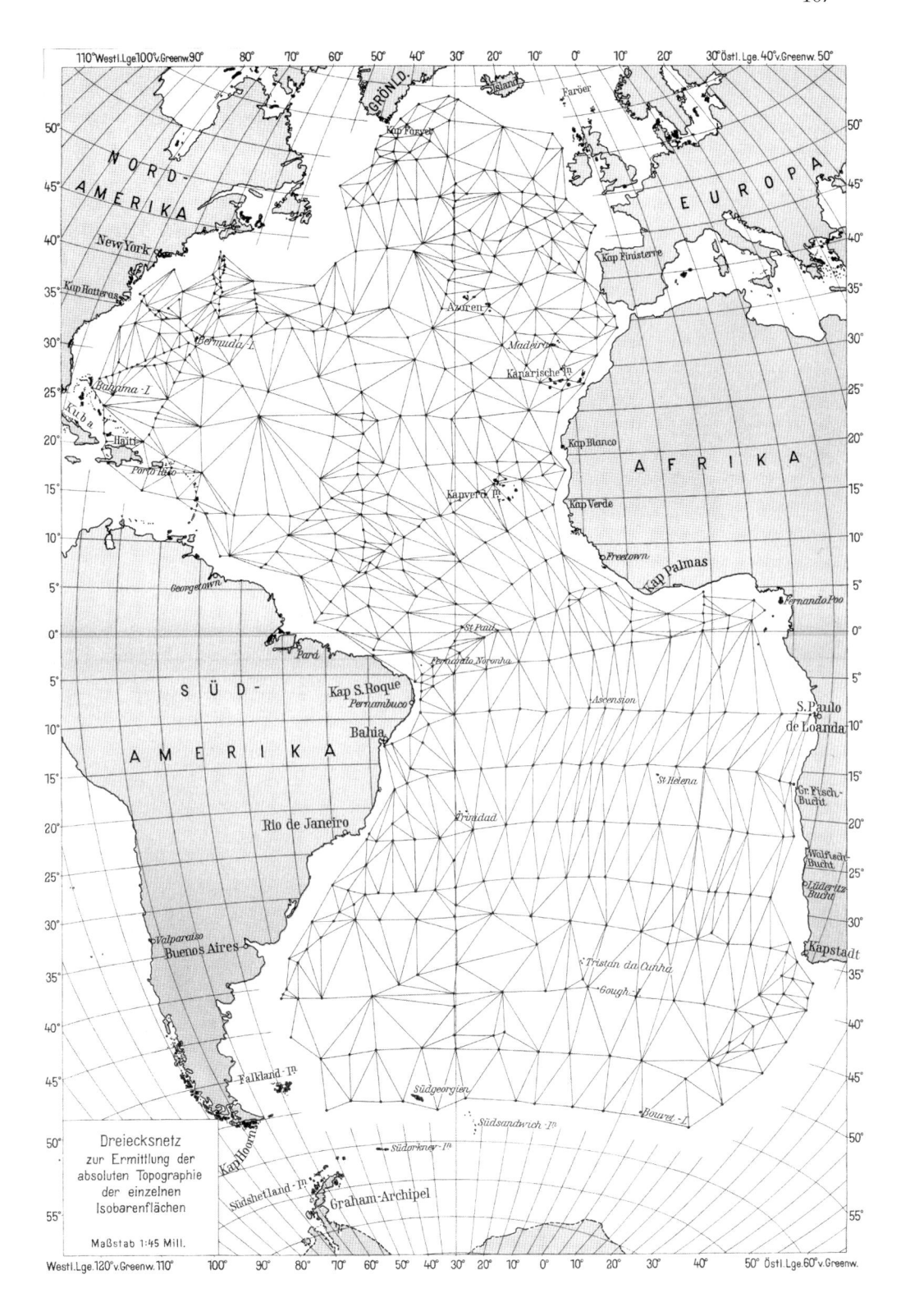

Dreiecksnetz zur Ermittlung der absoluten Topographie der einzelnen Isobarenflächen

Maßstab 1:45 Mill.

1930 richtete man im Berliner Museum für Meereskunde ein »METEOR-Zimmer« ein[207], in dem die Deutsche Atlantische Expedition thematisiert wurde. Die Initiative dazu war im wesentlichen Georg Wüst, dem leitenden Ozeanographen während der Expedition, zu verdanken, wobei auch die Reichsmarine, die Notgemeinschaft und das preußische Ministerium für Wissenschaft, Kunst und Volksbildung wesentlichen Anteil an der Entstehung hatten.

Mit der Ausstellung betrat man *einen neuen Weg*, denn *zum erstenmal seien nicht nur ein Schiffsmodell, die Instrumente und Bilder einer Expedition gezeigt, sondern auch die Grundgedanken der Problemstellung, die Arbeitsmethoden und ... die wissenschaftlichen Ergebnisse museumsmäßig ausgestellt worden.* Für frühere Expeditionen sei dies *in den dicken Folianten des wissenschaftlichen Berichtes nur einem begrenzten Kreise von Fachgelehrten zugänglich* geworden, nun jedoch zeige sich *das Bestreben, die fernerliegende ozeanographische Forschung weiten Kreisen*[208] *verständlich zu machen ...* Der Begriff des »public understanding of science« ist dagegen neueren Datums.

Die Instrumente der einzelnen Disziplinen wurden im Original gezeigt, aber *das Neue und Reizvolle dieser Ausstellung [war] nun, daß der Besucher selbst die Instruktionsmodelle betätigen ... und ganz genau deren Wirkungsweise beobachten* konnte – viele Jahre später wurden sog. Hands-on-Exponate zur Leitidee einer »ganz neuen« Art der Museumspräsentation.

Ein 98 cm langer Lotkern stand stellvertretend für das wissenschaftliche Beobachtungsmaterial und illustrierte *deutlich die in vielen Jahrtausenden entstandene Schichtung von Tiefseeton aus anorganischen Stoffen und Schlamm aus den Kalkgehäusen Millionen abgestorbener kleinster Tierchen* – das Archiv erdgeschichtlicher Prozesse.

Das »Beobachtungsmaterial« bestand jedoch zum weit überwiegenden Teil aus virtuellen Daten und entzog sich damit einer unmittelbaren physischen Darstellung. Dem wurde exemplarisch abgeholfen, indem man ein 100-fach überhöhtes Meeresboden-Relief hatte bauen lassen. Es nahm *das allergrößte Interesse der Besucher in Anspruch, denn für jeden ist es reizvoll, einmal einen Blick auf den Meeresboden zu tun.*[209]

Zweifellos wurde bereits seinerzeit mit einer solchen Vermittlungsstrategie anhand originaler Objekte, aber auch modellhafter Visualisierung, ein Weg beschritten, der geeignet war, die Wissenschaft und ihre Ergebnisse aus der Abgeschlossenheit der Forschungswelt herauszuführen und dem nicht-wissenschaftlichen Teil der Gesellschaft nahe zu bringen und anschaulich-verständlich zu machen – ein durchaus moderner Ansatz, und auch damals unter dem Diktat begrenzter Mittel.

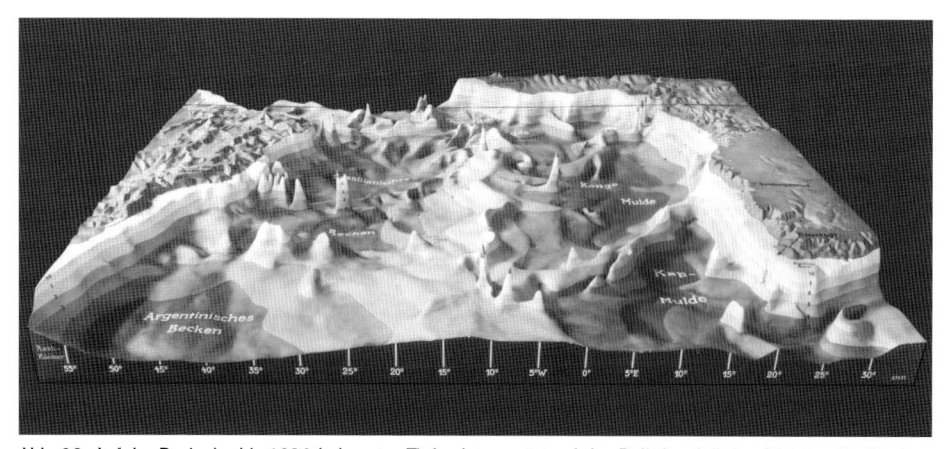

Abb. 98 Auf der Basis der bis 1930 bekannten Tiefendaten entstand das Reliefmodell des Südatlantiks für das METEOR-Zimmer im Museum für Meereskunde in Berlin. (DMM, Bildsign. 562)

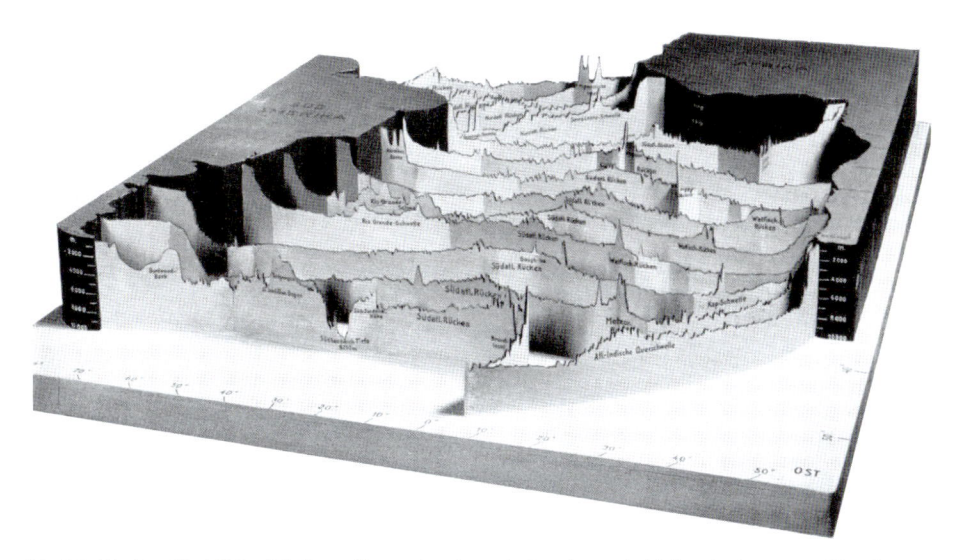

Abb. 99 Mit dem Modell der Echolotprofile wurde seinerzeit die wissenschaftliche »Ausbeute« an Messdaten sichtbar gemacht. Anderthalb Jahrzehnte später ging das Modell in den Wirren des letzten Kriegsjahres verloren. (DAE/III.1.1, Taf. 2, Abb. 3)

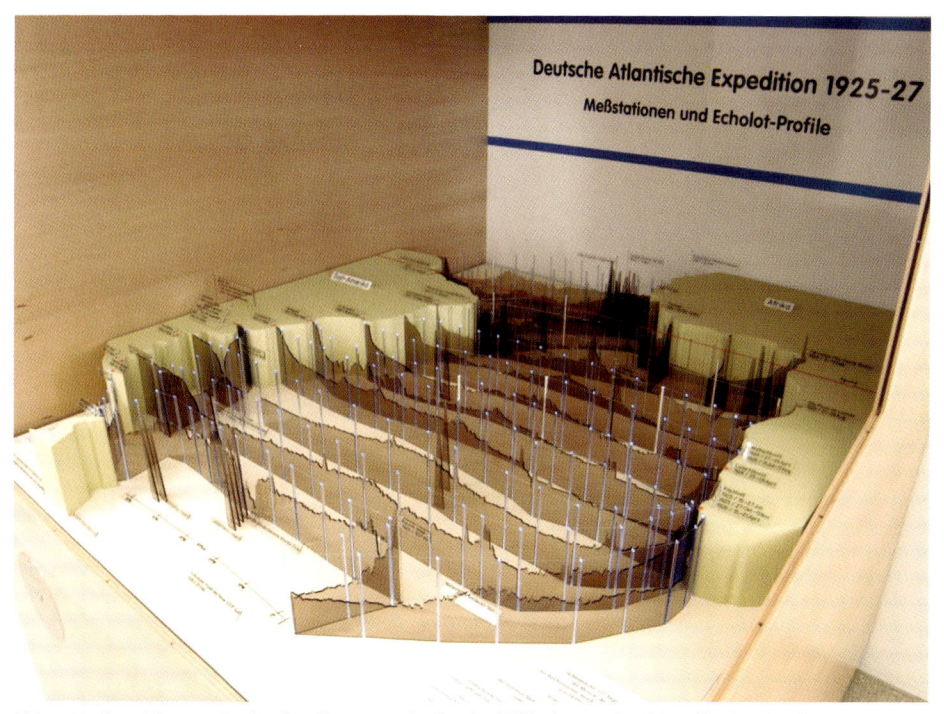

Abb. 100 Angelehnt an den Berliner Vorgänger ist für das DSM eine modernisierte Version des Profilmodells gefertigt worden. Es vereinigt die Darstellung der Echolotwerte und Expeditionsstationen. Gewissermaßen im Zeitraffer führt eine Lichtsequenz den Betrachter entlang der Expeditionsroute. (Modell: J. Ackermann; Foto: E. Laska, DSM)

Anmerkungen:
BA/MA = Bundesarchiv/Militärarchiv, Freiburg
1. Das vorliegende Expeditionsfeature ist ein Zwischenergebnis in einem mehrteiligen Projekt am Deutschen Schiffahrtsmuseum, das die Deutsche Atlantische Expedition 1925-1927 rund achtzig Jahre nach ihrer Durchführung im musealen Kontext aufbereitet:
    – Der hier vorgelegte Beitrag beschränkt sich auf die Schilderung des Expeditionsverlaufs in seinem operationellen Umfeld und behandelt die wissenschaftsinhaltlichen Aspekte nur in ausgewählten Einzelfällen.
    – Angelehnt an ein verschollenes Modell des Berliner Museums für Meereskunde, wurde eine modernisierte Version gebaut, mit der das Stationsprogramm und die gewonnenen Echolotprofile der DAE 1925-1927 anschaulich gemacht werden; per Lichtführung entlang der Profilkurse wird so der chronologische Ablauf »inszeniert«.
    – Neben der umfänglichen Textform ist als weiteres Projektelement eine bildunterlegte Zeitgrafik in Vorbereitung, mit der die über zwei Jahre dauernde Expedition in der Art eines grafischen Fahrplans für die Ausstellung verdichtet dargestellt werden soll.
    Wesentliche Grundlage der vorliegenden Darstellung sind die beiden ausführlichen Reisebeschreibungen des METEOR-Kommandanten und (zweiten) Expeditionsleiters, Fritz Spieß. Seine populärwissenschaftliche Publikation von 1928 (zitiert als Spieß: Fahrt) vermittelt generell mehr Wertungen und Zeitkolorit, während seine Ausarbeitung im Rahmen des Expeditionswerkes von 1932 (zitiert als Spieß: Reise) zahlreiche Detailfakten bereitstellt. Ziel ist es hier, den Expeditionsverlauf in seinen wesentlichen Ereignissen herauszuarbeiten und die vielfältig miteinander verschränkten Aspekte darzustellen, um so ein Gefühl dafür zu vermitteln, welche beachtlichen planerischen, organisatorischen und physischen Leistungen auf den verschiedensten Gebieten erbracht werden mussten und welche großen und kleinen Probleme zu lösen waren, um letztendlich den wissenschaftlichen Erfolg zu sichern.
    Obwohl hier keine disziplinhistorische Aufarbeitung geboten wird, richtet sich die Betrachtung im Kern auf das Hauptanliegen der Expedition, die Erforschung der Bodengestalt und der physikalisch-ozeanographischen Bedingungen im Südatlantik. Beides leitete sich aus dem großen wissenschaftlichen Ziel ab, das dreidimensionale Zirkulationsmuster zu erkennen und die theoretischen Hypothesen zu erhärten. Neben der expeditionshistorischen Perspektive soll der Beitrag schlaglichtartig auch Zeitkolorit vermitteln, um die soziale und nationalpolitische Matrix zu verdeutlichen, in der sich die wissenschaftliche Arbeit seinerzeit vollzog. Anders als in den beiden narrativen Quellenwerken wurde hier aber darauf verzichtet, die geographischen, wirtschaftlichen und nautischen Beschreibungen der angelaufenen Häfen und ihrer Umgebung einzubeziehen, da sie weder für den Expeditionsverlauf noch für den meereskundlichen Expeditionszweck von Bedeutung sind, wenngleich sie unter dem Gesichtspunkt historischer Geographie oder Ethnographie ihren Wert haben.
    Bei der Auswertung wurde auf den Einzelnachweis für die mitgeteilten Reisefakten wie Daten und Ereignisse verzichtet, weil dies den Anmerkungsapparat über jede Sinnfälligkeit hinaus aufgebläht hätte. Zitatstellen sind hingegen meist belegt, so dass ein Anhalt gegeben ist, in welcher Umgebung die Einzelangaben aufzufinden sind.
2. Vgl. Spieß: Reise, S. 1f. – Zur Beteiligung der Kaiserlichen Marine an wissenschaftlichen Unternehmungen siehe F. Spieß: Die Vermessungen und wissenschaftlichen Forschungen der Kaiserlichen Marine. Teil III: Die Mitarbeit der Marine an der wissenschaftlichen Erforschung der Meere; in: Marine-Rundschau 27, 1922, Heft 2, S. 79-86; ebenso H.-H. Fleischer: Aufgaben der Kaiserlichen Marine im Dienste der Wissenschaft. In: F.P. Kahlenberg (Hrsg.): Aus der Arbeit der Archive. Festschrift für Hans Booms. (= Schriften des Bundesarchivs, Bd. 36). Boppard 1989, S. 699-711; A. Grießmer: Die Kaiserliche Marine entdeckt die Welt: Forschungsreisen und Vermessungsfahrten im Spannungsfeld von Militär und Wissenschaft (1874 bis 1914). In: Militärgeschichtliche Zeitschrift 59, 2000, Heft 1, S. 61-98.
3. Entsprechend dieser Tradition erhielt das Schiff später eine Heckzier, die das Eiserne Kreuz mit dem Gefechtsdatum zeigte; Abbildung bei Spieß: Reise, S. 65.
4. Vgl. P. Köppen: Die Überwasserstreitkräfte und ihre Technik. (= Band der Reihe: Der Krieg zur See 1914-1918). Berlin 1930, S. 299.
5. Aktenvermerk über Besprechung in der Admiralität v. 26.8.1919 (BA/MA: RM.3/3463).
6. Spieß: Reise, S. 3. – Mit deutlich mehr Emphase formuliert Spieß in seiner populären Ausgabe: Es habe gegolten, *der Welt draußen zu zeigen, daß die deutsche Wehrmacht zur See und Deutschland selbst noch lebte* (Spieß: Fahrt, S. 2).
7. Vgl. Spieß: Reise, S. 5; Zitate ebd. – Den hinter dem Vorschlag stehenden Ansatz verfolgt Schott auch später weiter: 1929 macht er auf insgesamt 18 Handelsschiffen eine Weltreise, um Material für seine Arbeit »Geographie des Indischen und Stillen Ozeans« (Hamburg 1935) zu sammeln. Siehe G. Schott: Ozeanographisch-meteorologische Erfahrungen auf einer Forschungsreise zur See um die Erde. In: Verhandlungen u. wissenschaftliche Abhandlungen des 24. Deutschen Geographentages zu Danzig (26.-31. Mai 1931). Breslau 1932, S. 206-215.
8. Der Verzicht auf Bewaffnung brachte mit sich, dass METEOR später nicht salutfähig war, wie Spieß vermutlich mit einem gewissen Bedauern vermerkt. Diese Tatsache schränkte in den angelaufenen Häfen aber nicht *die einem Kriegsschiff nach internationalen Gepflogenheiten zustehenden Formalitäten und Vergünstigungen* ein; Spieß: Reise, S. 3 (Fn. 1) bzw. 37.
9. Das folgende nach: Eingabe an den Reichsminister des Inneren, Datum nicht mitgeteilt; vgl. Spieß: Reise, S. 6ff., Zitate ebd. (s.a. Spieß: Fahrt, S. 9f.).
10. Auch ohne konkreten Bezug hatte Merz dabei sicher den Ausschluss der Mittelmächte aus der Gemeinschaft des 1919 gegründeten International Research Council im Sinn, in dessen Statuten dieser Bann festgeschrieben war.

11 Er bezieht sich damit auf Alfred Wegener, dessen Arbeit »Die Entstehung der Kontinente und Ozeane« zuerst 1915, dann in zweiter Auflage 1920 erschienen war. Wegener war zu dieser Zeit Abteilungsleiter an der Deutschen Seewarte und hatte eine Professur an der Universität Hamburg inne.
12 Merz' Arbeiten dazu waren etwa: Neue Anschauungen über das nordatlantische Stromsystem. In: Zeitschrift der Gesellschaft für Erdkunde zu Berlin 1915, Heft 2, S. 111-121; weiterhin: Temperaturschichtung und Vertikalzirkulation im Südatlantischen Ozean nach den CHALLENGER- und GAZELLE-Beobachtungen. In: ZGEB 1922, Heft 7-10, S. 288-300, sowie zusammen mit G. Wüst: Die atlantische Vertikalzirkulation. In: ZGEB 1922, Heft 1/2, S. 1-35, und 1923, Heft 3/4, S. 132-144.
13 Spieß: Reise, S. 8.
14 Zu dieser politischen Absicht siehe J. Dülffer: Weimar, Hitler und die Marine: Reichspolitik und Flottenbau 1920–1939. Düsseldorf 1973, S. 36ff.
15 Spieß: Fahrt, S. 2.
16 Bisher war leider keine Kartenskizze mit der gedachten Routenführung aufzufinden, aus der das spezielle Untersuchungsgebiet hervorginge. Zu vermuten ist allerdings, dass es wohl eher im südlichen Teil gelegen hätte, um weniger auf Stützpunkte in Häfen der ehemaligen Weltkriegsgegner angewiesen zu sein und vielleicht einen Vorteil in den ehemaligen Kolonien zu haben. Ein Indiz für eine Orientierung auf den südlicheren Bereich ist auch die Merz-sche Idee, einen Querschnitt von der pazifischen Tiefsee bis in die Anden zu erforschen.
17 Vgl. J. Nixdorff in: Spieß: Reise, S. 39f. – Rechnungen der Marineleitung kamen sogar zum Ergebnis, dass eine Dieselanlage mehr als doppelt so teuer sei. Da METEOR ein genietetes Schiff war, kamen noch die Kosten für die Öladdichtung des Schiffskörpers hinzu.
18 Schreiben des Reichsfinanzministeriums vom 2.11.1921; hier nach Spieß: Reise, S. 10.
19 Zur Illustration: Von November 1921 bis August 1922 stieg der Dollar-Kurs von 62,64 Mark auf mehr als das Vierfache (270,26 Mark) und stand im Dezember 1922 bei 1807,83 Mark; vgl. Zahlen zur Geldentwertung in Deutschland 1914 bis 1923. (= Sonderhefte zu Wirtschaft und Statistik, Heft 1). Berlin 1925: S. 5. – Am 4.10.1922 sah sich auch die Notgemeinschaft der Deutschen Wissenschaft aufgrund der Inflation zu einem Brandbrief genötigt: Die Notgemeinschaft *steht vor dem Zusammenbruch und ist durch die Wirtschaftslage ... gezwungen, das Reichsministerium des Innern erneut um schleunige Hilfe zu bitten.* Bericht der Notgemeinschaft der Deutschen Wissenschaft über ihre Tätigkeit bis zum 31. März 1922. Wittenberg [1923], S. 43; dort auch Zahlenangaben.
20 Zur Entstehungsphase siehe: Bericht der Notgemeinschaft etc., a.a.O., insbes. S. 9 u. 33; F. Schmidt-Ott: Erlebtes und Erstrebtes, 1860-1950. Wiesbaden 1952, S. 174ff.; N. Hammerstein: Die Deutsche Forschungsgemeinschaft in der Weimarer Republik und im Dritten Reich: Wissenschaftspolitik in Republik und Diktatur 1920–1945. München 1999, S. 32ff.; K. Zierold: Forschungsförderung in drei Epochen. Deutsche Forschungsgemeinschaft: Geschichte – Arbeitsweise – Kommentar. Wiesbaden 1968, S. 3ff. – Zur Finanzausstattung siehe ebd., S. 29ff. sowie Tab. S. 38f. – Offenbar gestaltete sich der Mittelabfluss generell zögerlich: *Bis die Gelder ... in die Hände der Forscher kamen, vergingen viele Monate.* Der Apparat war noch nicht eingespielt, der Umgang mit einer Inflation ungewohnt, und Schmidt-Otts Bemühen um Sorgfalt und Gründlichkeit scheint ebenfalls verzögernd gewirkt zu haben: *So zeigte sich draußen im Lande beträchtliche Ungeduld* (ebd., S. 34f.). Dass es hier einen negativen Zusammenhang zu den Bemühungen seitens Merz gibt, ist nur zu vermuten.
21 Schreiben des Chefs der Marineleitung vom 15.8.1922; hier nach Spieß: Reise, S. 10.
22 Vgl. Nixdorff in Spieß: Reise, S. 40, sowie Schreiben des Chefs der Marineleitung vom 15.12.1922; hier nach Spieß: Reise, S. 10.
23 Das folgende nach Tagebuch-Aufzeichnungen von Merz, zitiert bei Spieß: Reise, S. 11f. (Nach dem Duktus scheint es sich allerdings um eine von Spieß angepasste Wiedergabe zu handeln, kenntlich an der Dritten Person für den Schreiber, in der Merz sein Tagebuch vermutlich nicht abgefasst hat.)
24 Nach den Tagebuchaufzeichnungen Merz'. – Schmidt-Ott (a.a.O., S. 185) erinnert sich der Episode sehr viel anders und überzeichnet seinen Beitrag zur Urheberschaft offensichtlich deutlich: *Bei einem Besuch des Professors Merz ... warf ich die Frage auf, ob wir nicht eine Meeresexpedition machen müßten. Die Chunsche Tiefsee-Expedition habe 300 000 Mark gekostet, wie sie für eine so wichtige Aufgabe auch jetzt verfügbar gemacht werden könnten. Daraus entsprang die »Meteor«-Expedition* – ein schönes Beispiel für die selbsterhöhende Tendenz in Autobiographien. Zierold (a.a.O., S. 160) übernimmt die Selbstdarstellung Schmidt-Otts unbesehen und mit einigem Unverständnis für die sachlichen Fakten der Expedition.
25 Auch hier sieht sich Schmidt-Ott (a.a.O., S. 202) in einer tragenden Rolle: *Meine Bemühungen fanden bei dem Chef der Marine, ..., freundlichstes Entgegenkommen, so daß die Flotte Schiff und Mannschaft zur Verfügung stellte.* Die weitgehend nüchternen Detailangaben in Merz' Tagebuch (bei Spieß: Reise, S. 11f.) zeigen deutlich, dass Schmidt-Ott hier eine Legende aufbaut.
26 Das folgende nach dem Text der vollständig wiedergegebenen Denkschrift vom 14.2.1924 bei Spieß (Reise: S. 13-17); Zitate ohne Einzelseitennachweis ebenda.
27 Die »politischen« Gründe dürften darin zu sehen sein, dass die Anrainerstaaten des Indischen Ozeans, in denen notwendigerweise die Stützpunkte der Expedition liegen würden, zumeist unter britischer Ägide standen.
28 Wiedergabe der Merzschen Gedankenrichtung bei Spieß: Reise, S. 11.
29 Allenfalls könne der biologisch auszubildende Schiffsarzt *gewisse Aufsammlungen* vornehmen, stellte Merz in Aussicht.

30 Die Fokussierung der Aufgabenstellung auf die physikalisch-ozeanographischen Arbeiten beschreibt auch Stahlberg: Expedition, S. 388.
31 Wenn auch nur ein grober Anhalt, da es dabei nicht um Expeditionsgüter geht, so gibt der Verbraucherpreisindex des Statistischen Bundesamts eine gewisse Vorstellung des heutigen Geldwerts: Die damaligen 815 000 RM würden heute rund 2,75 Mio. Euro entsprechen.
32 Bis hierhin alle Zitate aus der Denkschrift bei Spieß: Reise, S. 13-17.
33 Vgl. zum folgenden Spieß: Reise, S. 19f.; Zitat ebd.
34 Im Vorfeld der Expedition wurde offenbar auch heftig taktiert. So fuhr Schmidt-Ott im September 1924 zu einer Innsbrucker Forscherversammlung, um Pläne des Präsidenten der Deutschen Seewarte, Hans Capelle, zu konterkarieren, was ihm nach seinem Zeugnis auch gelang, denn hinterher war dieser *nicht leicht zu beruhigen*. Vgl. Schmidt-Ott: a.a.O., S. 203.
35 Vgl. Spieß: Reise, S. 29. – Spieß' Skepsis und Vorbehalt wird sich als berechtigt erweisen: Letztendlich machten die Hafentage knapp 35% der Expeditionszeit aus (269 von 777 Tagen).
36 Zu zahlreichen personellen Details siehe Spieß: Reise, S. 21ff.
37 Zur Entstehung siehe G. Engelmann: Die Gründungsgeschichte des Instituts und Museums für Meereskunde in Berlin 1899-1906. In: Historisch-meereskundliches Jahrbuch 4, 1997, S. 105-122; ebenso C. Lüdecke: Erich von Drygalski und die Gründung des Instituts und Museums für Meereskunde in Berlin. In: Ebd., S. 19-36. – Der Band behandelt in mehreren weiteren Beiträgen Aspekte aus der Geschichte des Instituts.
38 Zum folgenden siehe Groll.
39 Vgl. Groll: S. 22; Zitate mit Hervorhebungen ebd.
40 Vgl. Groll, Taf. 1: Der Atlantische Ozean. – Die Karte ist allerdings nur eine reduzierte Wiedergabe der größeren Arbeitskarten (Maßstab 1:40 Mio. gegenüber 1:6 Mio.).
41 Wesentliche Daten der Erprobungszeit sind (Einzelheiten bei Spieß: Reise, S. 66ff.):
   18.11. Dampfprobe (Ausstellungen bei den Hilfsmaschinen);
   20.11. Einsetzen der Beiboote (Arbeitsraum an den Davits als zu gering festgestellt);
   22.11. Krängungs- und Schlingerversuch (gute Stabilitätswerte gemessen);
   25.11. Probefahrt auf der Jade (ungünstige Steigung der Schraubenflügel, daher nur 9 kn erreicht; am Folgetag im Dock geändert);
   28.11. forcierte Probefahrt (11,6 kn); Besichtigung durch den Chef der Marineleitung;
   29.11. Kompensieren der Kompasse.
42 Der Leitende Ingenieur schilderte nach der Reise die meist unökonomischen Betriebszustände von Kesseln und Maschinen und stellte lapidar fest, dass die Probefahrtsbedingungen während der Expedition nur selten vorgelegen hätten, insbesondere infolge der Widrigkeiten durch Wind und See sowie des Bodenbewuchses und der oft nur mäßigen Kohlenqualität. Im Übrigen sei die Antriebsanlage im Verhältnis zur Schiffsgröße ohnehin recht knapp bemessen gewesen. Vgl. dazu den ausführlichen Beitrag von Nixdorff (in Spieß: Reise, S. 358-381), der zahlreiche anschauliche Beispiele für die maschinenbetrieblichen Probleme im Alltag gibt.
43 Es ging dabei um die Lotanlage, den Funkpeiler und den Schlinger- und Stampfkreisel. Bei grober See stellte man Ausfälle bei den Echolotungen fest, da Sender und Empfänger immer wieder austauchten; sie wurden in der Werft tiefer gelegt (vgl. Spieß: Reise, S. 70).
44 Zur Vielfalt und Vielzahl der instrumentellen Ausrüstung siehe Spieß: Reise, S. 26ff., mit Querverweisen zur fachspeziellen Instrumentierung. Soweit erforderlich, wird im Text auf die Ausstattung eingegangen. – Erwähnenswert ist, dass sogar mit dem Gedanken gespielt wurde, für atmosphärische Höhenmessungen ein demontierbares Kleinflugzeug mitzunehmen; wegen zu erwartender praktischer Probleme wurde letztlich jedoch davon abgesehen (vgl. ebd., S. 28). Ob diese Idee auch einen militärischen Hintergrund hatte – Einsatztests für Kleinaufklärer – und inwieweit sie mit dem Versailler Verbot von Luftfahrzeugen, zumal auf Marineschiffen, vereinbar gewesen wäre, konnte bisher nicht abgeklärt werden.
45 Der Reisebefehl ließ einen gewissen Spielraum, um auf aktuelle winterliche Witterungslagen reagieren zu können; Merz hatte alternativ vorgeschlagen, entweder bis zu den Azoren zu gehen oder Kurs auf die Kanaren zu nehmen. Zunächst war auch erwogen worden, die Vorexpedition im Mittelmeer zu absolvieren. Davon hatte man jedoch abgesehen, weil dort die Tiefseethermometer nicht in der notwendigen niedrigen Temperatur und die Tiefankereinrichtung nicht in hinreichend großen Tiefen hätten getestet werden können. Vgl. dazu Spieß: Reise, S. 71f.
46 Spieß: Reise, S. 24 bzw. 74. – Diese Ansicht scheint in Marinekreisen allgemein gewesen zu sein, denn in einem Tätigkeitsbericht der Reichsmarine liest man 1927: *Eine Forschungsreise auf See stellt an das Organisationstalent des wissenschaftlichen und des nautischen Leiters und an die Mannszucht der gesamten Besatzung des Schiffes, einschließlich der Wissenschaftler, hohe Anforderungen, die am besten in dem straffen Aufbau des Bordbetriebes eines Kriegsschiffes erfüllt werden können.* (F. Conrad: Die nautisch-wissenschaftliche Tätigkeit der Reichsmarine nach dem Kriege. In: MR 32, 1927, Heft 1, S. 1-12, hier S. 1).
47 Zu Details der Vorexpedition siehe Spieß: Reise, S. 74-79.
48 Im schiffsärztlichen Bericht wird erwähnt, dass einige Expeditionsteilnehmer so schwer unter der Seekrankheit zu leiden hatten, dass ihre weitere Teilnahme zunächst in Frage gestellt schien. Das Problem behob sich jedoch durch *intensive körperliche und geistige Tätigkeit,* durch allmähliche Gewöhnung und den Willen der Betroffenen, *gegen das Überbefinden anzugehen.* Generell wurde von einer medikamentösen Behandlung abgesehen. Vgl. K. Kraft in

Spieß: Reise, S. 414.
49 Spieß: Reise, S. 79.
50 Errechnet nach den bei Spieß (Reise, S. 79f.) gegebenen Rahmendaten.
51 Vgl. Spieß: Reise, S. 80f. – Außerdem wurden indirekt wirkende Verbesserungen vorgenommen: Isolierung der Dampfleitungen, Drosselklappen zur Optimierung der Maschinenleistung, Dampfsparventil u.a.m.
52 Rahmendaten dieser Phase sind:
   3.-16.3.   Dockstandzeit;
   25.3.   Verlegung durch den KWK nach Kiel;
   26.3.   Meilenfahrten (verbesserter Wirkungsgrad der größeren Schiffsschrauben);
   30./31.3. Messfahrten und Geräteerprobungen in Kattegat und Skagerrak;
   1.4.   Verlegung durch den KWK nach Wilhelmshaven.
   Einzelheiten bei Spieß: Reise, S. 81f.
53 METEOR erwies sich auf der Expedition als »Kohlenfresser«. Der vergleichsweise günstige Verbrauch der Messfahrten ließ sich auf der Reise nicht durchhalten, weil die verfügbare Kohle nicht die gleiche Qualität hatte, die zunehmende Bewachsung des Schiffsbodens den Energiebedarf drastisch erhöhte, die Kessel durch den langen Dauerbetrieb verkokten und die Maschinenanlage starkem Verschleiß unterlag (vgl. Spieß: Reise, S. 84). – Messfahrten im Juni 1925, Okt.1926 und Apr.1927 zeigten einen systematisch steigenden Kohlenverbrauch von 15,8 auf 18,6 t/Tag. Bei Expeditionsbeginn auf 6115 t berechnet, waren jedoch letztendlich 8405 t Kohle notwendig, gut 37% mehr also (vgl. Nixdorff in Spieß: Reise, S. 361f. bzw. 373).
54 Spieß: Reise, S. 33. – Eine tabellarische Auflistung der beteiligten Dampfer, ihrer Ladung und der zeitlichen Abfolge mit den angelaufenen Häfen siehe ebenda, S. 34f. – Mit »militärisch« meint Spieß in aller Regel »schiffsbetrieblich«, aber als Marineangehöriger versteht er sein Schiff in erster Linie als »militärische« Einheit.
55 Die Ozeanographen waren: Alfred Merz, Georg Wüst, Günther Böhnecke (alle IfM, Berlin), Arnold Schumacher (Deutsche Seewarte, Hamburg), nach Merz' Tod: Hans H.F. Meyer (IfM), und zuletzt als tätiger Gast Albert Defant (IfM); die Meteorologen: Josef Reger (Aeronautisches Observatorium, Lindenberg), Erich Kuhlbrodt (Deutsche Seewarte, Hamburg);
   als Biologe nahm teil: Ernst Hentschel (Zoologisches Staatsinstitut, Hamburg);
   als Geologe Otto Pratje (Universität Königsberg), später ersetzt durch den Mineralogen Carl W. Correns (Geologische Landesanstalt, Berlin);
   als Chemiker Hermann Wattenberg (Kaiser-Wilhelm-Institut für physikalische und Elektrochemie, Berlin), zuletzt unterstützt durch Kurt Quasebarth (vermutlich dasselbe KW-Institut).
56 Vgl. Kraft in Spieß: Reise, S. 394. – Trotz durchschnittlich geringen Lebensalters waren die Erkrankungen der Mannschaften aufgrund ihrer Aufgaben an Bord verhältnismäßig häufiger und auch schwerer als die der übrigen Teilnehmer, wobei das Heizer- und Maschinenpersonal noch unter ungünstigeren Bedingungen zu arbeiten hatte als das seemännische.
57 Text bei Spieß: Reise, S. 86f.; nachfolgende Zitate ebd.
58 R.W.M., AII G.Stbs. 242/25 vom 4.4.1925, betr.: Richtlinien für Verhalten des Vermessungsschiffes »Meteor« im Kriegsfall; BA/MA: RM.20/986, fol. 113.
59 Spieß: Reise, S. 91 bzw. 97.
60 Die Übernahmen von Nachschub, Kohle und Wasser sind mit Mengen, Preisen und Art der Übernahme – häufig mit Hilfe von Negern – für die ganze Reise erfaßt bei Spieß: Reise, S. 34ff. und 370ff. – Hingewiesen sei auf die geschilderten zahlreichen Komplikationen und Schwierigkeiten z.B. durch sehr viel höhere Preise als in Deutschland, andere technische Normen, die ungewohnte Arbeitsweise in den Auslandshäfen, Zollprobleme u. dgl. mehr.
61 Spieß: Fahrt, S. 81.
62 Ebd.
63 Die Ergebnisse dieser und späterer Nachprüfungen, insgesamt 29, wurden der Schifffahrtswelt als Nautische Mitteilungen in den Beiheften zu den Nachrichten für Seefahrer bekannt gemacht: Nrn. 7, 1926; 41, 1926; 21, 1927; 48, 1927.
64 Für die Feiern zum Skagerraktag galt ab Januar 1926 die Direktive, dass die Schiffe im Ausland zwar weiterhin die Tradition der Reichsmarine zu pflegen, aber grundsätzlich den 31. Mai in See zu verbringen hätten, um nicht unliebsame politische Folgen heraufzubeschwören. Sie sollten so rechtzeitig vor Flaggenparade am 31. Mai in See gehen, daß die im Hafen befindlichen Kriegsschiffe anderer Nationen durch das Setzen der Toppsflaggen nicht veranlaßt werden können, an dem Ceremoniell teilzunehmen – was sicher ein Grund für diplomatische Verwicklungen hätte werden können, wenn britische und andere Schiffe so zur einseitigen Feier eines deutschen Seesieges genötigt worden wären. RWM/ML/A.IIc 3630 vom 6.1.1926 (BA/MA: RM.48/2, fol. 256f.).
65 Spieß: Mit Forschungsschiff »Meteor« in Buenos Aires (BA/MA: N.167/3, fol. 9-13, hier 13V).
66 Vgl. Kraft in Spieß: Reise, S. 398; Zitat ebd. – Die schwache gesundheitliche Konstitution geht aus mehreren Bemerkungen in seiner Korrespondenz von 1924/25 hervor; vgl. div. Briefe im Archiv der Humboldt-Universität, Berlin: IfM.154.
67 Vgl. Spieß: Reise, S. 101, sowie Kraft in ebd., S. 398.
68 Von der Station 5 nach Buenos Aires waren rund 620 sm zurückzulegen, wobei starker Gegenwind die Fahrt verminderte. Nach den mitgeteilten Positionen machte METEOR rund 7,6 Knoten über Grund. Während der Fahrt wurden die Echolotungen fortgesetzt und ebenso einige Pilotballon- und Drachenaufstiege ausgeführt.

69 Trotz Merz' Zustandes lief man nicht das einen halben Tag näher liegende Montevideo an, da man die Verhältnisse in Buenos Aires bereits kannte. Hinzu kam dann eine elfstündige Wartezeit, da ein nächtliches Einlaufen nach Buenos Aires nicht gestattet wurde. Das Schiff machte am 13.6., 8.40 Uhr, fest, und Merz wurde um 11.30 Uhr in das deutsche Hospital eingeliefert. Vgl. Spieß: Reise, S. 101f.
70 Nach Spieß' Zeugnis war er nicht nur nautischer Mitarbeiter, sondern auch Merz' Freund; vgl. Spieß: Reise, S. 102.
71 Auf Profil I etwa ermittelte man Stromstärken von bis zu 43 sm/Etmal, also fast 1,8 kn; vgl. Spieß: Reise, Beil. IV.
72 Zwar wurde mehrfach versucht, den Kreiselkompass wieder stabil in Betrieb zu nehmen, doch waren die Bemühungen nicht von dauerndem Erfolg; vgl. etwa Spieß: Reise, S. 143, 145, sowie 341.
73 Spieß: Reise, S. 103.
74 Vgl. Spieß: Fahrt, S. 96. – Rein zahlenmäßig absolvierte die Expedition sogar eine gutes Dutzend mehr Stationen, als von Merz ursprünglich geplant; vgl. DAE/IV.1: Beil. I; gegenüber den zunächst vorgesehenen Positionen ergeben sich jedoch eine Reihe von Streckungen und Verschiebungen, auch aus Wettergründen, die diese Aussage Spieß' etwas relativieren.
75 Spieß: Fahrt, S. 97.
76 Vgl. Kraft in Spieß: Reise, S. 399. – Der Schiffsarzt macht die Rechnung auf, die Besatzung habe im ersten Expeditionsjahr acht Klimawechsel durchgemacht und quasi drei Winter und drei Sommer erlebt. Vor diesem Hintergrund sei die Zahl von insgesamt 48 bettlägerig Kranken *nicht hoch*, was er der *körperlich durchweg guten Beschaffenheit der Besatzung* zuschreibt.
77 Etwa auf 40° S/10° W. Benannt nach Charles Gough, der 1732 als Kapitän der britischen RICHMOND auf einer Reise nach Ostasien die Insel wiederentdeckte, die bereits 1505 von dem Portugiesen Gonçalo Alvarez gesichtet worden war.
78 Die folgende Schilderung nach Spieß: Fahrt, S. 98ff.; Zitate ebd. – Weniger ausführlich, aber auch im wissenschaftlichen Werk den emotionalen Eindruck vermittelnd, die Darstellung bei Spieß: Reise, S. 108.
79 Spieß: Reise, S. 103.
80 Vgl. Spieß: Reise, S. 113; Zitate ebd.
81 Vgl. Dülffer: Marine (wie Anm. 14), S. 61f., sowie Behnckes diesbezügliche Reisen ab 1925 (ebd., S. 53f.). – Bei seien Beispielen von Auslandsreisen deutscher Kriegsschiffe erwähnt Dülffer die METEOR-Expedition erstaunlicherweise nicht, obwohl sie politisch bedeutsamer war als die Reisen regulärer Kriegsschiffe, denn mit ihr wurde nicht nur »Flagge gezeigt«, sondern sie bewies darüber hinaus auch tätigen zivilen »Goodwill« in der internationalen Forschungsszene.
82 CHALLENGER-Station No. 336 am 18.3.1876 (1890 Faden = 3460 m Tiefe; etwa 11 sm entfernt). Vgl. J. Murray (ed.): Report on the Scientific Results of the Voyage of H.M.S. CHALLENGER during the Years 1873-76. Narrative of the Cruise. London 1885, Vol. I, pt. 1, sheet 16; pt. 2, p. 128.
83 Der Name Vema Channel erinnert an das US-amerikanische Forschungsschiff VEMA der 1950/60er Jahre. – Zu den ozeanographischen Daten siehe W. Zenk/Th. Müller: Long-term Observations of Bottom Water Flow through the Vema Channel, Subtropical South Atlantic (31° S/39° W); 6.11.2002. (http://www.awi-bremerhaven.de/Research/IntCoop/Oce/clivar/projects/Zenk-M%FCller-vema_summary.pdf); hier auch Hinweise auf gedruckte Publikationen. Zugang 1.3.2005.
84 Die in Florianopolis erhaltene Kohle war von schlechtem Brennwert. Über diese Tatsache erstattete METEOR genauen Bericht an die Marineleitung, mit dem marineoperativ wichtigen Kommentar: *Für Kriegsschiffszwecke ist die beschriebene Kohle ungeeignet* (Spieß: Reise, S. 126).
85 Um seine praktische Arbeit als Ozeanograph zu übernehmen, schifft sich nunmehr Hans H.F. Meyer vom IfM ein.
86 Vgl. Spieß: Reise, S. 131.
87 Vgl. GDA 2003.
88 Siehe dazu die Grafik in Merz: Expedition, S. 573 (Abb. 5).
89 Von den »normalen« 2-3 sm geht man nunmehr auf 4-5 sm über; vgl. Spieß: Reise, S. 146.
90 Hatte der Stationsabstand bis dahin 150-210 sm betragen, dehnte man ihn nun *bis zur Überwindung der kritischen Kohlenlage* (d.h. bis zur Station 86) so weit, *wie es wissenschaftlich noch zulässig erschien*, d.h. auf rund 250 sm; vgl. Spieß: Reise, S. 146. Anstelle der im Plan vorgesehenen 22 Stationen weist Profil IV nur 19 auf; vgl. DAE/IV.1, Beil. I.
91 Die ausfallenden Messungen waren im Wesentlichen diejenigen in 150, 250, 1100 und 2250 m Tiefe, so dass die Gesamtzahl der jeweiligen Messpunkte vermindert werden konnte (normalerweise 23 bis zur 3500-m-Ebene). Dadurch wurde es möglich, die Wasserschöpfer auf zwei statt drei Serien zu verteilen. Bis dahin wurde der Draht bei der oberen Serie mit 11 Schöpfern belastet, die bis in 800 m Tiefe gefiert wurden; nach der Umstellung waren es 12, die bis auf 1200 oder sogar 1400 m Tiefe gebracht wurden. Die zweite Serie, aufgrund des zunehmenden Drahtgewichts sonst aus 8 Schöpfern bestehend und bis in 2000 m Tiefe reichend, wurde nun mit 9 Geräten belastet, die Proben aus über 4000 m Tiefe mitbrachten. Vgl. die Stationsdaten des Profils IV in DAE/IV.2, S. 53-61.
92 Weder im ursprünglichen Merzschen Plan von 1924 noch im genehmigten von 1925 war eine Routenführung über Tristan da Cunha vorgesehen; vgl. Karten weiter oben. Auslaufend aus Kapstadt, plante man nun jedoch einen Besuch der Insel *zur Vornahme von geologischen, biologischen und erdmagnetischen Untersuchungen*, wobei man als Gefälligkeit für die südafrikanischen Behörden auch Post, Proviant und Ausrüstung für die rund 130 Insulaner mitnehmen wollte; vgl. Spieß: Reise, S. 144. – Hinweise darauf, dass der Besuchsabsicht auch seemilitärische Über-

93 Spieß' Angaben (Reise, S. 146) sind an dieser Stelle unverständlich: Er spricht zweimal davon, man habe die Profillinie von der Station 78 nach Norden auf den größten Kreis nach Rio Grande verlegt, was einer Streckenersparnis von rund 600 sm gegenüber der breitenparallelen Route nach Buenos Aires entsprochen habe. Es ist jedoch zum einen nicht die Großkreisroute (sie verläuft logischerweise im Gegenteil weiter südlich), und zum anderen ist die Differenz zwischen den beiden Alternativen weit geringer. METEOR sparte bis zur nächsten Bunkermöglichkeit nur rund 250 sm (2600 für die nördlichere nach Rio Grande gegenüber 2850 sm für die südlichere Strecke nach Buenos Aires). – Ähnlich (Reise, S. 152) stellt Spieß gegenüber: Durch den Umweg über Rio Grande seien nun 4060 sm anstelle der ursprünglich geplanten Strecke von 3600 sm gefahren worden. Für die direkte Strecke von Kapstadt nach Buenos Aires auf der geplanten Profilbreite von etwa 34° Süd hätte die Fahrstrecke jedoch mindestens 3825 sm betragen (und selbst die Strecke auf dem Großkreis wäre noch 3710 sm lang gewesen).

94 Eine weitere Ehrung ist der 2003 von der Zeitschrift »Ocean Dynamics« aus dem Springer-Verlag gestiftete »Georg-Wüst-Preis«, der von der Deutschen Gesellschaft für Meereskunde (DGM) verliehen wird. Er ging 2005 erstmals an den Ozeanographen Stephen R. Rintoul der Sektion Marine Research der Commonwealth Scientific and Industrial Research Organisation in Hobart/Australien.

95 Siehe dazu die Aufarbeitung der Merzschen Grundlagen durch Möller: Methodisches.

96 Die Isolinien-Darstellung wird in der Kartenlegende bei Groll als *mangelhaft bekannt* gekennzeichnet (Region entlang 35° S von 20-35° W). Das Vorhandensein der Schwelle erschließt man allerdings aus der unterschiedlichen Wassercharakteristik korrespondierender Stationen; vgl. Spieß: Reise, S. 154. – GDA 2003 bestätigt diese Annahme grundsätzlich, doch ist die Verbindung in ihrer Vielgestaltigkeit und mit einer Satteltiefe von rund 4300 m nicht besonders ausgeprägt. Auch der Rio-Grande-Rücken selbst ist eine deutlich differenziertere Struktur als der bei Groll eingezeichnete Horst. Zum Kenntnisgewinn im Vergleich zu Groll siehe DAE/III.1.1, Beil. I.

97 Merz hatte eine Routenführung unmittelbar an der Küste entlang und dann in direkter Linie zur Antarktischen Halbinsel vorgesehen; vgl. DAE/IV.1, Beil. I.

98 Vgl. Spieß: Reise, S. 155. – Eine noch dichtere Ablotung des Kontinentalhangs war aufgrund der schon bestehenden Verspätung gegenüber dem Reiseplan nicht möglich, v.a. aber auch wegen der Notwendigkeit, die Südsommerwochen im Januar/Februar für das südlichste Profil auszunutzen.

99 Es handelte sich um die Stationen No. 320 vom 14.2.1876 (600 Faden = 1100 m Tiefe; 95 sm entfernt) sowie No. 323 vom 28.2.1876 (1900 Faden = 3475 m Tiefe; 115 sm entfernt). Vgl. Murray (wie Anmerkung 83), Vol. I, pt. 1, sheet 16, bzw. pt. 2, sheet 42, p. 128.

100 Der Marineoffizier Spieß notiert: *Puerto Madryn liegt im innersten Winkel des Golfo Nuevo, einem gewaltigen Einbruchskessel, der einen natürlichen, großen Hafen, einen idealen Kriegshafen ... bildet* (Reise, S. 156).

101 Der Kleine Kreuzer BERLIN hatte Kiel am 9.9.1925 zu einer Auslandsausbildungsreise verlassen. Sie führte ihn über die Azoren, die Bermudas, durch den Panamakanal, entlang der südamerikanischen Westküste und durch die Magellanstraße. Beim Treffen mit METEOR in Puerto Madryn befand sie sich bereits auf dem Rückweg, der dann weiter über Buenos Aires, Rio de Janeiro und die Kapverden verlief. Ankunft in Kiel war am 22.3.1926.

102 Spieß: Reise, S. 159.

103 Spieß: Reise, S. 161 bzw. 163. – Als Hinweis auf den starken Eindruck können auch die 13 Fotos gelten, die allein die Feuerland-Region illustrieren; siehe ebd., Taf. 22-28.

104 Vgl. Spieß: Reise, S. 163. – Es ergaben sich viele Störechos an den steilen Felswänden, so dass Kontroll-Drahtmessungen gemacht wurden. – *Die Echolotung ergab ungefähr die gleiche Tiefe wie die Drahtlottiefe*, stellt Spieß erstaunlicherweise fest, obwohl die Abweichungen recht erheblich waren: so 70 m Echowert gegen 76 m Drahtwert, oder 215 zu 243 m und 200 zu 240 m. – Die Lotungen wurden den chilenischen Behörden dankeshalber überlassen.

105 Zur Routenführung und zur sehr lückenhaften topographischen Kenntnis des Archipels (gerissene Küstenlinien) siehe Spieß: Reise, Beil. XI (Ausschnitt aus der Deutschen Admiralitätskarte Nr. 714). – Die dort eingetragenen roten Ergänzungen (abgesehen von den Lotungswerten) sind allerdings keine Entdeckungen der Expedition, sondern aus der damals zur Verfügung gestellten chilenischen Karte übernommen; vgl. ebd., S. 162.

106 Spieß: Reise, S. 164.

107 Vgl. Spieß: Reise, S. 167. – Wenn die 100-m-Angabe keine »Begeisterungskomponente« enthält, bezieht sie sich vermutlich auf die Spitze eines gekenterten Eisbergs, denn eine Eistafel dieser Höhe würde eine Gesamtmächtigkeit von rund 700 bis 800 m bedeuten, was kaum realistisch erscheint.

108 Vgl. Groll, Taf. 1. – Heute als Subduktionszone bekannt unter dem Namen »South Shetland Trough«. Die SW→NE streichende leicht gebogene Grabenstruktur ist den Südshetland-Inseln nordwestlich vorgelagert; sie hat eine Länge von rund 425 km und erreicht in ihrem nordöstlichen Bereich Tiefen von über 5300 m; vgl. GDA 2003.

109 In der populären Expeditionsbeschreibung berichtet Spieß (Fahrt, S. 189), die Messung *zigtee sehr interessante Ergebnisse: einen auffällig starken Kohlensäuregehalt, ..., und den Einfluß der Kraterwärme auf die Wassertemperatur in den untersten Schichten.* – In seinem Beitrag zum Expeditionswerk (Reise, S. 172) wird des CO_2-Gehalt überhaupt nicht erwähnt; *die Temperaturmessungen ergaben von 100 m bis zum Boden die niedrigen Werte von –1.4°, die nur wenig über dem Gefrierpunkt des Seewassers liegen, also keinerlei Einfluß von Kraterwärme zeigten.* – Man kann spekulieren, inwieweit Spieß hier für seine populäre Darstellung ein wenig »dramatisierend« nachgeholfen hat.

110 Vgl. dazu Groll, Taf. 1 und DAE/II, Beil. IV. – Die damalige Vermutung der Schwellenlage auf 53° Süd war im Grundsatz zutreffend: Die North Scotia Ridge zieht sich in einem leichten Nordbogen zwar nicht von den Falklands, aber von Kap Hoorn aus ostwärts bis nach Südgeorgien, allerdings durch die Shag Rocks Passage unterbrochen; vgl. DAE/III.1.1, Beil. I (Stand 1934), sowie modern GDA 2003.

111 Zitat bei Spieß: Reise, S. 176. – In der Tat zeigt auch die moderne Bathygraphie ein sehr vielgestaltiges Becken, gegliedert in zahlreiche Rücken, Becken und Bruchzonen. Generell sind die größeren Tiefen (teilweise über 4500 m) im Westteil des Beckens zu finden, während es im Osten etwa 1000 m »flacher« ist, bevor es steil zum Bogen der Südsandwich-Inseln ansteigt. – Die damalige 5000-m-Messung wurde in der Tehuelche-Bruchzone westlich Südgeorgiens gemacht, benannt nach einem Volksstamm in Patagonien; ihre tiefste Stelle liegt bei gut 5200 m. Vgl. DAE/II, Beil. IV, sowie GEBCO 1984, Sheet 5.16.

112 Spieß: Reise, S. 175. – Die seinerzeitige Namensgebung in Anlehnung an die ähnliche Bogenstruktur in der Karibik ist heute abgelöst durch »Scotia Sea«, zurückgehend auf die SCOTIA, das Schiff der Scottish National Antarctic Expedition 1902-04.

113 Im internationalen Projekt Dovetail (Deep Ocean Ventilation Through Antarctic Intermediate Layers) wurden seit 1997 Messkampagnen absolviert, die ergaben, dass vom Weddell-Wirbel, der etwa 26 Mio. m^3 Wasser je Sekunde transportiert, ein Viertel durch zwei »Tore«, Gaps, westlich und östlich der Südorkneys in das Scotia Basin übertreten. Nach einer Verweildauer von rund 4$^{1}/_{2}$ Jahren »wandert« das Tiefenwasser durch zwei weitere Satteltiefen westlich und östlich Südgeorgiens nordwärts in das Argentinische Becken. Zu dieser Dynamik siehe ausführlich M. Schodlok: Über die Tiefenwasserausbreitung im Weddellmeer und in der Scotia-See: Numerische Untersuchungen der Transport- und Austauschprozesse in der Weddell-Scotia-Konfluenz-Zone. (= Berichte zur Polar- und Meeresforschung, Bd. 423). Bremerhaven 2002 (Diss. Universität Bremen 2002).

114 Wie bereits bei St.Paul zeigte sich auch hier, dass sich die von der METEOR-Gruppe ermittelten Daten gut in die bekannten Messwerte wie auch die Magnetkarten einfügten; vgl. Spieß: Reise, S. 351ff.

115 Siehe ausführlich: P.F. Barker/I.A. Hill: Back-arc Extension in the Scotia Sea. In: Philosophical Transactions of the Royal Society, Series A, 300, 1981, S. 249-262.

116 In den bathymetrischen »Pixeln« des GDA 2003 lässt sich infolge der Algorithmen zur flächenhaften Tiefendarstellung im gesamten Bereich allerdings keine Tiefe geringer als 940 m finden. Seinerzeit, am 19.2.1926, wurde neben der Echolotung, die einen Wert von 594 m ergab, auch eine Drahtlotung gemacht, die auf 583 m eine Probe von grobem, vulkanischem Sand zutage förderte; vgl. Spieß: Reise, S. 186; das folgende Zitat: S. 185. – Zur Vulkantopographie der Erhebung und ihrem Zusammenhang in der Bouvet Triple Junction siehe weiter unten.

117 Spieß: Reise, S. 188. – Erweiternd dazu der Beitrag von G. Wüst: Das Bouvet-Problem. In: Zeitschrift der Gesellschaft für Erdkunde zu Berlin, 1929, Heft 3/4, S. 133-142.

118 Bereits 1825 war eine britische Walfang-Expedition unter Lindsay und Hopper auf der Insel gelandet und hatte sie für die britische Krone in Besitz genommen. 1928 verzichtete Großbritannien zugunsten Norwegens auf seinen Hoheitsanspruch.

119 Zur geologischen Geschichte der Bouvet-Region siehe M. Ligi et al.: Bouvet Triple Junction in the South Atlantic: Geology and Evolution. In: Journal of Geophysical Research 104, 1999, B12: S. 29365-29386; dort auch auf Fächerecholotungen basierende, hoch aufgelöste Tiefendarstellungen.

120 Spieß: Reise, S. 190; dort auch eine Tabelle zu den folgenden Verbrauchsrechnungen.

121 Spieß: Reise, S. 191.

122 Basierend auf Lotungen der NORVEGIA 1929/31, konnte diese Situation bei der Bearbeitung des Expeditionswerks (DAE/III.1.1, Beil. I) später bereits berücksichtigt werden.

123 Drei Jahre später werden die Norweger mit Flugzeugen in diese Region vorstoßen, und 1939 werden während der Deutschen Antarktischen Expedition 1938/39 die Flugboote des Katapultschiffes SCHWABENLAND dort photogrammetrisch kartieren.

124 Spieß: Reise, S. 192.

125 Eine Auflistung und Beschreibung der Änderungsarbeiten entsprechend den Erfahrungen bei Nixdorff in Spieß: Reise, S. 373-379.

126 Offenbar war die Situation nicht ungefährlich, denn es hatte bereits eine Perforation stattgefunden; vgl. Kraft in Spieß: Reise, S. 401. – Insgesamt traten an Bord neun Blinddarmentzündungen auf, meist während der Hafenaufenthalte, von denen sieben operiert werden mussten.

127 Die Methode wurde erstmals 1905 im Mittelmeer erprobt. Ausführlich beschrieben in: A. Miethe/H. Hergesell (Hrsg.): Mit Zeppelin nach Spitzbergen: Bilder von der Studienreise der deutschen arktischen Zeppelin-Expedition. Berlin 1911, S. 267ff. – Erste Versuche mit Radiosonden wurden 1928 durch den Russen Moltchanov unternommen.

128 Zu den im Einzelnen komplizierten theoretischen und methodischen Fragen, aber auch zu Entwicklung und Kalibrierung der Thermometer siehe DAE/IV.1, insbes. S. 208ff. – Die Formel findet sich etwa bei G. Dietrich: Allgemeine Meereskunde. Berlin ^{2}1965, S. 105.

129 Zu diesem Komplex siehe R. Hahn: Gold aus dem Meer. Die Forschungen des Nobelpreisträgers Fritz Haber in den Jahren 1922-1927. Berlin, Diepholz 1999.

130 Die Ergebnisse nebst Standlinien-Plot werden im Bericht jeweils mitgeteilt. Eine ausführliche astronomische Standortberechnung findet sich als Beispiel bei Spieß: Reise, S. 336-339.

131 Vgl. Nixdorff in Spieß: Reise, S. 379.
132 Spieß: Reise, S. 198.
133 Ebd., S. 200.
134 Spieß: Fahrt, S. 218 bzw. 217.
135 Vgl. Spieß: Reise, S. 202. – Die dortige Positionsangabe ist irrtümlich die von Walfisch-Bucht.
136 Vgl. ebd., S. 205ff.; Zitat: S. 207.
137 Spieß: Reise, S. 209.
138 Ebd., S. 208.
139 Ebd., S. 215f. – Heutige bathymetrische Karten zeigen eine größere Zahl von Seamounts, die sich den METEOR-Messungen zuordnen lassen, jedoch zum Teil andere Namen tragen, so etwa Sulphur-Bank heute Minerva Seamount (17° S/37,5° W); Flybank heute Morgan Reef (17° S/36,2° W); die »Bank«-Bezeichnung wird meist durch den Begriff »Seamount« ersetzt; vgl. Spieß: Reise, Karten S. 212f., sowie GDA 2003.
140 Spieß: Reise, S. 218.
141 Spieß: Fahrt, S. 239.
142 Vgl. Spieß: Reise, S. 223. – Zur Ernährung ausführlich der Bericht des Schiffsarztes: Kraft in Spieß: Reise, S. 418ff. – Der Verpflegungssatz entsprach zunächst dem seinerzeitigen Marine-Ansatz von 1,64 Reichsmark je Kopf und Tag. Nach dem Verbraucherpreisindex entspräche dies heutzutage etwas mehr als 5 Euro (freundl. Auskunft des Statistischen Bundesamts). – Der Schiffsarzt sah die höheren Kosten auch unter dem Aspekt der Vorbeugung: Die zwar gelegentlich erhöhten Ausgaben hätten Ernährungskrankheiten verhindert, *die auf früheren langen Seereisen manche Opfer gefordert* hätten; ebd., S. 420.
143 Dampfer CAWDOR CASTLE: 6243 BRT; 126,5 m lang; gebaut 1902 in Glasgow; Reederei: The Union Castle S.S. Co. Ltd., London. Weitere technische Angaben in: Lloyd's Register of Shipping 1925/26. London 1925, vol. I, no. 16126.
144 Ein Bergungsschlepper aus Kapstadt versuchte ebenfalls vergeblich, den Havaristen freizuschleppen. Schließlich gab die Besatzung die CAWDOR CASTLE nach einigen Tagen auf.
145 Zum Besuch in Windhuk siehe Spieß: Reise, S. 229, sowie ausführlicher: Spieß: Fahrt, S. 248ff. mit zugehörigen Bildtafeln; die nachfolgende Wiedergabe und Zitate auf S. 250ff.
146 Bezeichnenderweise »unterschlägt« Spieß hier die schwarz-rot-goldene Liek in der Flagge, die äußeres Zeichen für die ungeliebte Weimarer Demokratie war.
147 Anekdotenhaft hielt der Schiffsarzt später in seinem Bericht fest, dass es sich künftig empfehle, für die Mannschaft *eine bestimmte Anzahl von Nachthemden oder Schlafanzügen* vorrätig zu halten. Im Bordbetrieb hätten die Leute in ihren kurzen Unterhemden geschlafen, aber man könne *nicht einem Mann, der in ein Krankenhaus an Land ausgeschifft werden muß, als Nachtbekleidung ein Unterhemd mitgeben.* Kraft in Spieß: Reise, S. 418.
148 Spieß: Fahrt, S. 259.
149 Ebd., S. 260.
150 Vgl. Spieß: Reise, S. 242, 246. – Eine Deutung wird zwar nicht gegeben, aber man nimmt offenbar einen Zusammenhang mit dem warmen Tropikwasser an. Einen Einfluss durch Bewachsung konnte man ausschließen, da Sender und Empfänger frei waren, wie man bei der Dockzeit in Kapstadt festgestellt hatte. Zu vermuten ist, dass der Effekt durch Weichsediment zustande kam, das Schallenergie absorbierte.
151 Spieß: Fahrt, S. 265. – Offenbar waren die Beobachtungen auch später an Land ein Gesprächsthema, denn Ende 1927 ließ ein Freiherr von Esebeck über das deutsche Konsulat in Pernambuco das Modell einer Jangada an das Museum für Meereskunde senden (Archiv der Humboldt-Universität, Berlin: IfM.139, fol. 355).
152 Hintergrund war ein Streik in Großbritannien, der qualitativ gute Kohle hatte knapp werden lassen, so dass man auf geringerwertige zurückgreifen musste.
153 Auf dem Breitenkreis von Kapstadt beträgt die Breite des Atlantiks sogar fast 3600 sm (Rechnungen nach GDA 2003).
154 Spieß: Fahrt, S. 279. – Spieß lässt sich noch weiter über Aussehen, Kleidung und Gebräuche aus, wobei man deutlich seine archaisch-konservative Weltsicht spürt. So etwa äußert er, die religiösen Riten stünden *in krassem Gegensatz zu der Unehrlichkeit und Faulheit* der meisten, während die Askari-Polizei einen guten Eindruck mache und scharf auf Ordnung halte.
155 Spieß: Fahrt, S. 281f.
156 Das Verfahren wurde zur Tiefenermittlung der Wasserproben in der Wassersäule schon die ganze Zeit über angewendet; neu ist die Kontrolle der Lotungen.
157 Zu den Komplikationen und schwierigen Reparaturarbeiten siehe Nixdorff in Spieß: Reise, S. 363f.
158 Spieß: Reise, S. 271.
159 Bei der späteren Dockung in der Heimat stellte man dann einen bis über 6 cm dicken Muschelbewuchs fest, der in großen Feldern das Unterwasserschiff bedeckte; vgl. Spieß: Reise, S. 360.
160 Spieß: Fahrt, S. 290.
161 Vgl. Spieß: Reise, S. 275f.
162 Die EMDEN hatte Wilhelmshaven am 14.11.1926 verlassen. Die Reiseroute war: Kapstadt – Seychellen – Niederländisch Indien – Japan – Alaska – Seattle – Mexiko – entlang der südamerikanischen Westküste – Magellanstraße – Argentinien – Brasilien – Westindien – Azoren. Rückkehr nach Wilhelmshaven am 14.3.1928, Reisedauer 486 Tage.
163 Spieß: Fahrt, S. 292.

164 Spieß: Reise, S. 280. – Auch moderne Karten weisen in dieser Region keine Tiefen über 5700 m aus (GDA 2003).
165 Schmidt-Ott erinnert sich ein Vierteljahrhundert später (Erlebtes, S. 203): *Erst nach langem Bemühen gelang es mir, das Kultusministerium zur Berufung des Professors Defant in Innsbruck als Nachfolger für die ozeanographische Professur zu bewegen, so daß der als wissenschaftlicher Leiter noch 3½ Profilfahrten des Schiffes mitmachen konnte.*
166 Vgl. Groll, Taf. 1.
167 Vgl. Spieß: Reise, S. 290.
168 Vgl. ebd., S. 292.
169 Die Unruhen standen im Zusammenhang mit dem Versuch republikanischer Kräfte, die 1926 durch Militärputsch an die Macht gekommene Regierung zu stürzen.
170 Spieß: Fahrt, S. 306.
171 Vgl. Spieß: Reise, S. 295 (Abb. 49).
172 Spieß: Fahrt, S. 309.
173 Die Lotungsreihen werden in Spieß (Reise, Beil. XVI) vorgelegt. Zuvor wird das Ergebnis der Nachprüfung jedoch in den »Nachrichten für Seefahrer« (NfS) 21, 1927 (S. 14; Nautische Mitteilung Nr. 26) veröffentlicht. Hier fügt man hinzu, das Kommando METEOR sei der Ansicht, dass die Annahme von Untiefen zwischen den Kapverden und der afrikanischen Küste überhaupt unbegründet sei; die gleichmäßigen Tiefenwerte ließen auf eine insgesamt ebene Fläche in dieser Region schließen. – Spieß (Reise, S. 297) gibt in seiner Darstellung den von ihm gemeldeten Text wieder, der etwas ausführlicher ist als der redaktionell überarbeitete in den NfS.
174 Vgl. Spieß: Reise, S. 289.
175 Spieß: Fahrt, S. 318.
176 Auf der Wegekarte mit den nautischen Beobachtungen (Spieß: Reise, Beil. XV) lassen sich die komplizierten Strömungswirbel erahnen, da die Strompfeile mit hohen Beträgen sehr unterschiedliche Richtungen auf kurze Entfernungen zeigen. – Die Umkehr der Stromrichtung in der Tiefe ist in dieser Position nahe am Äquator aber kaum ein Effekt der Ekman-Spirale (zunehmende Impulsablenkung durch die Corioliskraft mit der Tiefe), sondern durch den Dichtestrom der kühlen antarktischen Wässer verursacht.
177 Spieß: Fahrt, S. 327. – Zum Komplex der Edelmetall-Gewinnung siehe Hahn (wie Anm. 129).
178 Spieß: Reise, S. 315. – Später wird die Struktur als Amazon Ridge geführt, wenngleich ohne jeden morphologischen Bezug zum Amazonas-Fächer. Heute erscheint der Höhenzug auf den Karten als Ceará Rise und trennt die südlichere Ceará- von der nördlicheren Pará-Tiefseeebene.
179 Siehe DAE-Bericht IV.
180 Vgl. Kraft in Spieß: Reise, S. 419.
181 Vgl. Spieß: Fahrt, S. 327f.
182 Während Spieß in seinem populären Reisebericht die psychosoziale Komponente wenigstens andeutete, verzichtete er im wissenschaftlichen auf deren Schilderung.
183 Vgl. Kraft in Spieß: Reise, S. 414f.; Zitate ebd.
184 Der letzte Pilotballon-Aufstieg, der 820., fand am 19.5. statt.
185 Vgl. Spieß: Reise, S. 320; Zitat ebd.
186 Schmidt-Ott: Erlebtes, S. 205.
187 Spieß: Fahrt, S. 329.
188 So die Erinnerung Schmidt-Otts (Erlebtes, S. 205).
189 Spieß: Reise, S. 322.
190 Dem Zeichner der Reisekarte (Spieß: Fahrt, Karte I) standen offenbar die Daten nicht korrekt zur Verfügung: Die Mittagsposition des 30.5. ist noch vor der Rheinmündung eingetragen, diejenige des 31.5. vor der Zuidersee.
191 Die Berichtsfassung bei Spieß: Reise, S. 324; folgende Zitate ebd.
192 Der Leitende Ingenieur gab in seinem Bericht darüber hinaus Empfehlungen für künftige Expeditionen: Man solle entweder Dampfschiffe mit Ölfeuerung oder Motorschiffe für derartige Reisen verwenden, letztere vor allem dann, wenn sehr große Strecken ohne Stützpunkte zurückzulegen seien. Die Behinderung der meteorologischen Arbeiten durch Flugasche fiele fort, ebenso unerwünschte Wärmequellen im Schiff. Die mühsamen und schmutzigen Brennstoffübernahmen gebe es dann nicht mehr, und die Bedienung der Anlage sei weniger anstrengend. Auch für die Hilfsmaschinen sollten künftig Dieselaggregate vorgesehen werden; vgl. Nixdorff in Spieß: Reise, S. 381f. – Diese grundsätzlichen Überlegungen wurden wenige Jahre später umgesetzt, als METEOR 1933/34 zu einem Motorschiff umgebaut wurde.
193 Im ärztlichen Bericht wird deutlich, dass das Klima mancher Räume zeitweise sehr belastend war, so dass über Kopfschmerz, Schlaflosigkeit und Abgeschlagenheit geklagt wurde. Besonders ungünstig waren die Verhältnisse im Maschinenraum, während sie im Heizraum infolge der laufenden Zuführung der Verbrennungsluft auch in den Tropen erträglich waren. Bei zuträglicher Witterung wurde an Oberdeck geschlafen. Ein Problem war auch die Abdichtung der Räume gegen Moskitos; vgl. Kraft in Spieß: Reise, S. 389ff.
194 Spieß: Fahrt, S. 331. – Auch im wissenschaftlichen Reisewerk vermerkt Spieß (Reise, S. 325), man sei zu den Erfolgen beglückwünscht worden, *die für die Wissenschaft unter der Kriegsflagge erzielt worden* seien.
195 Am 14. Juni verlegte METEOR zur Instandsetzung nach Kiel, die sich bis Anfang Oktober hinzog; u.a. wurde dabei die Rahtakelage von Bord gegeben und das Labor zum Kartenzeichensaal umgebaut. Am 28.9.1927 übergab Kpt. z.S. Spieß das Kommando an KKpt. Bender. Zunächst in der Navigationsausbildung für den Offiziersnachwuchs

eingesetzt, wurde METEOR im Frühjahr 1928 bei Vermessungen in der Ostsee tätig, bevor sie am 26.7.1928 zur nächsten Expedition auslief, diesmal allerdings nur für 1½ Monate in den Nordatlantik bei Island. Vgl. Schiffsbuch METEOR (BA/MA: R-04/2680).

196 A. Defant, G. Wüst, A. Schumacher.
197 Spieß: Reise, S. 325.
198 Neben F. Spieß die Wissenschaftler A. Defant, E. Hentschel, J. Reger, G. Wüst.
199 Siehe Stocks: Vollendung.
200 Böhnecke 1976, S. 51, rechte Spalte.
201 Ebd., mittlere Spalte, bzw. Zitat Fuglister auf S. 52, mittlere Spalte.
202 Spieß: Fahrt, S. 333. – Dieser Vergleich ist zwar plakativ, aber insofern »schief«, als die enge Anordnung der Lotungspunkte in Profillinien selbstverständlich ein aussagekräftigeres Ergebnis lieferte als es die gleiche Zahl von Punkten je »Schweiz-Areal« geliefert hätte.
203 Siehe DAE/III.1.1, S. 10f.
204 Böhnecke (1976, S. 51, rechte Spalte) hingegen unterstützt offenbar die landläufige Ansicht, METEOR habe den Mittelatlantischen Rücken gewissermaßen entdeckt: *Von besonderer Bedeutung war, ... die Erlotung des großen untermeerischen Gebirgszuges ....* Seiner Feststellung sei zu verdanken, dass Wegeners Theorie der Kontinentalverschiebung wieder aufgegriffen und anerkannt worden sei.
205 Spieß: Fahrt, S. 336.
206 Spieß gibt ein sehr anschauliches Bild anhand des südlichsten Profils V: *Welch ein Unterschied in der Darstellung des Meeresbodens für ein und dasselbe Gebiet auf beiden Schattenrissen!* Den bis dahin bekannten 15 Lotungen standen nunmehr 2485 Echolotungen der METEOR gegenüber. Sie ergaben nicht nur ein insgesamt filigraneres Meeresbodenprofil, sondern konnten auch tatsächlich nicht vorhandene Strukturen eliminieren und andererseits bis dahin völlig unbekannte Erhebungen und Tiefen erfassen; vgl. Spieß: Fahrt, S. 334, Zitat S. 335. – Darüber hinaus vermittelt der Vergleich der Karten bei Groll (Taf. 1: Der Atlantische Ozean) und DAE/III.1.1 (Beil. I: Atlantischer Ozean) ein sehr eingängiges Bild.
207 Zum folgenden vgl. Spieß: Museum; Zitate ebd. – Viele Exponate wurden 1944/45 ausgelagert, blieben in den Kriegswirren verschollen oder wurden durch Bomben vernichtet.
208 Im Rechnungsjahr 1927/28 verzeichnete das Museum für Meereskunde 87 900 Besucher, 1928/29: 68 100, 1929/30: 80 500, 1930/31: 96 600; der Anteil der Schüler bewegte sich zwischen 12 und 15%. Vgl. Chronik der Friedrich-Wilhelms-Universität zu Berlin, jeweilige Rechnungsjahre. Berlin 1928 bzw. Goslar 1929ff.
209 Zu den Exponaten der Deutschen Atlantischen Expedition im Museum für Meereskunde fehlen bisher konkrete Nachweise über ihren Verbleib; unklar ist, ob sie nach einer Sicherungsverlagerung 1943/44 verloren gingen, ob sie ein Opfer der Bombenangriffe 1944/45 wurden oder ob sie diese überstanden und dann vielleicht Beuteobjekte wurden. Zu den Bestandsnachforschungen siehe: Aufgetaucht. Das Institut und Museum für Meereskunde im Museum für Verkehr und Technik Berlin. (= Berliner Beiträge zur Technikgeschichte und Industriekultur, Bd. 15). Berlin 1996.

Literatur:
Die Aufstellung soll lediglich einen Einstieg in das Thema erleichtern. Bei der Vielzahl der Arbeiten der und zur Deutschen Atlantischen Expedition ist Vollständigkeit nicht angestrebt. Dies betrifft insbesondere die inhaltlichen Aspekte der an Bord verfolgten Naturwissenschaften. Literaturstellen ohne ausschließlichen Bezug zur DAE sind im jeweiligen Zusammenhang im Anmerkungsapparat erfasst.

Abkürzungen mehrfach genannter Zeitschriften:
AHMM   Annalen der Hydrographie und Maritimen Meteorologie
MR   Marine-Rundschau
ZGEB   Zeitschrift der Gesellschaft für Erdkunde zu Berlin

Böhnecke, G.: Mit der Deutschen Atlantischen Expedition auf dem Forschungsschiff »METEOR«. (= Meereskunde – Sammlung volkstümlicher Vorträge zum Verständnis der nationalen Bedeutung von Meer und Seewesen, Bd. 16, H. 5). Berlin 1928.
Böhnecke, G.: Die Deutsch-Atlantische Expedition auf dem Forschungs- und Vermessungsschiff METEOR 1925-1927. In: Schiff und Zeit 4, 1976, S. 43-52.
Bruns, E.: Alfred Merz – ein großer deutscher Meereskundler. In: Annalen für Hydrographie 4, 1956, S. 5-10.
DAE/[Bandangabe] = im Folgenden Kurzhinweis auf den entsprechenden Band des Expeditionswerks.
DAE-Bericht [röm. Nr.] = Die Deutsche Atlantische Expedition auf dem Vermessungs- und Forschungsschiff METEOR. Gesammelte Expeditionsberichte, mitgeteilt durch die Notgemeinschaft der deutschen Wissenschaft.
   I.   Bericht (Profile I-III), abgeschl. Mitte Oktober 1925. In: ZGEB 1926, Heft 1, S. 1-77;
   II. Bericht (Profile IV-V), abgeschl. Anfang April 1926. In: ZGEB 1926, Heft 5/6, S. 210-274;
   III. Bericht (Profile VI-XI), abgeschl. Januar 1927. In: ZGEB 1927, Heft 3, S. 83-169;
   IV. Bericht (Profile XII-XIV), abgeschl. Mai 1927. In: ZGEB 1927, Heft 5/6, S. 251-338;
   V.   Festsitzung zur Begrüßung der Expedition am 24. Juni 1927. In: ZGEB 1927, Heft 7/8, S. 343-371.

Defant, A.: Ozeanographie. In: G. Abb (Hrsg.): Aus fünfzig Jahren deutscher Wissenschaft. Die Entwicklung ihrer Fachgebiete in Einzeldarstellungen. Berlin 1930, S. 371-383.
Defant, A.: Deutsche meereskundliche Forschungen 1928 bis 1938. In: ZGEB 1939, Heft 3/4, S.81-102.
Defant, A.: Abschließender Bericht über die wissenschaftlichen Ergebnisse der Deutschen Atlantischen Expedition des Forschungs- und Vermessungsschiffes METEOR 1925-1927. In: Jahrbuch der Preußischen Akademie der Wissenschaften 1941. Berlin 1941, S. 161-165.
Emery, W.J.: The METEOR Expedition, an Ocean Survey. In: M. Sears/D. Merriman (eds.): Oceanography – The Past (Proceedings 3rd ICHO, Woods Hole 22.-26.9.1980). New York, Heidelberg, Berlin 1980, S. 690-702.
GDA 2003 = GEBCO Digital Atlas, Centenary Edition 1903-2003, ed. by The British Oceanographic Data Centre. CD-ROM. Liverpool 2003.
GEBCO 1984 = General Bathymetric Chart of the Oceans, ed. by The Department of Fisheries and Oceans, Canadian Hydrographic Service. Ottawa 1984 (hier insbesondere Blätter 5.08, 5.12, 5.16).
Groll, M.: Tiefenkarten der Ozeane. (= Veröffentlichungen des Instituts für Meereskunde, N.F., Reihe A, Heft 2). Berlin 1912.
Höhler, S.: Profilgewinn. Bilder der Deutschen Atlantischen Expedition (1925-1927) der Notgemeinschaft Deutscher Wissenschaft. Vortrag bei der Jubiläumstagung der Deutschen Gesellschaft für Geschichte der Medizin, Naturwissenschaft und Technik: Konjunkturen und Perspektiven der Medizin-, Wissenschafts- und Technikgeschichte. Hamburg, 28.9.-1.10.2001.
Lenz, W.: German Marine Research in the Atlantic Ocean between World War I and II. In: W. Lenz/M. Deacon (eds.): Ocean Sciences: Their History and Relation to Man (Proceedings 4th ICHO, Hamburg 23.-29.9.1987). (= Deutsche Hydrographische Zeitschrift, Ergänzungsheft Reihe B, Nr. 22). Hamburg 1990, S. 114-121.
Merz, A.: *Aufgaben* meereskundlicher Forschung im Atlantischen Ozean. In: ZGEB 1925, S. 251-255.
Merz, A.: Die Deutsche Atlantische *Expedition* auf dem Vermessungs- und Forschungsschiff »METEOR«. In: Sitzungsberichte der Preußischen Akademie der Wissenschaften, Physikalisch-Mathematische Klasse XXXI, 1925, S. 562-586.
[Merz, A.: Nachrufe]: Bruns, E.: siehe dort; Penck, A.: Alfred Merz. In: ZGEB 1926, 2, S. 81-103; Prof. Dr. Alfred Merz †. In: MR 30, 1925, 8, S. 356 f.; Spieß, F.: Nachruf Professor Dr. Merz. In: MR 30, 1925, 8, S. 355; Stahlberg, W.: siehe dort.
Mill, H.R.: Merz and the METEOR Expedition. In: The Geographical Journal 68, 1926, Heft 1, S. 73-77.
Mills, E.L.: »*Physische Meereskunde*«: from Geography to Physical Oceanography in the Institut für Meereskunde, Berlin, 1900-1935. In: Historisch-Meereskundliches Jahrbuch 4, 1997, S. 45-70.
Mills, E.L.: Socializing solenoids: the *acceptance* of dynamic oceanography in Germany around the time of the METEOR Expedition. In: Historisch-Meereskundliches Jahrbuch 5, 1998, S. 11-26.
Möller, L.: Die Deutsche Atlantische *Expedition* auf dem Forschungsschiff METEOR. In: ZGEB 1925, S. 379-381.
Möller, L.: *Methodisches* zu den Vertikalschnitten längs 35,4° S und 30° W im Atlantischen Ozean. (= Veröffentlichungen des Instituts für Meereskunde, N.F., Reihe A, Heft 15). Berlin 1926 (betr. Temperaturschnitt von A. Merz).
Müller, J.: Inwiefern wurde die Meereskunde durch die »Meteor«-Expedition (1925-1927) gefördert? Berlin, Friedrich-Wilhelms-Universität, handschriftliche Semesterarbeit WS 1930/31. (Bibliothek der Helmut-Schmidt-Universität, Hamburg: ggr 015/1EA: YC0001).
Penck, A.: Die Deutsche Atlantische Expedition. In: ZGEB 1925, S. 243-251.
Penck, A.: Maritime und geographische Expeditionen. In: G. Abb (Hrsg.): Aus fünfzig Jahren deutscher Wissenschaft. Die Entwicklung ihrer Fachgebiete in Einzeldarstellungen. Berlin 1930, S. 362-370.
Recum, O. v.: Die Deutsche Atlantische Expedition auf dem Vermessungs- und Forschungsschiff METEOR. Die akustischen Tiefseelote. In: AHMM 54, 1926, Heft 3, S. 89-94.
Schmidt-Ott, F.: Die Deutsche Atlantische Expedition auf dem Vermessungs- und Forschungsschiff METEOR (Bericht von L. Möller). In: Wissenschaftliche Abhandlungen des XXI. Deutschen Geographentages zu Breslau vom 2. bis 4. Juni 1925. Berlin 1926, S. 123-128.
Schott, G.: Ozeanographie und maritime Meteorologie. (= Wissenschaftliche Ergebnisse der Deutschen Tiefsee-Expedition auf dem Dampfer VALDIVIA 1898-1899, Bd. I: Text). Jena 1902.
Schott, G.: Die Forschungsreise des METEOR. In: AHMM 53, 1925, Heft 5, S. 145-147.
Schott, G.: Messung der Meerestiefen durch Echolot. In: Wissenschaftliche Abhandlungen des XXI. Deutschen Geographentages zu Breslau vom 2. bis 4. Juni 1925. Berlin 1926, S. 140-150.
Spieß, F.: Über die *Einrichtungen* des Forschungsschiffes METEOR. In: MR 30, 1925, Heft 8, S. 358-362.
Spiess F.: Die Deutsche Atlantische Expedition auf dem Vermessungs- und Forschungsschiff METEOR. Die *Aufgaben* und bisherigen Arbeiten der Expedition. In: AHMM 54, 1926, Heft 3, S. 73-89.
Spieß, F.: Die METEOR-*Fahrt*. Forschungen und Erlebnisse der Deutschen Atlantischen Expedition 1925-1927. Berlin 1928.
Spieß, F.: Die geographischen *Ergebnisse* der »METEOR«-Expedition. In: Verhandlungen und wissenschaftliche Abhandlungen des 22. Deutschen Geographentages zu Karlsruhe vom 7. bis 9. Juni 1927. Breslau 1928, S. 55-75.
Spieß, F.: Die Deutsche Atlantische Expedition des Forschungsschiffes der Reichsmarine »Meteor«, April 1925 bis Juni 1927. In: A. v. Trotha/P. König (Hrsg.): Deutsche Seefahrt. Berlin (1928), S. 91-109.
Spieß, F.: Das *Museum* der Deutschen Atlantischen Expedition des »Meteor«. In: MR 36, 1931, Heft 2, S. 54f.
Spieß, F.: Über die *Ankerungen* des »Meteor« auf großen Meerestiefen zu direkten Strommessungen. In: MR 37, 1932, Heft 9, S. 385-395; Heft 10, S. 457-464.

Spieß, F.: Das Forschungsschiff und seine *Reise*. (= Wissenschaftliche Ergebnisse der Deutschen Atlantischen Expedition auf dem Forschungs- und Vermessungsschiff METEOR 1925-1927, Bd. I). Berlin, Leipzig 1932.
Spieß, F.: Der Präsident der Notgemeinschaft der Deutschen Wissenschaft, Staatsminister Dr. Schmidt-Ott, als Förderer der Deutschen Atlantischen Expedition 1925-1927. In: Deutsche Hydrographische Zeitschrift 3, 1950, Heft 1/2 (= METEOR-Heft), S. 6-9.
Stahlberg, W.: Die Ermittelung der *Meerestiefe*. (= Meereskunde – Sammlung volkstümlicher Vorträge, Bd. 13, H. 11/12). Berlin 1920.
Stahlberg, W.: Alfred *Merz* zum Gedenken. Berlin 1925.
Stahlberg, W.: Die Deutsche Atlantische *Expedition* des »Meteor«. In: MR 32, 1927, Heft 9, S. 385-400.
Stocks, Th.: Die *Fortschritte* in der Erforschung des Atlantischen Ozeans 1854-1934. In: Geographische Zeitschrift 42, 1936, Heft 5, S. 161-171.
Stocks, Th.: Zur *Vollendung* des METEOR-Werks. In: Naturwissenschaftliche Rundschau 15, 1962, Heft 8, S. 315-318 (mit vollständigem bibliographischen Nachweis aller Bände, Teile und Lieferungen).

Archivalien im Bundesarchiv/Militärarchiv (BA/MA), Freiburg:

Titel:	Sign. BA/MA:
[Merz, A.:] Grundsätze für den Aufbau und Umfang des wissenschaftlichen Expeditions-Werkes der Deutschen Atlantischen Expedition (4 S.)	In: N. 167/19
[Merz, A.:] Abschrift der Aufzeichnungen von Prof. Dr. A. Merz über die Verhandlungen bei der Planlegung der Deutschen Atlantischen Expedition (44 S.) [von Merz' Witwe an Spieß übermittelt]	In: N. 167/19
[Merz, A.:] Abschrift des von Prof. Merz geführten Tagebuchs (14 S.)	In: N. 167/19
METEOR: Schiffbuch [Schiffsbeschreibung, technische Daten]	R 04/2680
METEOR: Messkarten und Fotos [Andrucke für Publikationen]	
Oberbefehlshaber der Seestreitkräfte: Akten betr. Allgemeines, Bd. 2: Jan. 1925-Febr. 1926	RM. 48/2
Reichswehrministerium/Allgemeines Marineamt: [Abschriften der 15 Kurzberichte über die Reise des Vermessungs- und Forschungsschiffes METEOR]	RM. 6/234: fol. 37-54
RWM: Richtlinien für Verhalten des Vermessungsschiffes METEOR im Kriegsfall	RM. 20/986: fol. 113
[Spieß, F.:] Manuskripte für Aufsätze und Vorträge über verschiedene Expeditionen des Vermessungsschiffes METEOR, 1922-1927 [meist handschriftliche Entwürfe für Berichte und populäre Publikationen] darin:	N. 167/3
▶ Die Aufgaben und bisherigen Arbeiten der Deutschen Atlantischen Expedition auf dem Forschungsschiff der Reichsmarine METEOR [Skizzierung der einzelnen Arbeitsgebiete; Entwurf für Artikel Spieß: Aufgaben]	fol. 120-153
▶ Die deutsche atlantische Expedition	fol. 154-159
[Spieß, F.:] Manuskripte [handschriftliche Entwürfe zu Artikeln und Filmvortrag]	N. 167/5
[Spieß, F.:] Vortragsmanuskript »Bodenrelief und Wasserzirkulation des Atlantischen Ozeans nach den Ergebnissen der Deutschen METEOR-Expedition 1925/27 und der neueren Forschungsfahrten des ›Meteor‹ in den Jahren 1928-1938« [Lichtbild-Vortrag vor der Gesellschaft für Erdkunde zu Berlin, ca. 1939/40]	N. 167/6
[Spieß, F.:] Privatdienstliche Korrespondenz, 1923-1926	N. 167/16
[Spieß, F.:] Wissenschaftlicher Lebenslauf des char. KAdm. Dr. h.c. Fritz Spiess, ca. 1934	N. 167/17
[Spieß, F.:] Vortragsmanuskripte [sowie Entwürfe und Andrucke von Publikationen zur Deutschen Atlantischen Expedition], 1932-36	N. 167/23
Treue, [W.]: Geschichte der deutschen Marine 1919-1939, Bd. 1 [Materialsammlung in Abschriften], darin: Auszüge aus den Berichten des Vermessungsschiffes METEOR zur Bedeutung von Auslandsreisen deutscher Kriegsschiffe für die Stellung des Deutschtums im Ausland und für das deutsche Ansehen bei den Ausländern. [Berichte von F. Spieß aus: RWM/ML: Akten betr. Forschungsreise des Vermessungsschiffes METEOR. A II c 110, Hefte 1-4]	RM. 8/1496: fol. 139-171

Das Expeditionswerk:

Wissenschaftliche Ergebnisse der Deutschen Atlantischen Expedition auf dem Forschungs- und Vermessungsschiff METEOR 1925-1927. (Nebentitel: Deutsche Atlantische Expedition auf dem Forschungs- und Vermessungsschiff METEOR, ausgeführt unter Leitung von Professor Dr. A. Merz und Kapitän z.S. F. Spieß, 1925-1927. Wissenschaftliche Ergebnisse). Band. Teil/Lieferung (0.0/0.0). Berlin, Leipzig (Jahr).
(Die [in eckigen Klammern] eingeschobene Gliederung gibt den Planungsstand von 1931 wieder; vgl. Bd. I: S. VI. Die Formalien der Einteilung sind infolge der langen Veröffentlichungszeit nicht ganz konsistent.)

[Band I: Reisebericht]
I	Spieß, F.: Das Forschungsschiff und seine Reise	1932	442 S.

[Band II/III: Echo- und Drahtlotungen]
II	Maurer, H.: Die Echolotungen des »METEOR«	1933	309 S.
III.1	**Morphologie des Atlantischen Ozeans**		
III.1.1	Stocks, Th./G. Wüst: Die Tiefenverhältnisse des offenen Atlantischen Ozeans. Begleitworte zur Übersichtskarte 1:20 Millionen	1935	1-31
III.1.2	Stocks, Th.: Statistik der Tiefenstufen des Atlantischen Ozeans	1938	34-151
III.1.3	[entfallen]		
III.1.4	Stocks, Th./A. Defant: Grundkarte der ozeanischen Lotungen 1:5 Mio.,		
III.1.4.1	Bl. S II 2	1937	
III.1.4.2	Bl. S I 2	1939	
III.1.4.3	Bl. S II 1	1941	
III.1.4.4	Bl. S II 3	1941	
III.1.4.5	Bl. S I 3	1961	
III.2	**Die Sedimente des südatlantischen Ozeans**		
III.2.1	Stocks, Th./A. Defant: Gewinnung und Bearbeitung der Bodenproben	1935	1-56
III.2.2	Pratje, O.: Die Untersuchungsergebnisse nach Stationen geordnet	1939	57-171
III.3	**Die Sedimente des äquatorialen Atlantischen Ozeans**		
III.3.1	Correns, C.W.: Die Sedimente des äquatorialen Atlantischen Ozeans	1935	1-134
III.3.2	Correns, C.W./A. Defant: Die Sedimente des äquatorialen Atlantischen Ozeans	1937	135-298

[Band IV-VII: Ozeanographie]
IV	**Methoden, Geräte und Beobachtungsmaterial**		
IV.1	Wüst, G./G. Böhnecke/H.H.F. Meyer: Ozeanographische Methoden und Instrumente	1932	298 S.
IV.2	Wüst, G.: Das ozeanographische Beobachtungsmaterial: Serienmessungen	1932	290 S.
V	**Temperatur, Salzgehalt und Dichte an der Oberfläche des Atlantischen Ozeans**		
V.1	Böhnecke, G.: Das Beobachtungsmaterial und seine Aufbereitung	1936	1-186
V.2	Böhnecke, G.: Die Temperatur	1938	187-249
V.3	Krauss, W.: Untersuchungen über die mittleren hydrographischen Verhältnisse an der Meeresoberfläche des nördlichen Nordatlantischen Ozeans	1958	252-410
V.4	Krauss, W.: Untersuchungen über die mittlere Verteilung des Salzgehaltes an der Oberfläche des Südatlantischen Ozeans und die Zonenmittelwerte der Temperatur, des Salzgehaltes und der Dichte für den gesamten Atlantischen Ozean	1962	412-516
V.A	Temperatur, Salzgehalt und Dichte an der Oberfläche des Atlantischen Ozeans (Atlas) [s.u. auch englischsprachige Ausgabe, 1995]	1936	74 S.
VI.1	**Schichtung und Zirkulation des Atlantischen Ozeans**		
VI.1.1	Wüst, G.: Das Bodenwasser und die Gliederung der Atlantischen Tiefsee	1933	1-106
VI.1.2	Wüst, G.: Die Stratosphäre [s.u. auch englischsprachige Ausgabe, 1978]	1935	109-288
VI.2	**Quantitative Untersuchungen zur Statik und Dynamik des Atlantischen Ozeans**		
VI.2.1	Schubert, O.v.: Die Stabilitätsverhältnisse	1935	1-54
VI.2.2	Defant, A.: Ausbreitungs- und Vermischungsvorgänge im antarktischen Bodenstrom und im subantarktischen Zwischenwasser	1936	55-96
VI.2.3	Wüst, G.: Die dynamischen Werte für die Standardhorizonte an den Beobachtungsstationen	1938	97-182
VI.2.4	Defant, A.: Die relative Topographie einzelner Druckflächen im Atlantischen Ozean	1941	183-190
VI.2.5	Defant, A.: Die absolute Topographie des physikalischen Meeresniveaus und der Druckflächen, sowie die Wasserbewegungen im Atlantischen Ozean	1941	191-260
VI.2.6	Wüst, G.: Stromgeschwindigkeiten und Strommengen in den Tiefen des Atlantischen Ozeans	1957	261-420
VI.A	Wüst, G./A. Defant: Atlas zur Schichtung und Zirkulation des Atlantischen Ozeans (Atlas) [s.u. auch englischsprachige Ausgabe, 1995]	1936	
VII	**Ozeanographische Sonderuntersuchungen**		
VII.1	Defant, A.: Die Gezeiten und inneren Gezeitenwellen des Atlantischen Ozeans: Ergebnisse der Strom- und Serienmessungen auf den Ankerstationen der »Meteor«	1932	318 S.
VII.2.1	Schumacher, A.: Stereophotogrammetrische Wellenaufnahmen	1939	1-86
VII.2.1.A	Stereophotogrammetrische Wellenaufnahmen (Atlas)	1939	
VII.2.2	Schumacher, A.: Verdunstungsmessungen (Beobachtungsmaterial)	1962	87-213

[Band VIII/IX: Chemie des Meeres]
VIII		Wattenberg, H.: Das chemische Beobachtungsmaterial und seine Gewinnung. Kalziumkarbonat- und Kohlensäuregehalt des Meerswassers (nebst 26 Beilagen)	1933	333 S.
IX		Die Verteilung des Sauerstoffs und des Phosphats im Atlantischen Ozean		
IX.1		Wattenberg, H.: Die Verteilung des Sauerstoffs im Atlantischen Ozean	1938	132 S.
IX.1.A		Wattenberg, H.: Die Verteilung des Sauerstoffs im Atlantischen Ozean (Atlas) [s.u. auch englischsprachige Ausgabe, 1995]	1939	
IX.2		Wattenberg, H.: Die Verteilung des Phosphats im Atlantischen Ozean	1957	

[Band X-XIII: Biologie]
X		Hentschel, E.: Die biologischen Methoden und das biologische Beobachtungsmaterial der »Meteor«-Expedition	1932	274 S.
XI		Allgemeine Biologie des Südatlantischen Ozeans		
XI.1		Hentschel, E.: Das Pelagial der obersten Wasserschicht	1933	1-168
XI.2		Hentschel, E.: Das Pelagial der Tiefsee [etc.]	1936	171-343
XII		Biologische Sonderuntersuchungen		
XII.1		Peters, N.: Ceratien, Corycäen, Cladoceren, Radiolarien, Plankton der Flußmündungen, Silicoflagellaten	1934	312 S.
XII.2		Leloup, E.: Calycophore, Siphonophoren, Hydromedusen, Copepoden-Gattungen [etc.]	1938	237 S.
XII.3		Gemeinhardt, K.: Die Silicoflagellaten des südatlantischen Ozeans	1934	38 S.
XIII		Biologische Sonderuntersuchungen		
XIII.1		Thiel, M.E.: Die Chaetognathen-Bevölkerung des südatlantischen Ozeans	1938	1-110
XIII.2		Krüger, H.: Die Thaliaceen der »Meteor«-Expedition	1939	111-152
XIII.3		Lohmann, H./E. Hentschel: Die Appendicularien im südatlantischen Ozean	1939	153-243
XIII.4		Hentschel, E.: Das Netzplankton des südatlantischen Ozeans	1941	245-308

[Band XIV-XVI: Meteorologie und Aerologie]
XIV		Die meteorologischen Beobachtungen		
XIV.1		Kuhlbrodt, E.: Die Beobachtungsmethoden und das Beobachtungsmaterial	1936	1-212
XIV.2		Kuhlbrodt, E.: Die meteorologischen Ergebnisse	1938	215-392
XV		Die aerologischen Beobachtungen		
		Kuhlbrodt, E.: Die aerologischen Methoden und das aerologische Beobachtungsmaterial (nebst 81 Beilagen)	1933	
XVI		Ergebnisse der aerologischen Beobachtungen		
XVI.1.1		Kuhlbrodt, E.: Allgemeine statistische Bearbeitung der Höhenwindmessungen	1958	1-91
XVI.1.2		Kuhlbrodt, E.: Weitergehende statistische Bearbeitung für ausgewählte Felder	1958	93-167
XVI.1.3		Kuhlbrodt, E.: Besprechung der Ergebnisse: Die Luftströmungen über dem tropischen Atlantik	1960	169-254
XVI.1.4		Kuhlbrodt, E.: Die Höhenwinde über dem tropischen und südlichen Atlantischen Ozean	1962	255-340
XVI.2.1		Reger, J.: Die Temperaturverhältnisse über dem südatlantischen Ozean	1939	63 S.
XVI.2.2		Reger, J.: Der statische Aufbau der Luft über dem Südatlantischen Ozean	1963	96 S.

Scientific Results of the German Atlantic Expeditions of the Research Vessel METEOR 1925-27; translated for the Office of the International Decade of Ocean Exploration, and the National Science Foundation, Washington, D.C., by the Al-Ahram Center for Scientific Translations. [nicht vollständig erschienen]. Darin die Bände:

Böhnecke, G.: Temperature, Salinity and Density of the Surface Waters of the Atlantic Ocean. (= Scientific Results ..., vol. 5, with Atlas). Rotterdam 1992 (tatsächlich 1995);

Wüst, G.: The Stratosphere of the Atlantic Ocean. (= Scientific Results ..., vol. 6, part 1). New Delhi 1978;

Defant, A.: The Troposphere, Stratification and Circulation of the Atlantic Ocean. (= Scientific Results ..., vol. 6, part 2). New Delhi 1981;

Wüst, G./A. Defant: Atlas of the Stratification and Circulation of the Atlantic Ocean. (= Scientific Results ..., vol. 6, Atlas). Rotterdam 1994 (tatsächlich 1995);

Wattenberg, H.: Atlas of the Dissolved Oxygen Content of the Atlantic Ocean. (= Scientific Results ..., vol. 9). Rotterdam 1993 (tatsächlich 1995).

Anschrift des Verfassers:
Dipl.-Geogr. Reinhard Hoheisel-Huxmann
Deutsches Schiffahrtsmuseum
D-27568 Bremerhaven

The German Atlantic Expedition 1925-1927: Planning and Progress

Summary

In the mid-1920s the survey and research vessel METEOR set off on the German Atlantic Expedition which was to spend over two years examining the South Atlantic. The METEOR was originally designed as a gunboat, and her new lease on life for more peaceful purposes saved her from being sent to the scrap-yard in accordance with the Treaty of Versailles. She thus became the first post-war ship of the imperial navy of the Weimar Republic.

The voyage took place during a time of great upheaval. On the one hand, during the period of inflation after World War I there were numerous economic problems to deal with, forcing the plans to be altered. The original idea of a major Pacific expedition, for instance, had to be abandoned. On the other hand the voyage represented an innovative turning point in the transition from descriptive to physical marine science.

The basic scientific concept behind the expedition was largely the idea of Alfred Merz, the director of the Institute of Marine Science at Berlin (Berliner Institut für Meereskunde), who was initially the expedition leader. According to his theory, the currents in the world's oceans were determined by differences in density influenced by salinity and temperature. To find more data to back up this hypothesis in particular, the atmosphere as well as the water of an entire ocean were systematically tested for the very first time by the German Atlantic Expedition. Along thirteen transects, the sea floor was also echo-sounded using modern sounding technology.

The readings, mostly obtained by hand, provided the basis for a comprehensive new look at the dynamics of the oceans – the initial thesis was impressively proven. Evaluation of the data lasted several decades and was not completed until the 1960s, whereby numerous later findings were integrated.

This article describes the planning and progress of the research voyage. Apart from operational events such as the early death of the head of the expedition, it also examines the influence of the logistical parameters. Another aspect is the role the expedition played with regard to the German Reich's image at home and abroad after the defeat in World War I.

L'expédition allemande de recherche sur l'Atlantique (1925-1927). Préparation et déroulement

Résumé

Au milieu des années 1920, le navire océanographique allemand METEOR entreprit l'expédition de recherche sur l'Atlantique, qui devait plus de deux ans durant effectuer la première étude hydrographique de l'Atlantique Sud. Étant à l'origine une canonnière, le METEOR aurait dû être mis à la démolition selon le Traité de Versailles, mais fut cependant sauvé grâce à sa nouvelle vocation pacifique. C'est ainsi qu'il devint le premier bâtiment d'après-guerre de la marine du Reich de la république de Weimar.

L'expédition eut lieu à une époque soumise à de grands changements. D'un côté, l'inflation qui vit le jour après la Première Guerre mondiale donnait du fil à retordre sur le plan économique, obligeant à des compromis en ce qui concernait les plans et projets. C'est ainsi que la première idée d'une grande expédition de l'Atlantique dut être abandonnée. D'un autre côté, le voyage représentait une césure innovatrice au seuil du passage de l'océanographie descriptive à l'océanographie physique.

Le but scientifique principal de l'expédition fut particulièrement soutenu par Alfred Merz, le directeur de l'Institut d'Océanographie de Berlin et au départ, chef de l'expédition. D'après lui, les courants dans le corps des océans étaient définis par les différences de densité qui, de leur côté, étaient fixées par le taux de sel et la température. Afin d'étayer tout spécialement cette hypothèse par d'importantes données, un océan tout entier fut pour la première fois analysé systématiquement, autant sur le plan atmosphérique que dans la colonne d'eau. Le long de 13 balanciers, le bassin océanique sera sondé à l'aide d'un sondeur ultrasonore, encore moderne à cette époque.

Les données récoltées, en grande partie à la main, livrèrent la base d'une importante et nouvelle connaissance de la dynamique des mers – la thèse de départ se trouvant confirmée de façon éclatante. L'estimation des données, qui prit plusieurs dizaines d'années et fut seulement achevée dans les années 60, prenait bien entendu en compte de nombreuses connaissances nouvelles qui furent acquises entre-temps.

L'article décrit la préparation et le déroulement de l'expédition scientifique. Outre les évènements opératifs, comme la mort prématurée du directeur de l'expédition, il s'agit également de montrer l'influence exercée par le cadre de la logistique, ainsi que le rôle joué par l'expédition dans l'image que le Reich allemand se faisait de lui-même et dans la représentation qu'il offrait au monde extérieur après la défaite de la Première Guerre mondiale.

DEUTSCHES SCHIFFAHRTSARCHIV

28 · 2005

Wissenschaftliches Jahrbuch
des Deutschen Schiffahrtsmuseums

Convent Verlag, Hamburg, 2006, 488 Seiten,
Hardcover, gebunden, mit 225 zum Teil farbigen
Abbildungen sowie englischen und französischen
Zusammenfassungen.

Einzelpreis EUR 23,50
(im Abonnement EUR 19,50)

ISBN: 978-3-934613-98-0
ISSN: 0343-3668

Aus dem Inhalt:

- H. Allmeling: Das Journal der Hamburger Galiot MARY ANN 1834/35
- P. Danker-Carstensen: Die vier Leben des Rostocker Dampfschleppers SATURN
- D. Ellmers: Seeschiffe im Binnenland als Zeichen der Kaufleute
- U. Feldkamp: Eine Alltagsgeschichte der Segelschifffahrt in Selbstzeugnissen
- A. Gondesen: Die letzten Weizensegler 1921-1949
- B. Herzog: Korvettenkapitän Karl Thurmann. Ein kaum bekannter elitärer Stolperstein in der Geschichte der U-Boot-Waffe unter dem Hakenkreuz
- C. Keitsch: Die Flensburger Schiffbau-Gesellschaft von der Weltwirtschaftskrise bis zum Ende des Zweiten Weltkrieges
- H.-W. Keweloh: Der Ausbau der Wasserstraßen zwischen Havel und Weichsel im 20. Jahrhundert
- R.A. Krause und J. Thiede: Alfred Wegener, Geowissenschaftler aus Leidenschaft
- D.J. Peters: Deutsche Werften in der Zwischenkriegszeit. Teil 1: Von der Kriegsrüstung zur Friedenswirtschaft (1918-1923)
- J. Rabbel: Die Rostocker »Schiffs-Rhederei« Richard V. Beselin
- W. Rudolph: Neuzeitliche maritime Urbanisierung im Ostseeraum
- S. Sawitzki: Die Erschießung von acht »Meuterern« an Bord des Auswandererseglers GERMANIA 1824
- J.W. Schmidt: Die Zerstörung eines türkischen Monitors auf der Donau 1877/78
- L.U. Scholl: Zum 50. Todestag des Marinemalers Cornelius Wagner
- C. Westerdahl: Maritime Cosmology and Archaeology

Eine vollständige Inhaltsübersicht aller lieferbaren Ausgaben des »Deutschen Schiffahrtsarchivs« finden Sie im Internet unter www.dsm.de/Pubs/zeit.htm.

Abonnementwünsche richten Sie bitte direkt an: Convent Verlag GmbH, Bismarckstr. 44, 20259 Hamburg,
Tel. (040) 25 49 74 00, Fax (040) 25 49 74 04, www.convent-verlag.de.

Schemadarstellung der Serienmessungen auf Profil IV
Verlauf entlang etwa 33° Süd von Kapstadt nach Rio Grande do Sul

Der Vergleich der Stationsdaten zeigt deutlich die Änderungen in der Durchführung der Messungen: bei den Stationsabständen, der Serienanordnung und damit

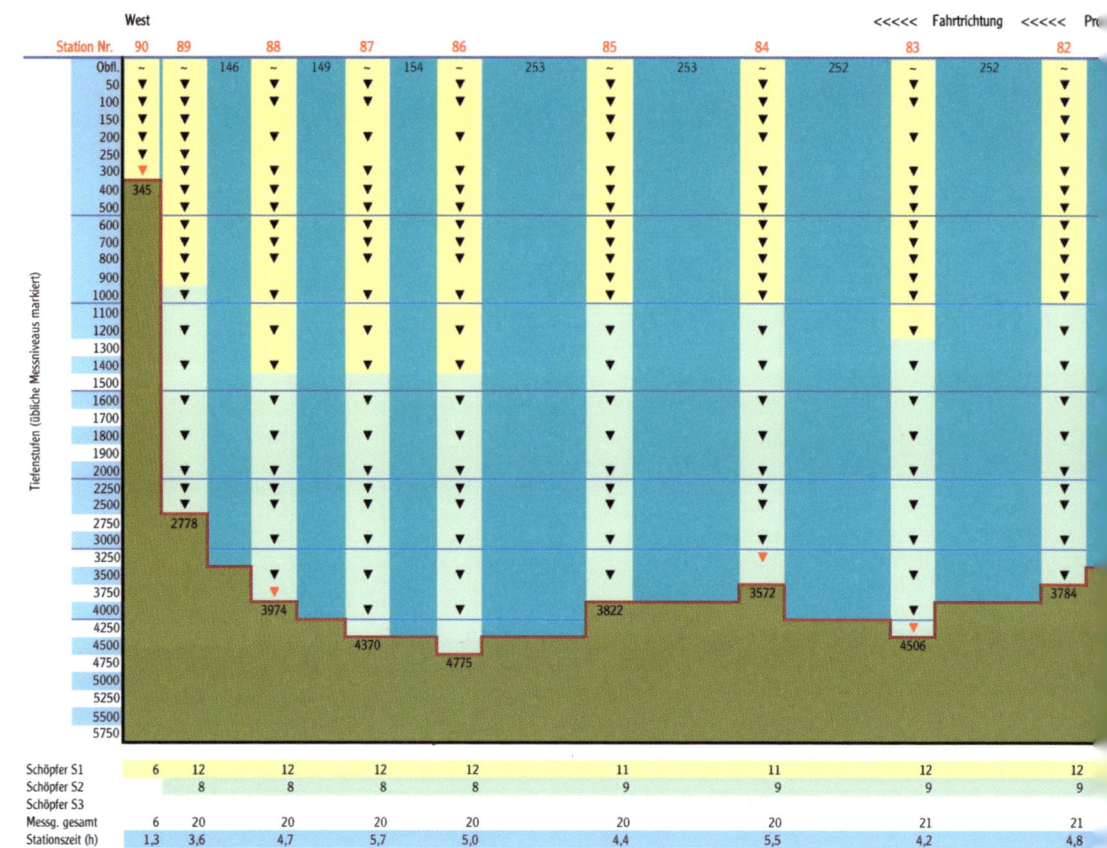

West   <<<<< Fahrtrichtung <<<<<

Station Nr.	90	89	88	87	86	85	84	83	82
Schöpfer S1	6	12	12	12	12	11	11	12	12
Schöpfer S2		8	8	8	8	9	9	9	9
Schöpfer S3									
Messg. gesamt	6	20	20	20	20	20	20	21	21
Stationszeit (h)	1,3	3,6	4,7	5,7	5,0	4,4	5,5	4,2	4,8

Oberflächenabstände (Seemeilen): 146, 149, 154, 253, 253, 252, 252

Maximale Messtiefen: 345 (St.90), 2778 (St.89), 3974 (St.88), 4370 (St.87), 4775 (St.86), 3822 (St.85), 3572 (St.84), 4506 (St.83), 3784 (St.82)

Zusammengestellt und berechnet nach den Daten in DAE/IV.2
Die Zahlen zwischen den Signaturen in der Oberfläche geben die Stationsentfernung in Seemeilen an.
▼ bezeichnet Messungen, die außerhalb des eigentlichen Rasters lagen.